CULTURAL CLUSTERS
International Experience and Shanghai Development

文化集聚区：
国际经验与上海发展

马 春 等著

图书在版编目（CIP）数据

文化集聚区：国际经验与上海发展 / 马春等著 . —上海：上海科学技术文献出版社，2022
ISBN 978-7-5439-8647-3

Ⅰ.①文… Ⅱ.①马… Ⅲ.①公共管理—文化工作—工作经验—世界②公共管理—文化工作—研究—上海 Ⅳ.① G11 ② G127.51

中国版本图书馆 CIP 数据核字 (2022) 第 153444 号

组稿编辑：朱文秋
责任编辑：李　莺　刘蔓仪
封面设计：周　婧

文化集聚区：国际经验与上海发展
WENHUA JIJUQU: GUOJI JINGYAN YU SHANGHAI FAZHAN
马　春　等　著
出版发行：上海科学技术文献出版社
地　　址：上海市长乐路 746 号
邮政编码：200040
经　　销：全国新华书店
印　　刷：常熟市人民印刷有限公司
开　　本：720mm×1000mm　1/16
印　　张：15
字　　数：252 000
版　　次：2022 年 10 月第 1 版　2022 年 10 月第 1 次印刷
书　　号：ISBN 978-7-5439-8647-3
定　　价：78.00 元
http://www.sstlp.com

Foreword

序

  2022年是"十四五"规划的关键之年。"十四五"时期是我国全面建成小康社会、实现第一个百年奋斗目标之后,乘势而上开启全面建设社会主义现代化国家新征程、向第二个百年奋斗目标进军的第一个五年,也是上海在新的起点上全面深化"五个中心"和文化大都市建设、加快建设具有世界影响力的社会主义现代化国际大都市的关键五年。2022年6月召开的上海市第十二次党代会明确提出,今后五年将推进建设能级显著提升、特征充分彰显、风范更具魅力的具有世界影响力的社会主义现代化国际大都市。文化方面,要大力弘扬城市精神品格,深入推进国际文化大都市建设。

  当前,世界百年未有之大变局加速演进,新一轮科技革命和产业变革正在世界范围内深入发展,在充满复杂性、多变性、不确定性的环境中,近年来各"全球城市"在文化服务体系和文化集聚区建设等方面开展了诸多创新与转型实践。透过国际视野,深入挖掘这些丰富多彩的实践经验,吸取"他山之石"的先进理念,制定并实施具有自身特色的发展路径与行动方案,对于上海加快建设具有世界影响力的社会主义现代化国际大都市,将是十分必要且极有助益的。

  "十三五"期间开工建设的上海图书馆东馆(简称"上图东馆")是上海实施"文化东进"战略、"一轴双心"城市文化新布局的重要一环。2022年下半年,上图东馆将正式开放试运行,连同周边已有或在建的上海科技馆、东方艺术中心、世纪公园、上海博物馆东馆和上海大歌剧院等,将共同为人民群众提供更优质、更便捷、更丰富的公共文化服务。初步调研发现,以上图东馆为圆心,半径1千米范围内有公共文化机构近10家，5千米范围内有公共文化机构近50家，可以说，浦东花木文化集聚区已具雏形。

上海图书馆（上海科学技术情报研究所）（简称"上图上情所"）在编制"十四五"发展规划过程中，高度重视国际大都市公共文化服务体系对标研究。在2021年出版《大都市公共图书馆：国际经验与上海特色》的基础上，这次调研全球城市文化服务体系、文化集聚区建设经验，开展了更为深入的研究工作，主要包括：一是通过全球城市评比、城市发展比较、城市文化政策和文化集聚区建设，梳理形成全球城市文化发展和集聚区建设概貌；二是系统调研美国纽约、英国伦敦、法国巴黎、日本东京、新加坡、中国香港等全球城市的公共文化服务体系建设和文化集聚区发展情况；三是对上海公共文化服务体系、文化事业发展进行全面梳理和阐述，对照国外发展经验，尝试提出上海在文化发展和集聚区建设方面的建议和思考。

2022年对于上图上情所来说是具有里程碑意义的年份。这一年中，上海图书馆迎来成立70周年的历史时刻，上图东馆也正式开放试运行。作为"十四五"发展的重要组成部分，上图东馆的建成开放必将带动上图上情所新一轮突破性发展，为全面建成世界级城市图书馆体系和世界级研究型公共图书馆，初步建成与具有世界影响力的社会主义现代化国际大都市相匹配的现代图情服务体系，筑牢坚实根基。上图东馆也将更加注重区域联动，积极深化与周边上海博物馆东馆、上海科技馆、东方艺术中心等的合作，共同打造浦东花木科技文化服务圈，成为全球城市文化集聚区建设的增长极、新亮点。"十四五"时期是上图上情所新的赶考之路。

宏图七十载，踔厉向未来；壮丽七十年，奋斗新时代。让我们扬帆启新程，奋进谋新篇，一起向未来！

陈超

2022年7月

目 录

序 ·· 001

第一篇 国际经验

第一章 "全球城市"评比概览 ·· 003
一、"全球城市"排名 ··· 003
二、文化城市评选 ·· 022

第二章 主要城市发展比较 ·· 036
一、城市运行及发展 ·· 036
二、城市空间格局 ·· 040
三、城市文化发展 ·· 044

第三章 城市文化政策研究 ·· 057
一、文化发展规划 ·· 057
二、文化品牌活动 ·· 059

第四章 文化集聚区发展 ·· 064
一、文化空间格局 ·· 064

二、城市文化轴线 ··· 065
三、文化功能分区 ··· 067
四、文化设施布局 ··· 067
五、文化集聚区及设施集群 ·· 069

第二篇　城市发展

第五章　美国纽约 ·· 079
　　一、文化发展概况 ··· 079
　　二、文化功能分区 ··· 084
　　三、文化集聚区建设 ·· 086
　　四、创新工作案例 ··· 095

第六章　英国伦敦 ·· 100
　　一、城市文化管理 ··· 101
　　二、城市文化空间 ··· 104
　　三、文化集聚区案例 ·· 108
　　四、新冠疫情下的文化创新服务 ·· 112

第七章　法国巴黎 ·· 115
　　一、文化施政概要 ··· 116
　　二、文化整体生态 ··· 118
　　三、文化功能布局 ··· 120
　　四、文化联动创新 ··· 129

第八章　日本东京 ·· 133
　　一、城市发展概况 ··· 133
　　二、城市文化发展 ··· 134
　　三、文化集聚区发展 ·· 137
　　四、文化集聚区案例 ·· 141

第九章　新加坡 ··· 149
　　一、城市发展概况 ··· 149
　　二、文化功能分区 ··· 157
　　三、文化集聚区建设 ··· 159
　　四、创新工作案例 ··· 164

第十章　中国香港 ··· 166
　　一、城市发展概况 ··· 166
　　二、文化功能分区 ··· 169
　　三、文化基础设施 ··· 177
　　四、创新工作案例 ··· 178

第三篇　上海实践

第十一章　上海文化发展概况 ······································· 183
　　一、公共文化服务体系建设 ····································· 183
　　二、文化设施布局优化 ··· 185
　　三、文化创意产业能级提升 ····································· 186
　　四、文化与旅游融合发展 ······································· 187
　　五、文化数字化持续升级 ······································· 189

第十二章　上海文化发展战略 ······································· 191
　　一、文化发展总体规划 ··· 191
　　二、公共文化服务发展政策 ····································· 195
　　三、新冠疫情期间文化政策措施 ································· 201

第十三章　上海文化发展空间布局 ··································· 203
　　一、上海城市文化空间总体布局 ································· 203
　　二、五大新城文化空间布局 ····································· 204
　　三、"两轴一廊、双核多点"文化空间布局 ························ 206
　　四、主要文化设施空间布局 ····································· 207

第十四章　上海文化集聚区建设实例 ············· 212
　　一、演艺大世界-环人民广场剧场群 ············· 212
　　二、浦东花木文化集聚区 ············· 219

第十五章　上海文化发展建议 ············· 225
　　一、上海文化发展环境 ············· 225
　　二、上海文化发展的主要建议 ············· 226

后记 ············· 230

第一篇 国际经验

城市的繁荣发展有赖于先进文化的指引和支撑。要成为真正的"全球城市",除了社会、经济快速发展外,还必须不断探索具有精神引领及支撑作用的先进文化的繁荣发展。其中非常重要的一个方面,就是通过对标国际范例,充分借鉴"全球城市"在文化建设发展过程中的成功经验,站在国际高度,构建文化发展理念、拓展文化发展视野。

"国际经验"篇由四个部分组成。第一部分介绍了当前最有影响力的"全球城市"排名报告和文化城市评比项目。城市排名在综合比较政治、经济、文化等相关发展要素的基础上,对最具代表性和知名度的"全球城市"的综合竞争力进行排名。分析这些排名结果,得出"全球城市"的共性发展特征。第二部分针对美国纽约、英国伦敦、法国巴黎、日本东京、新加坡、中国香港等主要"全球城市"的最高标准和最好水平开展对标研究,尝试比较各城市的地域面积、功能分区、经济运行等指标,通过梳理其文化发展事件或创新案例等来研究"全球城市"的发展。第三部分系统梳理了"全球城市"制定实施的文化政策及文化发展战略。这些政策为各城市开展文化项目和品牌活动提供了健全、完善的保障体系。第四部分聚焦"全球城市"建设文化集聚区的成熟实践,从文化空间的分布特征、文化轴线的形成发展、文化功能的分区集聚、文化设施的聚散布局等角度,描绘"全球城市"的文化集聚区概貌。

第一章

"全球城市"评比概览

"全球城市"研究自20世纪70年代以后开始兴起,经过半个世纪的发展,目前已逐步形成涉及广泛内容、运用不同方法工具、定性与定量互补、内涵不断深化的新型范式。当前,"全球城市"作为城市发展的高级阶段,已处于城市体系的顶端,呈现出经济、科技、文化融合发展的全新态势。以美国纽约、英国伦敦、法国巴黎、日本东京等为首的"全球城市"纷纷将城市发展重心转向提升科技创新能力,力图使城市建造成为全球科技创新网络的重要节点。"全球城市"有三个重要特点,分别是全球功能性机构与跨国企业的高度集聚,强大的全球资源配置能力以及密集的流量规模。每年政府官方机构和知名咨询公司都会通过多维度的评价体系对"全球城市"或文化城市的发展水平进行排名,这已成为城市发展的风向标。通过对标国际最高标准和最好水平,每个城市都能找到自身的方位及未来发展的着力点,本章即对主要的"全球城市"和文化城市排名进行概述。

一、"全球城市"排名

1991年,美国著名学者萨斯基娅·萨森(Saskia Sassen)在其代表作《全球城市:纽约、伦敦和东京》①(*The Global City*: *New York*, *London*, *Tokyo*)中首次

---

① SASSEN S. The Global City: New York, London, Tokyo [M]. Princeton: Princeton University Press, 1991.

提出"全球城市"(Global City)的概念,其后国内外关于最具代表性的"全球城市"、国际城市、世界城市的研究层出不穷,但"只有四个城市在所有资料中得到了一致认同:伦敦、纽约、巴黎和东京"①。调研发现,在较有影响力的几份"全球城市"排名报告(表1-1)中,伦敦、纽约、巴黎和东京四个城市最具代表性,尤其在有"文化因子"衡量的《全球城市指数报告》(*Global Cities Report*)和《全球城市实力指数报告》(*Global Power City Index*,GPCI)中,这四个城市的文化相关指标得分在所有城市中遥遥领先。

表1-1 有代表性的"全球城市"排名报告比较

成果	发布机构	评价对象	主要评价因子	最新城市排名
《2021全球城市指数报告》	美国科尔尼管理咨询公司	综合实力	商业活动、人力资本、信息交流、文化体验和政治事务	纽约、伦敦、巴黎、东京、洛杉矶、北京、香港、芝加哥、新加坡、上海
《2021全球城市实力指数报告》	日本城市战略研究所	综合实力	经济、研究与开发、文化交流、宜居性、环境、可达性	伦敦、纽约、东京、巴黎、新加坡、阿姆斯特丹、柏林、首尔、香港、上海
《世界城市名册2020》	英国全球化与世界城市研究网络	世界城市网络中的地位	先进性生产服务业机构	Alpha++:伦敦、纽约 Alpha+:香港、新加坡、上海、北京、迪拜、巴黎、东京
《全球城市竞争力报告(2020—2021)》	中国社会科学院、联合国人居署	经济竞争力、可持续竞争力	经济活力、环境质量、社会包容、科技创新、全球联系、政府管理、人力资本潜力和基础设施	纽约、新加坡、东京、伦敦、慕尼黑、旧金山、洛杉矶、巴黎、深圳、圣何塞
《2021世界最佳城市报告》	Resonance Consultancy公司	综合实力	区位、设施、人、经济、文化、宣传	伦敦、巴黎、纽约、莫斯科、迪拜、东京、新加坡、洛杉矶、巴塞罗那、马德里

资料来源:作者根据参考文献整理。

---

① 彼得·J.泰勒,本·德鲁德.世界城市网络:一项全球层面的城市分析[M].刘行健,李凌月,译.南京:江苏凤凰教育出版社,2018:49.

(一)《2021全球城市指数报告》

1. 报告概况

《全球城市指数报告》[①]是由全球领先管理咨询公司科尔尼(Kearney)于2008年首次联合国际顶级学者与智库机构发起发布,以后每年更新一次。报告对"全球城市"的定义是:具备吸引和留住全球资本、人才和创意的能力,并且能够长期维持出色的表现。报告包括"'全球城市'综合排名"(GCI)和"'全球城市'潜力排名"(GCO)两部分,前者围绕五个维度29项标准进行衡量,分别包括商业活动(30%)、人力资本(30%)、信息交流(15%)、文化体验(15%)和政治事务(10%);后者围绕四个维度13项标准进行衡量,分别包括居民幸福感(25%)、经济状况(25%)、创新(25%)和治理(25%);排名和分数根据每个维度的加权平均总和确定,分数为0~100(100为满分)。报告对超过150个城市的事实和公开数据深入分析,旨在对全球各城市的国际竞争力与发展潜力进行系统评估。

2. 最新排名

2021年10月,科尔尼发布《2021年全球城市指数报告》(*The 2021 Global Cities Report*),在综合分析全球230多个主要城市的基础上,评估上榜156个城市,其中包括31个中国城市。受新冠疫情影响,很多与全球联系最紧密的城市在《全球城市综合排名》(表1-2)中有所下滑,但纽约、伦敦、巴黎和东京仍稳居榜单前四位,展现出其在多项领先指标上的强韧性和全球优势。从第5位开始,排名和2020年出现了较大差异,具体取决于城市在各项指标上的优势与不足。洛杉矶排名上升,跻身第5;北京下降一位,位列第6;芝加哥和新加坡继续稳居第8和第9名;上海上升至第10名,排在旧金山之前;华盛顿排名跌至第14。从2020年开始,《全球城市综合排名》增加了独角兽企业数量这一新的指标,上海和旧金山的排名也因此出现显著提升。2021年,由于新冠疫情带来了数字经济和先进技术的增长,所以这两个城市的排名再次提升。排名中,共有21个城市排名较上一年度上升了6个位次以上,全部是位于北美以外的地区,其中多哈排名上升幅度最大,上升了15位;伊斯坦布尔排名上升7位,再次进入前30名以内;墨尔本排名上升6位,逼近前10。在29个指标中,有21项分别由21个不同

[①] Kearney. The 2021 Global Cities Report [EB/OL]. [2021-12-21]. https://www.kearney.com/global-cities/2021.

城市领衔,表明没有各维度皆为满分的"完美城市",其中冠亚军城市纽约和伦敦的表现最为突出,纽约有四个指标得分最高,伦敦有三个指标得分第一。

表1-2 2021年《全球城市综和排名》榜单前30

城市	2021年排名	2020年排名	2019年排名	2018年排名	2017年排名	2016年排名	2020—2021年排名变化
纽约	1	1	1	1	1	2	0
伦敦	2	2	2	2	2	1	0
巴黎	3	3	3	3	3	3	0
东京	4	4	4	4	4	4	0
洛杉矶	5	7	7	6	8	6	+2↑
北京	6	5	9	9	9	9	-1↓
香港	7	6	5	5	5	5	-1↓
芝加哥	8	8	8	8	7	7	0
新加坡	9	9	6	7	6	8	0
上海	10	12	19	19	19	20	+2↑
旧金山	11	13	22	20	23	23	+2↑
墨尔本	12	18	16	17	15	15	+6↑
柏林	13	15	14	16	14	16	+2↑
华盛顿特区	14	10	10	11	10	10	-4↓
悉尼	15	11	11	15	17	14	-4↓
布鲁塞尔	16	14	12	10	11	12	-2↓
首尔	17	17	13	12	12	11	0
莫斯科	18	20	18	14	18	18	+2↑
马德里	19	16	15	13	13	13	-3↓
多伦多	20	19	17	18	16	17	-1↓
波士顿	21	21	21	24	21	24	0
阿姆斯特丹	22	23	20	22	22	22	+1↑
迪拜	23	27	27	28	28	28	+4↑
法兰克福	24	28	28	29	29	29	+4↑
维也纳	25	22	25	21	20	19	-3↓

续表

城市	2021年排名	2020年排名	2019年排名	2018年排名	2017年排名	2016年排名	2020—2021年排名变化
慕尼黑	26	24	32	32	36	33	-2↓
伊斯坦布尔	27	34	26	26	25	25	+7↑
巴塞罗那	28	26	23	23	24	26	-2↓
蒙特利尔	29	29	29	27	27	27	0
苏黎世	30	31	30	33	32	31	+1↑

《全球城市潜力排名》(表1-3)根据城市目前的状况和政策评估城市未来成为全球中心的潜力，2021年突出医疗质量对"全球城市"未来发展活力产生的强烈连锁反应。居民幸福感维度的各项指标都反映了新冠疫情的巨大影响，是预测城市未来发展潜力得分和排名变化最重要的因素。虽然新冠疫情导致城市得分整体下滑，但排名前十的城市基本保持不变。伦敦连续第三年蝉联榜首，巴黎、慕尼黑和阿布扎比集体上升三位，分别排在第2、第3和第4位，都柏林排在第5位。从地区来看，中国城市整体排名持续上升，北美城市排名有所下滑，首次被欧洲城市赶超。单项指标上，2021年有18个城市夺得13项指标的单项冠军，旧金山依然领衔私人投资指标；伦敦在平等方面表现有所改善，基尼系数得分排第1位；新加坡取得透明度指标最高分。

表1-3 2021年《全球城市潜力排名》榜单前30

城市	2021年排名	2020年排名	2019年排名	2018年排名	2017年排名	2016年排名	2020—2021年排名变化
伦敦	1	1	1	3	4	3	0
巴黎	2	5	5	4	3	11	+3↑
慕尼黑	3	6	8	7	7	6	+3↑
阿布扎比	4	7	20	50	52	52	+3↑
都柏林	5	10	9	33	40	33	+5↑
斯德哥尔摩	6	8	10	11	9	7	+2↑
东京	7	4	6	14	23	18	-3↓
多伦多	8	2	11	12	20	22	-6↓

续表

城市	2021年排名	2020年排名	2019年排名	2018年排名	2017年排名	2016年排名	2020—2021年排名变化
悉尼	9	12	13	19	13	9	+3↑
新加坡	10	3	2	5	11	16	−7↓
卢森堡	11	17	—	—	—	—	+6↑
蒙特利尔	12	13	23	21	32	26	+1↑
苏黎世	13	22	15	13	12	8	+9↑
墨尔本	14	19	14	10	6	10	+5↑
迪拜	15	18	32	42	46	37	+3↑
日内瓦	16	16	12	16	14	13	0
帕斯	17	24	—	—	—	—	+7↑
纽约	18	27	24	2	2	2	+9↑
维也纳	19	21	18	25	29	32	+2↑
阿姆斯特丹	20	9	4	6	16	14	−11↓
哥本哈根	21	20	17	23	21	20	−1↓
柏林	22	14	16	18	18	17	−8↓
北京	23	32	39	47	45	51	+9↑
台北	24	26	25	38	44	28	+2↑
旧金山	25	11	3	1	1	1	−14↓
深圳	26	41	49	52	47	49	+15↑
杜塞尔多夫	27	28	26	27	22	27	+1↑
温哥华	28	25	19	17	24	25	−3↓
法兰克福	29	33	30	29	30	30	+4↑
上海	30	45	51	64	61	75	+15↑

3. 若干亮点

领先城市的五大战略要务。为了帮助城市利用和强化互联互通，积累城市重建的资本，报告建议城市的领导者重点关注以下五大战略：第一，成功吸纳全球人才，包括为准技术移民提供体验期，帮助移民融入当地生活，鼓励"人才回流"；第二，积极拥抱数字经济，包括为未来数字化工作做好全面准备，建立双赢的数据伙伴关系,利用数字化打造经济增长韧性;第三,平衡资源以建立经济韧性,包括建立全球经济联盟,通过城市网络提高国家竞争力,打造区域韧性;第四,积极应对气候变化,包括发展循环经济,打造有韧性的城市体系,加强未来规划的区域合作;第五,大力提升居民幸福感,包括融合自然环境,建立社区网络,发展独特的"全球本地化"文化。

中国城市增速最高。《全球城市综合排名》上榜的156个城市中中国城市有31个,北京排名第6,上海排名首次进入前10。受到新冠疫情冲击,除中国之外的所有区域,城市平均得分增长都低于1%,甚至负增长,但只有中国依靠强有力的疫情应对举措,快速实现复苏,城市平均得分增长超过3%。过去五年间,中国城市得分的年均复合增长率也是所有区域中最高的。《全球城市潜力排名》中,中国也持续表现出强劲增长,与欧洲和北美城市平均得分的差距进一步缩小。过去五年间,中国城市得分的年均复合增长率超过3%,在所有区域中增速最快。

中国城市群引领发展新阶段。长三角城市圈依然领跑"全球城市"群,上海进入全球前10,杭州、苏州、南京进入全球前100,加之同样上榜的宁波和无锡——长三角已经连续两年成为全球城市综合排名上榜城市数量最多的城市群,反映了长三角城市群的整体竞争力。粤港澳大湾区包括香港、深圳、广州等城市,以其独特的多元化体制、高度的市场化与国际化水平、领先的营商环境与改革创新精神,比肩世界顶级城市群。多城市上榜的其他城市群还包括京津冀城市群、成渝城市群、长江中游城市群、山东半岛城市群等。

(二)《2021全球城市实力指数报告》

1. 报告概况

《全球城市实力指数报告》[①]是由日本森纪念财团(Mori Memorial Foundation)旗下的城市战略研究所(Institute for Urban Strategies)于2008年首次发布,以后每年更新一次。2008年以来,GPCI每年都会根据城市的"吸引力",即吸引世界各地有创造力的个人和企业的总体能力,对40多个主要城市进行排名。区别于某些把排名限制在特定领域,比如金融和宜居性等的榜单,GPCI关注更广泛的城市功能以便评估,并以城市的潜力和综合实力来排名。

---

① Mori Memorial Foundation. Global Power City Index 2021 [EB/OL]. [2021-12-21]. https://mori-m-foundation.or.jp/english/ius2/gpci2/index.shtml.

指数评分基于六大功能 70 个指标,包括经济(13 个指标)、研究开发(8 个指标)、文化交流(16 个指标)、宜居性(14 个指标)、环境(9 个指标)和可达性(10 个指标),满分 2 600。为了反映影响"全球城市"的各种条件所发生的变化,GPCI 不断微调其指标和数据收集方法。

2. 最新排名

2021 年 11 月,《2021 全球城市实力指数报告》(Global Power City Index 2021)(表 1-4、表 1-5)发布。报告显示,2021 年,伦敦、纽约、东京、巴黎和新加坡继续在综合吸引力方面领跑全球,排名靠前城市的名次未发生重大变化;然而自 2020 年初以来,因新冠疫情而导致的全市封锁、旅行限制、行为限制和工作方式改变还是影响了各种指标,各大城市的活力度均受到明显影响。

表 1-4 《2021 全球城市实力指数报告》榜单前 30

城市	2021 年排名	2021 年分值	2020 年排名	2020 年分值
伦敦	1	1 644.1	1	1 661.1
纽约	2	1 482.9	2	1 514.9
东京	3	1 411.0	3	1 386.5
巴黎	4	1 350.8	4	1 325.4
新加坡	5	1 232.8	5	1 262.1
阿姆斯特丹	6	1 212.8	6	1 187.4
柏林	7	1 172.9	7	1 185.4
首尔	8	1 160.8	8	1 163.1
马德里	9	1 126.2	13	1 097.0
上海	10	1 125.3	10	1 108.9
墨尔本	11	1 124.9	14	1 092.0
悉尼	12	1 121.3	11	1 101.7
香港	13	1 120.2	9	1 149.7
迪拜	14	1 112.4	17	1 084.9
哥本哈根	15	1 094.4	19	1 080.5
洛杉矶	16	1 085.2	12	1 099.0
北京	17	1 078.7	15	1 091.9

续表

城市	2021年排名	2021年分值	2020年排名	2020年分值
巴塞罗那	18	1 077.6	21	1 072.3
维也纳	19	1 076.3	16	1 085.0
多伦多	20	1 072.8	18	1 082.1
苏黎世	21	1 069.3	20	1 073.5
斯德哥尔摩	22	1 056.8	22	1 050.0
旧金山	23	1 056.2	24	1 040.1
布鲁塞尔	24	1 023.2	28	993.4
法兰克福	25	1 014.0	23	1 043.0
芝加哥	26	1 009.1	25	1 013.7
波士顿	27	1 005.3	27	1 005.2
都柏林	28	1 000.1	31	962.3
温哥华	29	988.0	26	1 007.6
赫尔辛基	30	981.7	32	958.7

表1-5 《2021全球城市实力指数报告》分项排名前30

排名	经济		研究开发		文化交流		宜居性		环境		可达性	
1	纽约	365.4	纽约	216.9	伦敦	378.5	马德里	370.1	斯德哥尔摩	227.7	上海	256.1
2	伦敦	326.6	伦敦	186.5	巴黎	252.3	巴黎	368.1	哥本哈根	220.9	巴黎	220.4
3	北京	303.2	洛杉矶	158.7	纽约	247.5	巴塞罗那	363.5	悉尼	209.9	伦敦	220.2
4	东京	280.6	东京	156.1	东京	240.7	柏林	358.2	墨尔本	205.0	阿姆斯特丹	219.3
5	香港	279.2	波士顿	137.0	迪拜	222.7	阿姆斯特丹	356.2	维也纳	203.6	东京	214.2
6	苏黎世	278.1	首尔	134.5	新加坡	182.7	伦敦	354.8	赫尔辛基	200.7	纽约	208.8
7	新加坡	277.2	旧金山	116.8	曼谷	180.3	米兰	353.9	柏林	200.3	法兰克福	200.8

续表一

排名	经济		研究开发		文化交流		宜居性		环境		可达性	
8	旧金山	272.5	芝加哥	111.1	莫斯科	175.3	布宜诺斯艾利斯	352.6	苏黎世	199.0	新加坡	188.6
9	都柏林	271.2	巴黎	101.9	伊斯坦布尔	174.4	东京	349.2	日内瓦	193.6	迪拜	187.1
10	上海	264.7	香港	100.6	柏林	173.2	多伦多	348.4	温哥华	190.6	芝加哥	183.5
11	华盛顿	258.7	新加坡	98.7	马德里	163.2	温哥华	342.9	新加坡	180.3	维也纳	180.4
12	日内瓦	254.5	北京	93.3	阿姆斯特丹	152.6	布鲁塞尔	342.2	法兰克福	177.9	首尔	176.2
13	巴黎	254.3	华盛顿	88.9	首尔	152.1	吉隆坡	340.4	伦敦	177.5	香港	172.1
14	阿姆斯特丹	253.4	悉尼	87.1	巴塞罗那	146.5	哥本哈根	337.5	首尔	177.3	马德里	171.8
15	多伦多	247.7	上海	83.1	布宜诺斯艾利斯	144.6	日内瓦	334.3	马德里	177.3	哥本哈根	171.0
16	悉尼	243.0	墨尔本	80.6	墨西哥城	135.9	墨尔本	333.1	圣保罗	171.2	巴塞罗那	169.2
17	洛杉矶	242.5	柏林	78.1	维也纳	132.9	悉尼	333.0	东京	170.2	苏黎世	163.7
18	迪拜	238.6	大阪	74.2	布鲁塞尔	121.3	都柏林	332.4	多伦多	168.6	墨尔本	163.4
19	斯德哥尔摩	238.0	阿姆斯特丹	67.4	北京	120.5	斯德哥尔摩	330.4	台北	164.4	北京	162.7
20	哥本哈根	235.7	多伦多	62.8	大阪	120.0	维也纳	329.0	阿姆斯特丹	163.9	多伦多	156.8
21	首尔	231.9	布鲁塞尔	57.8	墨尔本	118.9	大阪	328.9	纽约	163.7	伊斯坦布尔	155.2
22	波士顿	230.9	莫斯科	56.9	悉尼	116.2	苏黎世	328.8	布宜诺斯艾利斯	163.0	莫斯科	154.2
23	芝加哥	228.4	台北	55.3	圣保罗	115.1	赫尔辛基	322.6	波士顿	161.0	米兰	153.6
24	赫尔辛基	228.2	苏黎世	51.6	香港	108.5	法兰克福	322.2	香港	160.9	台北	153.4
25	温哥华	226.4	日内瓦	48.5	米兰	108.1	开罗	319.3	都柏林	159.9	柏林	151.4
26	墨尔本	224.0	斯德哥尔摩	47.2	上海	104.2	福冈	314.7	巴塞罗那	155.6	布鲁塞尔	150.9

续表二

排名	经济		研究开发		文化交流		宜居性		环境		可达性	
27	法兰克福	218.8	温哥华	46.8	洛杉矶	103.0	迪拜	313.4	福冈	154.7	曼谷	145.5
28	柏林	211.7	哥本哈根	39.9	旧金山	97.4	特拉维夫	311.5	洛杉矶	154.7	赫尔辛基	144.9
29	巴塞罗那	207.3	马德里	38.0	芝加哥	95.4	伊斯坦布尔	311.3	巴黎	153.7	洛杉矶	143.1
30	台北	206.2	赫尔辛基	37.0	吉隆坡	94.4	曼谷	305.5	米兰	152.6	吉隆坡	136.5

2021年报告中有19个指标被认为受到了新冠疫情的影响。许多城市经历了国际航空旅行和客运量的下降，拥有强大国际网络的城市在可达性和文化互动方面受到了严重影响。此外，经济停滞对许多城市的商业活动产生了负面影响。不过，疫情也带来了一些积极的变化——工作方式和城市环境的改善。在许多参与评估的城市，工作时间减少了，工作方式的灵活性似乎有所提升。

3. 亮点城市

伦敦（排名第1）。尽管伦敦在整体排名中继续蝉联第一，但该市仍然受到新冠疫情的严重影响。伦敦在可达性方面的排名比2020年有所下降，由于"总体就业"走弱，其经济得分也有所下滑。而所有其他欧洲城市的经济得分都有所提高，这一事实表明英国脱欧的影响开始显现，其他欧洲城市开始追赶伦敦。

纽约（排名第2）。纽约在经济和研发方面的得分进一步提高，连续五年在这两个领域处于领先地位。然而，与伦敦类似，纽约在可达性方面也遭遇到困难。此外，在宜居性方面，纽约下降了7位，排在第40位。纽约在"总失业率"和"工作方式灵活性"等就业指标方面也有明显的下降，进一步加剧了该市在这些方面长期存在的弱势状况。

东京（排名第3）。东京在宜居性方面的排名从第12位上升到第9位，在五个主要领域中的四个领域都进入了前10名（除了环境）。在"工作方式灵活性"方面，东京有了明显提升，从2020年的第41位上升到2021年的第2位，从而大幅推高了该市的整体得分。虽然东京在"零售店数量"（第3位）和"餐馆数量"（第4位）方面继续获得高分，但在"信息和通信技术就绪度"方面的得分较低。

巴黎(排名第4)。巴黎是上升最快的城市之一,主要在以下四个方面有所改善:经济(第13位)、研究开发(第9位)、文化交流(第2位)和宜居性(第2位)。在文化交流方面,其"旅游景点"排名攀升至第2位。在宜居性方面,巴黎在"零售店数量"方面排第1位,并在许多其他相关指标上获得了很高的分数。

(三)《世界城市名册2020》

《世界城市名册》(*The World According to GaWC*)是由全球最著名的城市评级机构之一的英国拉夫堡大学"全球化与世界城市研究网络"(Globalization and World Cities Study Group and Network,GaWC)编制的"全球城市"分级排名。GaWC自2000年起不定期发布《世界城市名册》,这份榜单被认为是全球最权威的世界城市排名,迄今共发布了2000年、2004年、2008年、2010年、2012年、2016年、2018年和2020年八个版本。

GaWC以"先进性生产服务业机构"在世界各大城市中的分布为指标,主要包括银行、保险、法律、咨询管理、广告和会计,关注的是该城市在全球活动中具有的主导作用和带动能力,对城市进行Alpha、Beta、Gamma、Sufficiency(+/-)划分(即全球一、二、三、四线),分别是Alpha(世界一线城市):Alpha++(特等)、Alpha+(强一线)、Alpha(准一线)、Alpha-(弱一线),Beta(世界二线城市):Beta+(强二线)、Beta(准二线)、Beta-(弱二线),Gamma(世界三线城市):Gamma+(强三线)、Gamma(准三线)、Gamma-(弱三线),Sufficiency(世界四线城市):High Sufficiency(高自给、高四线)、Sufficiency(自给、四线)。

2020年8月,GaWC发布《世界城市名册2020》(*The World According to GaWC 2020*)[①](表1-6)。伦敦和纽约是名副其实的"全球城市",在所有年份的排名中均名列Alpha++(特等);香港排在第3位,新加坡、上海、北京分别排在第4、第5、第6位,同为Alpha+(强一线)。与2018年相比,上海上升一位,北京下降两位,广州和台北则从Alpha城市下滑至Alpha-城市。中国有19个城市入围,分别为香港、上海、北京、广州、台北、深圳、成都、天津、南京、杭州、重庆、武汉、长沙、厦门、郑州、沈阳、西安、大连、济南。

---

① GaWC. The World According to GaWC 2020 [EB/OL]. [2021-12-21]. https://www.lboro.ac.uk/gawc/world2020t.html.

表 1-6 2012—2020 年《世界城市名册》的城市排名

排名	2020 年	2018 年	2016 年	2012 年
Alpha ++	伦敦	伦敦	伦敦	伦敦
	纽约	纽约	纽约	纽约
Alpha +	香港	香港	新加坡	香港
	新加坡	北京	香港	巴黎
	上海	新加坡	巴黎	新加坡
	北京	上海	北京	上海
	迪拜	悉尼	东京	东京
	巴黎	巴黎	迪拜	北京
	东京	迪拜	上海	悉尼
		东京		迪拜
Alpha	悉尼	米兰	悉尼	芝加哥
	洛杉矶	芝加哥	圣保罗	孟买
	多伦多	莫斯科	米兰	米兰
	孟买	多伦多	芝加哥	莫斯科
	阿姆斯特丹	圣保罗	墨西哥城	圣保罗
	米兰	法兰克福	孟买	法兰克福
	法兰克福	洛杉矶	莫斯科	多伦多
	墨西哥城	马德里	法兰克福	洛杉矶
	旧金山	墨西哥城	马德里	马德里
	芝加哥	吉隆坡	华沙	墨西哥城
	吉隆坡	首尔	约翰内斯堡	阿姆斯特丹
	马德里	雅加达	多伦多	吉隆坡
	莫斯科	孟买	首尔	布鲁塞尔
	雅加达	迈阿密	伊斯坦布尔	
	布鲁塞尔	布鲁塞尔	吉隆坡	
		台北	雅加达	
		广州	阿姆斯特丹	
		布宜诺斯艾利斯	布鲁塞尔	

续表

排名	2020 年	2018 年	2016 年	2012 年
		苏黎世	洛杉矶	
		华沙		
		伊斯坦布尔		
		曼谷		
		墨尔本		

(四)《全球城市竞争力报告(2020—2021)》

1. 报告概况

《全球城市竞争力报告》(Global Urban Competitiveness Report)是中国社会科学院(CASS)和联合国人居署(UN-Habitat)进行的一项合作研究,重点关注城市竞争力、城市土地和市政金融。从 2015 年起先后出版 5 部报告,每年更新一次,其中《全球城市竞争力报告(2018—2019)》在第 74 届联合国大会期间于联合国纽约总部发布,《全球城市竞争力报告(2019—2020)》在第 10 届世界城市论坛(WUF10)期间于阿布扎比发布。报告通过理论研究和实证调查,建立了衡量全球 1000 多个城市经济竞争力和可持续竞争力的指标体系。同时,选取"全球城市"发展的重要问题作为主题进行深入研究,旨在通过城市竞争力的评估,促进联合国 2030 年可持续发展议程的实施。

2. 最新排名

2020 年 12 月,中国社科院、联合国人居署在北京联合发布《全球城市竞争力报告(2020—2021):全球城市价值链——透视人类文明时空演进》[①](表 1-7)。报告利用指标体系和客观数据,详细评价了 1006 个"全球城市"的竞争力状况,并首次尝试从城市可持续竞争力视角测度联合国可持续发展目标(SDGs)的实施进展。

---

① 中国社科院、联合国人居署.《全球城市竞争力报告(2020—2021):全球城市价值链——透视人类文明时空演进》[EB/OL].[2021-12-21]. https://www.sohu.com/a/439843363_825950.

表1-7 全球城市经济竞争力和可持续竞争力排名(2020—2021)

排名	城市	国家	经济竞争力	经济竞争力排名	可持续竞争力	可持续竞争力排名
1	纽约	美国	1.000	1	0.935	3
2	新加坡	新加坡	0.947	2	0.959	2
3	东京	日本	0.942	3	1.000	1
4	伦敦	英国	0.939	4	0.901	5
5	慕尼黑	德国	0.934	5	0.785	18
6	旧金山	美国	0.933	6	0.833	7
7	洛杉矶	美国	0.928	7	0.769	23
8	巴黎	法国	0.916	8	0.884	6
9	深圳	中国	0.904	9	0.826	9
10	圣何塞	美国	0.897	10	0.716	35
11	香港	中国	0.897	11	0.903	4
12	上海	中国	0.894	12	0.722	33
13	法兰克福	德国	0.893	13	0.794	16
14	波士顿	美国	0.891	14	0.784	19
15	都柏林	爱尔兰	0.873	15	0.567	129
16	维也纳	奥地利	0.868	16	0.719	34
17	杜塞尔多夫	德国	0.867	17	0.564	132
18	斯图加特	德国	0.865	18	0.793	17
19	汉堡	德国	0.863	19	0.702	43
20	西雅图	美国	0.861	20	0.726	31
21	北京	中国	0.860	21	0.692	47
22	日内瓦	瑞士	0.858	22	0.649	72
23	费城	美国	0.857	23	0.780	20
24	巴尔的摩	美国	0.857	24	0.675	57
25	首尔	韩国	0.856	25	0.802	13
26	特拉维夫	以色列	0.849	26	0.742	28
27	达拉斯	美国	0.848	27	0.707	38
28	柏林	德国	0.848	28	0.753	25
29	科隆	德国	0.848	29	0.649	71
30	迈阿密	美国	0.847	30	0.769	22

3. 报告亮点

顶级城市洗牌。"全球城市"综合经济竞争力前20强的城市分别为纽约、新加坡、东京、伦敦、慕尼黑、旧金山、洛杉矶、巴黎、深圳、圣何塞、香港、上海、法兰克福、波士顿、都柏林、维也纳、杜塞尔多夫、斯图加特、汉堡和西雅图。相对于2015—2016年而言,纽约和新加坡的经济竞争力排名没变,伦敦上升14位,慕尼黑、巴黎等由于增量减小所以下降2位,顶级城市位序仍处于激烈竞争中。

北半球经济竞争力上升,南半球经济竞争力下降。过去五年,亚洲、欧洲、北美洲的城市综合经济竞争力稳步上升,南美洲、非洲、大洋洲城市的经济竞争力则相对下降。具体来看,北美洲城市的上升幅度最大,排名平均上升13.8位,亚洲城市的排名平均上升8.6位,欧洲城市的排名平均上升3.4位,南美洲下降幅度最大,平均下降65.1位,非洲平均下降21.1位,大洋洲平均下降7.1位。

亚洲城市的可持续竞争力全面提升。亚洲城市在全球可持续竞争力前200名中的数量,对比五年前由60个城市,提升为66个城市,在6大洲中提升幅度最大。这66个城市的排名平均上升19.2位,而亚洲城市的整体平均排名也上升了11.78位。

(五)《2021世界最佳城市报告》

2021年9月,国际知名咨询公司Resonance Consultancy发布了《2021世界最佳城市报告》(*2021 World's Best Cities Report*)[①](表1-8)。作为全球最权威的旅游、房地产、经济顾问机构之一,该报告被彭博社誉为"世界上最详尽的城市排名",报告旨在通过多维度的综合分析,评选出让当地居民、投资商、游客都认可的城市榜单,而不仅仅关注城市的宜居性和旅游吸引力两方面。报告面向全球400多座人口超过100万的城市,对它们进行综合考量和评选,评价指标包括:区位(天气、安全性、地标建筑数量、公园/户外活动中心数量);设施(机场航线数量、景点数量、博物馆数量、大学排名、会议中心规模);人(海外出生居民比例、居民受教育程度);经济[全球500强企业数量、人均GDP(国内生产总值)、收入水平、失业率];文化(文化活动、夜生活、餐饮体验、购物);宣传(脸书签到数、谷歌搜索量、谷歌趋势等)。

报告共评选出100个最佳城市,美国上榜城市为29个,约占三分之一。中

---

① Resonance Consultancy. 2021 World's Best Cities Report [EB/OL]. [2021-12-21]. https://www.bestcities.org/reports/2021-worlds-best-cities/.

国没有城市进入前十,排名最高的是北京,第25位;而后依次是香港、第29位,台湾、第64位,上海、第75位,以及南京、第100位。

表1-8 2021世界最佳城市榜单

排名	城市	分项指标及排名	
1	伦敦	设施2	文化1
2	巴黎	设施3	宣传3
3	纽约	文化3	宣传1
4	莫斯科	区位2	设施1
5	迪拜	区位1	人1
6	东京	文化2	经济4
7	新加坡	人10	宣传6
8	洛杉矶	设施17	宣传5
9	巴塞罗那	区位5	文化8
10	马德里	区位11	文化7
11	罗马	区位4	文化6
12	多哈	人11	经济1
13	芝加哥	设施8	文化12
14	阿布扎比	人1	经济5
15	旧金山	人9	经济20
16	阿姆斯特丹	设施13	经济13
17	圣彼得堡	区位6	设施11
18	多伦多	设施18	人4
19	悉尼	人7	宣传24
20	柏林	设施14	文化13
21	拉斯维加斯	文化17	宣传17
22	华盛顿	经济11	宣传14
23	伊斯坦布尔	文化14	宣传9
24	维也纳	设施28	人22

续表

排名	城市	分项指标及排名	
25	北京	区位 9	经济 2
26	布拉格	设施 16	文化 9
27	米兰	区位 18	设施 15
28	圣地亚哥	区位 14	人 36
29	香港	文化 28	宣传 12
30	墨尔本	人 8	宣传 35

(六)《全球城市品牌指数》

《全球城市品牌指数》(City Brands Index，CBI)由知名地域品牌大师西蒙·安霍尔特(Simon Anholt)推出,他是优良国家指数(Good Country Index)的创始人。他在国家品牌指数(Nation Brands Index)的基础上,于 2006 年推出了城市品牌指数,该指数是衡量城市品牌资产的一个著名标准,对于检验一座城市打造城市品牌资产的效果具有重要的参考作用。CBI 通过全球范围的大规模在线调查,调查公众对世界知名城市的实际感受和了解。

安霍尔特创建了一个六边形模型,称为"城市品牌六边形"(The City Brand Hexagon),用它来综合评价城市品牌资产。这六个领域分别是:声望地位,指城市的国际地位和全球知名度,可以衡量该城市在科学、文化和治理方面的全球贡献;自然环境,指从气候、环境清洁程度以及建筑物和公园吸引力等方面评价人们对城市自然环境的看法;机会,用来评价城市经济以及接受教育难易度的指标;活力,用来评价城市是否有令人感兴趣的休闲娱乐活动,以及城市是否有值得探索的新鲜事物;居民素质,用来评价城市居民是否热情好客,来访者是否很容易融入当地社区,以及城市是否令人感到安全;基础条件,城市的基本品质,人们是否对学校、医院、交通和体育设施等公共设施的标准感到满意且可以负担。

CBI 每次选取 50 座城市开展评价,城市排名的变动反映出城市品牌资产打造与传播的成果。近年来前 10 位城市的排名如表 1-9。[1]

---

[1] Simon Anholt，Ipsos. City Brands 2020 [EB/OL]. [2021-12-21]. https://www.ipsos.com/en/2020-anholt-ipsos-city-brand-index.

表 1-9 2013—2020 年 CBI 前十位城市排名

排名	2013 年	2015 年	2017 年	2020 年
1	伦敦	巴黎	巴黎	伦敦
2	悉尼	伦敦	伦敦	悉尼
3	巴黎	纽约	悉尼	巴黎
4	纽约	悉尼	纽约	纽约
5	罗马	洛杉矶	洛杉矶	罗马
6	华盛顿	罗马	罗马	阿姆斯特丹
7	洛杉矶	柏林	墨尔本	维也纳
8	多伦多	阿姆斯特丹	阿姆斯特丹	温哥华
9	维也纳	墨尔本	旧金山	墨尔本
10	墨尔本	华盛顿	柏林	旧金山

从 2020 年的排名结果来看，前十位城市除悉尼、墨尔本外，都由欧洲和北美洲的城市占据。亚洲城市诸如东京、香港、首尔等仅能排在第二、第三梯队，而快速发展的亚洲城市诸如北京、上海、曼谷等排名均在 30 名以外。这一结果一方面与城市本身品质有一定关系，同时也与选取的调查问卷发放对象有关，例如 2013 年项目组仅在 20 个国家中进行问卷调查，诸如国民情感、国际政治等因素都会影响到最终的评价。伦敦、纽约、巴黎等"全球城市"，依旧是全球范围内城市品牌资产价值最高的城市。

（七）"全球城市"的一般特征

通过对上述"全球城市"排名报告的综合分析不难得出，纽约、伦敦、巴黎、东京等"全球城市"一般具有以下特征：

第一，处于城市网络体系的顶端。"全球城市"的资源集聚和影响力辐射半径已经突破传统的地域范围，扩散到全球。在这些城市中，开放性和联通性成为发展特征，需要通过与世界其他城市保持紧密的联通，才能保持城市的魅力和创新发展的活力。

第二，全球人才和创新资源的集聚地。"全球城市"集聚了大批具有世界影响力科技研发机构、文化创意机构、高端企业总部、国际组织总部和世界顶级人才。"全球城市"是国际活动召集地、国际会议之城、国际旅游目的地。

第三，拥有雄厚的综合实力和巨大的高端资源交易流量。"全球城市"表现为经济总量大，人均 GDP 高，以现代产业体系为核心的后工业化经济结构明显。"全球城市"以高端人才的集聚,信息化水平,科技创新能力,金融国际竞争力和现代化、立体化的综合交通体系,呈现巨大的国际高端资源的流量与交易。

第四,世界文化中心,引领文化发展潮流。"全球城市"是世界文化资源的集聚地,是全球文化大师向往的城市,城市市民文化需求品位高,城市在全球有很强的文化吸引力。

三 文化城市评选

研究发现,当前关于文化城市的评选主要有:欧盟主导的在欧洲国家间开展的以文化交流和展示为主题的"欧洲文化之都"(European Capital of Culture),中日韩三国文化部门发起的政府间多边性城市文化活动"东亚文化之都"(Culture City of East Asia),以及联合国教科文组织推出的致力于促进将创意视为可持续发展战略因素的城市间合作项目"创意城市网络"(Creative Cities Network)。三者都具有较长的历史,凸显城市文化是塑造地方特质和提升城市品质的重要资源之一,在"全球城市"竞争中起到关键作用。其中,"欧洲文化之都""东亚文化之都"推动了文明悠久和文化创新地区对城市文化的重视和再造,"创意城市网络"指引了文化导向下城市复兴和改造的全新路径。

(一) 欧洲文化之都

1985年6月,欧盟文化部长决议启动"欧洲文化城市"(European cities of Culture)工程,以文化促进欧洲各国人民的团结。2005年,"欧洲文化城市"正式更名为"欧洲文化之都",实施了一系列新的决议、法案,以保障"欧洲文化之都"工程的顺利发展。2006年10月,欧洲议会和欧洲委员会颁布《第1622号决议》(Decision No 1622/2006/EC of the European Parliament and of the Council of 24 October 2006)[①],这是"欧洲文化之都"评选的最新纲领,规定"欧洲文化之都"每年评选一次,每次有一至两座城市获得该荣誉,并明确"欧洲文化之都"的指导思想:着眼于保护与传承欧洲文化,通过欧洲各国之间更广泛的文化交流,弘扬欧洲文化,给当选城市带来长久的发展动力,促进可持续的社会和经济效益。

每年经过激烈的竞争,选出1至2座欧洲城市授予其"欧洲文化之都"的荣

---

① Decision No 1622/2006/EC of the European Parliament and of the Council of 24 October 2006 [EB/OL]. [2021-12-21]. http://europa.eu/legislation_summaries/culture/I29014_en.htm.

誉称号,享受称号的城市将这一年称为"文化年"。在这一年里,入选城市有机会展示本地区文化亮点、文化遗产、文化活动等,吸引许多欧盟其他成员国的艺术家、文化机构前来交流、演出,同时,也吸引全球各地的人们前来参观旅游。因此,"欧洲文化之都"评选不仅满足于申报城市拥有优良的文化场所,举办多样的表演活动,而且也不只是看重活动年带来的直接经济效益,最主要的是追求评选给当选城市带来长久的文化发展动力。

1. "欧洲文化之都"的建设标准

欧洲委员会根据《第1622号决议》,颁布《"欧洲文化之都"当选城市自评估指导意见2020—2033》(*European Capitals of Culture 2020-2033. Guidelines for the Cities' Own Evaluations of the Results of Each ECoC*)[①],明确了"欧洲文化之都"的建设标准(表1-10)。

表1-10 "欧洲文化之都"的建设标准

总体目标										
保护与传承欧洲文化的多样性,突显欧洲文化的共性,加强欧洲公民共属一个文化空间的归属感,并促进城市文化的长期发展										
一级目标										
加强文化供给的范围、种类,体现"欧洲范畴"			扩展公民接触与参与文化活动的途径			提高文化部门的业务能力及与其他机构的联动			通过文化效应提高城市在国际上的知名度与美誉度		
二级目标										
支持创作更多高质量的艺术文化项目	文化项目强调"欧洲范畴",鼓励跨国合作	在制定和实施文化项目时考虑到让更多公民与利益相关者共同参与	创造机会吸引更多的公民参与文化活动	促进文化基础设施建设	提升文化部门的工作与能力治理	鼓励文化部门与其他机构合作	推广文化项目,提升城市影响力	扩展公民的国际视野		

资料来源:《"欧洲文化之都"当选城市自评估指导意见2020—2033》。

---

① European Capitals of Culture 2020-2033. Guidelines for the Cities' Own Evaluations of the Results of Each ECoC [EB/OL]. [2021-12-21]. https://ec.europa.eu/programmes/creative-europe/sites/creative-europe/files/library/capitals-culture-city-own-guide_en.pdf.

从《第1622号决议》和《"欧洲文化之都"当选城市自评估指导意见2020—2033》的指标内涵看出,"欧洲文化之都"的建设标准可归纳为六个"强调":(1)强调文化长远发展动力;(2)强调治理能力及实现途径;(3)强调社会参与度;(4)强调欧洲范畴,鼓励跨域合作;(5)强调文化效应;(6)强调扩展延伸效应。其中,全民参与、增强文化效应是大多数城市在规划与创建时非常看重的一点。

2. 当选城市及其类型特点

截至2021年,共有63座欧洲城市被授予"欧洲文化之都"称号。当选的城市类型十分多样化,有像雅典、阿姆斯特丹这类著名的国家首都;有像鹿特丹、格拉斯哥这类大型港口城市;有像佛罗伦萨、萨拉曼卡这类历史文化古城;有像安特卫普、热那亚这类工业城市;也有像魏玛、吉马良斯这类小型城市。许多当选城市身兼首都、文化经济中心等多重身份(表1-11)。

表1-11 "欧洲文化之都"当选城市列表

年份	国家	城市	年份	国家	城市
1985	希腊	雅典	2000	意大利	博洛尼亚
1986	意大利	佛罗伦萨		比利时	布鲁塞尔
1987	荷兰	阿姆斯特丹		芬兰	赫尔辛基
1988	德国	西柏林		波兰	克拉科夫
1989	法国	巴黎		冰岛	雷克雅未克
1990	英国	格拉斯哥		捷克	布拉格
1991	爱尔兰	都柏林		西班牙	圣地亚哥-德孔波斯特拉
1992	西班牙	马德里	2001	荷兰	鹿特丹
1993	比利时	安特卫普		葡萄牙	波尔图
1994	葡萄牙	里斯本	2002	比利时	布鲁日
1995	卢森堡	卢森堡市		西班牙	萨拉曼卡
1996	丹麦	哥本哈根	2003	奥地利	格拉茨
1997	希腊	萨洛尼卡	2004	意大利	热那亚
1998	瑞典	斯德哥尔摩		法国	里尔
1999	德国	魏玛	2005	爱尔兰	科克
2000	法国	阿维尼翁	2006	希腊	帕特雷
	挪威	卑尔根	2007	卢森堡	卢森堡市

续表

年份	国家	城市	年份	国家	城市
2007	罗马尼亚	锡比乌		拉脱维亚	里加
2008	英国	利物浦	2015	比利时	蒙斯
	挪威	斯塔万格		捷克	比尔森
2009	立陶宛	维尔纽斯	2016	西班牙	圣塞瓦斯蒂安
	奥地利	林茨		波兰	弗罗茨瓦夫
2010	德国	埃森	2017	丹麦	奥胡斯
	匈牙利	佩奇		塞浦路斯	帕福斯
	土耳其	伊斯坦布尔	2018	马耳他	瓦莱塔
2011	芬兰	图尔库		荷兰	莱瓦顿
	爱沙尼亚	塔林	2019	意大利	马泰拉
2012	葡萄牙	吉马良斯		保加利亚	普罗夫迪夫
	斯洛文尼亚	马里博尔	2020	克罗地亚	里耶卡
2013	法国	马赛-普罗旺斯		爱尔兰	戈尔韦
	斯洛伐克	科希策	2021	塞尔维亚	诺维萨德
2014	瑞典	于默奥			

早期受政治因素影响,国家在城市的选择上更倾向于选择综合实力较强的首都,这类城市一般是国家的政治、经济、文化中心,对城市文化发展重视程度高,承担"欧洲文化之都"这类大型工程的能力较强。因此,工程发展前期,特别是2000年以前,"欧洲文化之都"中首都占比很高,19座当选城市中有11座城市为国家首都,占比58%。随着遴选机制的不断改进完善,更多不同类型和规模的城市参与竞争,2000年以后,国家首都当选的比率开始下降。

20世纪90年代中期开始,越来越多的工业城市参与"欧洲文化之都"竞选。有23座当选城市为工业城市,约占37%。许多欧洲城市工业化和城市化发展到一定水平,经历了从辉煌走向衰落,面临着城市转型的问题,希望借"欧洲文化之都"工程的机会,通过文化发展为城市重建、复兴、转型带来机遇。有25座城市是历史名城,约占40%;其中有10个城市或者城市区域被列入世界文化遗产、人类遗产。

3. 当选后的附加值

实践证明,"欧洲文化之都"的影响力无论对于获得称号的城市还是整个欧洲都是巨大的。它对欧洲的团结合作、文化发展和经济繁荣所做出的贡献是不可低估的。曾任欧盟负责文化工作的文教委员菲杰尔(Ján Figel')对这一活动给了了充分肯定:"欧洲文化之都"已经成为欧盟最成功和最受欢迎的一项活动。

"欧洲文化之都"活动不仅促进了文化交流,也带来了经济的繁荣。例如,深受经济危机影响的城市英国格拉斯哥自1990年举办"欧洲文化之都"活动后,经济真正得以起飞。2003年奥地利的格拉茨在担任"欧洲文化之都"的12个月中,举办了6 000场活动、实施了108个项目,迎来了300万名游客,当地旅馆客房使用率同比上升25%。2004年法国的里尔当选,主要景点的游客人数增加10倍,过夜游客至少翻一番;举行活动的前六个月统计数字是:参加活动人数为750万人,展览会、音乐会和剧院共卖出150万张门票;约1 000家广播和电视公司参加报道,3 000多名记者写出成千上万篇报道里尔文化之都活动的文章刊登在世界报纸和杂志上。

(二)东亚文化之都

"东亚文化之都"(Culture City of East Asia)评选活动是为落实2012年5月中日韩三国领导人在第五次中日韩领导人会议上达成的重要共识,以及2012年5月第四次中日韩文化部长会议签署的《中日韩文化部长会议——上海行动计划(2012年至2014年)》而开展的一项文化活动,是国家文化部统筹国内国际,进一步加强国际文化交流与合作、增进与周边国家了解与友谊的一项举措。① "东亚文化之都"是指具备丰富的地方文化资源和鲜明的地方文化特色,同时具备一定的东亚文化资源、东亚文化气质并反映东亚文化精神,对促进东亚文化交流与互学互鉴具有引领与示范带动作用,经过一定程序认定的城市。"东亚文化之都"旨在发挥中日韩三国历史文化渊源深厚、文脉相通、文化传统相近的优势,在世界舞台展现东亚文化的同时,传承和弘扬中华优秀传统文化,展示中华文化独特魅力,增强国家文化软实力和中华文化国际影响力。2020年以后,我国申报"东亚文化之都"的条件在已有的文化传统、文化硬件设施、文化软

---

① 国家文化部.文化部办公厅关于启动首届"东亚文化之都"申报工作的通知[EB/OL].[2013-03-21]. http://zwgk.mct.gov.cn/zfxxgkml/jlhz/gjjlhz/202012/t20201212_919054.html.

件发展、公共文化服务等 7 个方面基础上,增加了文化和旅游相融合的内容。

2013 年 8 月,首届"东亚文化之都"评选活动终审工作会议在北京中国国家博物馆举行。中国泉州、日本横滨、韩国光州共同当选首届"东亚文化之都",泉州以深远厚重的历史文化底蕴、鲜明奇特的多元文化大观、丰富多彩的文化遗产、悠久广泛的对外交流等从 10 个初审入围城市中脱颖而出。2014 年 11 月,第六次中国日本韩国文化部长会议在日本横滨市举行,会议确定 2015 年的"东亚文化之都"活动在中日韩的三个城市:中国青岛、日本新潟和韩国清州举办。2015 年 12 月,中日韩三国文化部门负责人共同签署东亚文化交流行动计划《青岛宣言》,中国宁波、日本奈良、韩国济州三个城市当选 2016 年"东亚文化之都"。2016 年 7 月,经过层层筛选和激烈角逐,中国长沙与日本京都、韩国大邱一同当选 2017 年"东亚文化之都"。2017 年 8 月,中国哈尔滨同日本金泽、韩国釜山一起,共同当选 2018 年"东亚文化之都"。2018 年 8 月,中国西安和日本东京都丰岛区、韩国仁川市一起成为 2019 年"东亚文化之都",接受三国文化部长授牌。2019 年 8 月,中国扬州、日本北九州、韩国顺天三座城市当选 2020 年度"东亚文化之都"。2020 年 12 月,中国绍兴与敦煌、日本北九州、韩国顺天共同当选 2021 年"东亚文化之都"。2021 年 8 月,第十二次中日韩文化部长会议上中国济南和温州、日本大分县、韩国庆州市共同入选 2022 年"东亚文化之都"(表 1-12)。

表 1-12 历年"东亚文化之都"入选城市

年份	入选城市
2014	中国泉州、日本横滨、韩国光州
2015	中国青岛、日本新潟、韩国清州
2016	中国宁波、日本奈良、韩国济州
2017	中国长沙、日本京都、韩国大邱
2018	中国哈尔滨、日本金泽、韩国釜山
2019	中国西安、日本丰岛、韩国仁川
2020	中国扬州、日本北九州、韩国顺天
2021	中国绍兴与敦煌、日本北九州、韩国顺天
2022	中国济南与温州、日本大分、韩国庆州

(三) 创意城市网络

2004年10月,联合国教科文组织(UNESCO)第170届执行理事会决定设立"创意城市网络"①这一评选项目,它是推进全球文化多样性发展的一项重要举措。联合国教科文组织给"创意城市网络"确定的宗旨是为了在经济和技术全球化的背景下倡导和维护文化多样性,希望并鼓励教科文组织成员国家的城市自愿提出申请,将本国城市在社会、经济和文化发展中的成功经验、创意理念和创新实践,向世界各国城市的管理者和市民开放,从而使全球的城市之间能够建立起一种学习和交流的关系,推进发达国家和发展中国家的城市社会、经济和文化的发展。被列入"创意城市网络",意味着对该城市在国际化中保持和发扬自身特色的工作表示承认,"创意城市网络"通过创意城市间的国际合作,建立共同发展的伙伴关系,实现促进文化多样性和城市可持续发展的共同使命。

"创意城市网络"分设七个子系统,即文学之城(City of Literature)、手工艺与民间艺术之城(City of Crafts and Folk Art)、设计之城(City of Design)、美食之城(City of Gastronomy)、媒体艺术之城(City of Media Arts)、电影之城(City of Film)、音乐之城(City of Music),充分体现了文化多样性原则。通过"创意城市网络"官网梳理,截至目前,全球共有180个城市参与网络(表1-13),遍布五大洲的发达国家和发展中国家。

表1-13 创意城市网络的180个入选城市

类别	序号	城市	加入时间	所属国家
文学之城(City of Literature)	1	爱丁堡	2004年	苏格兰
	2	墨尔本	2008年	澳大利亚
	3	爱荷华	2008年	美国
	4	都柏林	2010年	爱尔兰
	5	雷克雅未克	2011年	冰岛
	6	诺维奇	2012年	英国
	7	克拉科夫	2013年	波兰
	8	格拉纳达	2014年	西班牙

---

① 联合国教科文组织. 创意城市网络. [EB/OL]. [2021-12-01]. https://zh.unesco.org/creative-cities/.

续表一

类别	序号	城市	加入时间	所属国家
	9	布拉格	2014年	捷克
	10	海德堡	2014年	德国
	11	达尼丁	2014年	新西兰
	12	乌里扬诺夫斯克	2015年	俄罗斯
	13	欧比多斯	2015年	葡萄牙
	14	塔尔图	2015年	爱沙尼亚
	15	蒙得维的亚	2015年	乌拉圭
	16	卢布尔雅那	2015年	斯洛文尼亚
	17	巴塞罗那	2015年	西班牙
	18	诺丁汉	2015年	英国
	19	利沃夫	2015年	乌克兰
	20	巴格达	2015年	伊拉克
	21	西雅图	2017年	美国
	22	利勒哈默尔	2017年	挪威
	23	魁北克	2017年	加拿大
	24	米兰	2017年	意大利
	25	曼彻斯特	2017年	英国
	26	富川	2017年	韩国
	27	乌得勒支	2017年	荷兰
	28	德班	2017年	南非
手工艺与民间艺术之城（City of Crafts and Folk Art）	29	圣达菲	2005年	美国
	30	阿斯旺	2005年	埃及
	31	金泽	2009年	日本
	32	利川	2010年	韩国
	33	杭州	2012年	中国
	34	帕迪尤卡	2013年	美国
	35	法布里亚诺	2013年	意大利
	36	苏州	2014年	中国

续表二

类别	序号	城市	加入时间	所属国家
	37	北加浪岸	2014 年	印度尼西亚
	38	拿骚	2014 年	巴哈马
	39	景德镇	2014 年	中国
	40	雅克梅勒	2014 年	海地
	41	筱山	2015 年	日本
	42	伊斯法罕	2015 年	伊朗
	43	巴米扬	2015 年	阿富汗
	44	卢本巴希	2015 年	刚果
	45	圣克里斯托瓦尔-德拉斯卡萨斯	2015 年	墨西哥
	46	阿尔阿萨	2015 年	沙特
	47	杜兰	2015 年	厄瓜多尔
	48	斋浦尔	2015 年	印度
	49	屈塔希亚	2017 年	土耳其
	50	卡拉拉	2017 年	意大利
	51	清迈	2017 年	泰国
	52	巴塞罗斯	2017 年	葡萄牙
	53	碧瑶	2017 年	菲律宾
	54	索科德	2017 年	多哥
	55	谢基	2017 年	阿塞拜疆
	56	瓦加杜古	2017 年	布基纳法索
	57	得土安	2017 年	摩洛哥
	58	米底巴	2017 年	约旦
	59	开罗	2017 年	埃及
	60	利摩日	2017 年	法国
	61	突尼斯	2017 年	突尼斯
	62	考德莱格	2017 年	厄瓜多尔
	63	若昂佩索阿	2017 年	巴西
	64	波多诺伏	2017 年	贝宁

续表三

类别	序号	城市	加入时间	所属国家
	65	加布罗沃	2017年	保加利亚
设计之城（City of Design）	66	柏林	2005年	德国
	67	布宜诺斯艾利斯	2005年	阿根廷
	68	蒙特利尔	2006年	加拿大
	69	深圳	2008年	中国
	70	神户	2008年	日本
	71	名古屋	2008年	日本
	72	上海	2010年	中国
	73	圣艾蒂安	2010年	法国
	74	首尔	2010年	韩国
	75	格拉茨	2011年	奥地利
	76	北京	2012年	中国
	77	赫尔辛基	2014年	芬兰
	78	邓迪	2014年	苏格兰
	79	库里蒂巴	2014年	巴西
	80	毕尔巴鄂	2014年	西班牙
	81	都灵	2014年	意大利
	82	新加坡	2015年	新加坡
	83	底特律	2015年	美国
	84	考纳斯	2015年	立陶宛
	85	布达佩斯	2015年	匈牙利
	86	普埃布拉	2015年	墨西哥
	87	万隆	2015年	印度尼西亚
	88	武汉	2017年	中国
	89	伊斯坦布尔	2017年	土耳其
	90	科特赖克	2017年	比利时
	91	巴西利亚	2017年	巴西
	92	开普敦	2017年	南非

续表四

类别	序号	城市	加入时间	所属国家
	93	吉朗	2017年	澳大利亚
	94	科灵	2017年	丹麦
	95	迪拜	2017年	阿联酋
	96	墨西哥城	2017年	墨西哥
美食之城（City of Gastronomy）	97	波帕扬	2005年	哥伦比亚
	98	成都	2010年	中国
	99	全州	2012年	韩国
	100	扎赫勒	2013年	黎巴嫩
	101	顺德	2014年	中国
	102	弗洛里亚诺波利斯	2014年	巴西
	103	鹤冈	2014年	日本
	104	普吉	2015年	泰国
	105	拉什特	2015年	伊朗
	106	帕尔马	2015年	意大利
	107	加济安泰普	2015年	土耳其
	108	图森	2015年	美国
	109	卑尔根	2015年	挪威
	110	贝伦	2015年	巴西
	111	恩塞纳达	2015年	墨西哥
	112	德尼亚	2015年	西班牙
	113	布尔戈斯	2015年	西班牙
	114	哈塔伊	2017年	土耳其
	115	布埃纳文图拉	2017年	哥伦比亚
	116	圣安东尼奥	2017年	美国
	117	帕拉蒂	2017年	巴西
	118	科恰班巴	2017年	玻利维亚
	119	哈塔伊	2017年	土耳其
	120	巴拿马城	2017年	巴拿马

续表五

类别	序号	城市	加入时间	所属国家
	121	阿尔巴	2017年	意大利
	122	澳门	2017年	中国
媒体艺术之城（City of Media Arts）	123	塞维利亚	2006年	西班牙
	124	博洛尼亚	2006年	意大利
	125	格拉斯哥	2008年	苏格兰
	126	根特	2009年	比利时
	127	波哥大	2012年	哥伦比亚
	128	布拉柴维尔	2013年	刚果
	129	滨松	2014年	日本
	130	曼海姆	2014年	德国
	131	汉诺威	2014年	德国
	132	利物浦	2015年	英国
	133	统营	2015年	朝鲜
	134	金斯敦	2015年	牙买加
	135	金沙萨	2015年	刚果
	136	麦德林	2015年	哥伦比亚
	137	萨尔瓦多	2015年	巴西
	138	卡托维兹	2015年	波兰
	139	阿德莱德	2015年	澳大利亚
	140	新伊达尼亚	2015年	葡萄牙
	141	瓦拉纳西	2015年	印度
	142	佩萨罗	2017年	意大利
	143	堪萨斯城	2017年	美国
	144	大邱	2017年	韩国
	145	北雪平	2017年	瑞典
	146	普拉亚	2017年	佛得角
	147	阿马兰特	2017年	葡萄牙
	148	奥克兰	2017年	新西兰

续表六

类别	序号	城市	加入时间	所属国家
	149	阿拉木图	2017年	哈萨克斯坦
	150	弗鲁蒂亚尔	2017年	智利
	151	金奈	2017年	印度
	152	莫雷利亚	2017年	墨西哥
	153	布尔诺	2017年	捷克
电影之城（City of Film）	154	布拉德福德	2009年	英国
	155	悉尼	2010年	澳大利亚
	156	釜山	2014年	韩国
	157	戈尔韦	2014年	爱尔兰
	158	索菲亚	2014年	保加利亚
	159	罗马	2015年	意大利
	160	桑托斯	2015年	巴西
	161	比托拉	2015年	马其顿
	162	罗兹	2017年	波兰
	163	山形	2017年	日本
	164	青岛	2017年	中国
	165	塔拉萨	2017年	西班牙
	166	布里斯托	2017年	英国
音乐之城（City of Music）	167	里昂	2008年	法国
	168	札幌	2013年	日本
	169	昂吉安莱班	2013年	法国
	170	光州	2014年	韩国
	171	达喀尔	2014年	塞内加尔
	172	约克	2014年	英国
	173	特拉维夫-雅法	2014年	以色列
	174	林茨	2014年	奥地利
	175	奥斯汀	2015年	美国
	176	多伦多	2017年	加拿大

续表七

类别	序号	城市	加入时间	所属国家
	177	瓜达拉哈拉	2017 年	墨西哥
	178	长沙	2017 年	中国
	179	布拉加	2017 年	葡萄牙
	180	科希策	2017 年	斯洛伐克

中国是目前拥有创意城市最多的国家。共有苏州、景德镇、武汉、顺德、澳门、青岛、长沙、深圳、成都、上海、杭州、北京等 12 个城市入选其中，这既标志着我国城市发展文化创意产业的巨大成就，也意味着我国开辟了由创意城市迈向国际名城的重要渠道。

第二章

主要城市发展比较

在经济全球化和后工业化的背景下,城市发展逐步由经济增长的单维度目标,向以包容为核心的可持续、繁荣、公平、公正、平等、安全的多维度目标转变,城市间的竞争也由人口及经济要素为主导,逐步转向以社会、经济、文化、生态等多要素的深度融合为导向。2016年10月,联合国第三次住房和城市可持续发展大会发布的《新城市议程》提出"将文化作为城市规划和战略的优先组成部分"[1],同时联合国教科文组织发布《文化:城市未来》(Culture: Urban Future)全球报告,提出"以人为本的城市空间应以文化为中心、优质的城市环境由文化塑造、城市可持续发展需要基于文化的综合决策"[2]的倡议,承载着文化资源的城市空间逐渐成为城市规划与建设的焦点。

为此,我们对标纽约、伦敦、巴黎、东京、新加坡、香港等主要"全球城市"的最高标准和最好水平,尝试比较各城市的地域面积、功能分区、经济运行等指标,梳理其文化发展事件或创新案例等来研究"全球城市"的发展。

一 城市运行及发展

纽约、伦敦、巴黎、东京、新加坡、香港都是著名的国际文化城市和具有全球

---

[1] 新城市议程[J]. 城市规划,2016(12):19—32.
[2] UNESCO. Culture: Urban Future [R/OL]. [2021-12-01]. https://whc.unesco.org/en/documents/148100.

影响力的世界城市,也是本国经济实力最强的城市之一。这些城市都拥有强大的金融业和先进的生产性服务业,是世界级的生产要素配置中心。从建设历史看,伦敦作为英国的首都,成为繁荣贸易城市的历史超过500年,是名副其实的历史文化名城;与之相似的巴黎,这座城市从公元6世纪开始成为法兰西王国的首都;东京具有近千年的历史,从一个海边村庄发展成为国际大都市,确立为文化和商业中心已有100多年历史;纽约相对比较年轻,有约300年的兴建历史;香港的经济和社会在二战以后迅速发展,逐渐成为全球最富裕、经济最发达和生活水准最高的地区之一;新加坡最为年轻,只有近60年的建国历史。上述城市的主要指标如表2-1所示。

表2-1 主要城市指标比较

城市	地域面积 /平方千米	人数/万人	GDP总量 /亿美元	文化产业增加值 /亿美元	占比/%
纽约	780.8	880.4	10 650	230[①]	2.2
伦敦	1 577.3	900.6	6 532	643[②]	9.8
巴黎	105	216.5(2019年)	2 360	—	7.0(就业占比)
东京	2 194.1	1 398.8	9 726.5	610	6.3
新加坡	728.3	568.6	3 474.1	51.3[③]	1.5
香港	1 113.8	740.1[④]	3 702[⑤]	149.2[⑥]	4.5[⑦]

注:此表中的"占比"这一列,对于纽约、伦敦、东京、新加坡,该列数值=文化产业增加值/GDP总量。

[①] 2019年数据。此处文化产业指"艺术、娱乐及休闲"产业,涉及经营相关设施或提供相关服务的机构。具体包括:(1)参与制作、宣传或提供现场表演、活动或展览服务的机构;(2)保存和展示具有历史、文化或教育价值的物品和场地的机构;(3)提供康乐或娱乐休闲活动,能够满足人们相关兴趣爱好的机构。https://apps.bea.gov/iTable/iTable.cfm?reqid=70&step=1&isuri=1&acrdn=5#reqid=70&step=1&isuri=1&acrdn=5.
[②] 数据为2015年创意产业增加值420亿英镑,按当年汇率换算为643亿美元。
[③] Ministry of Culture, Community and Youth. Singapore Cultural Statistics 2020 [EB/OL]. [2022-06-17]. https://www.mccy.gov.sg/about-us/news-and-resources/press-statements/2021/jan/-/media/FF26A25C0D5B4511AB8FB8D0B3728FED.ashx.
[④] 香港特别行政区政府统计处. 人口估计 [EB/OL]. [2022-09-12]. https://www.censtatd.gov.hk/sc/scode150.html.
[⑤] 数据为2021年本地生产总值28 697亿港元,按当年汇率换算为3 702亿美元。
[⑥] 香港特别行政区政府. 表220:选定行业的增加价值及就业人数 [EB/OL]. [2022-06-17]. https://www.censtatd.gov.hk/sc/web_table.html?id=220. 数据为2020年创意产业增加值1 155.66亿港元,按当年汇率换算为149.2亿美元。
[⑦] 文化行业占本地生产总值的百分比是以2020年基本价格计算的名义本地生产总值来编制的,与常用的以当时市价计算的本地生产总值有少许不同,后者包括产品税。

（一）美国纽约

纽约是世界上最典型的"全球城市"。根据科尔尼发布的《全球城市指数报告》，2017—2021年纽约是全球综合实力最强的城市。纽约市陆地面积780.8平方千米，2020年人口为8 804 190，2019年GDP达到10 650亿美元。纽约市由五个各具特色的行政区组成，分别是：曼哈顿区（Manhattan）、布鲁克林区（Brooklyn）、布朗克斯区（The Bronx）、皇后区（Queens）和斯塔滕岛（Staten Island）。

纽约作为世界文化、金融和媒体之都，聚集了丰富多元的金融、科创、文化和人才资源，对全球商业、娱乐、研究、技术、教育、政治、旅游、餐饮、艺术、时尚和体育等领域的发展产生着巨大影响。

（二）英国伦敦

伦敦由伦敦城（City of London）及32个自治区（Borough）组成，伦敦城及周围13个区组成内伦敦，内伦敦以外19个区为外伦敦，内、外伦敦合称"大伦敦"（Great London，简称伦敦）。截至2018年底，伦敦面积近1 580平方千米，人口900余万，来自多种种族和文化背景，当地使用的地方语言超过300种。后工业化时期，伦敦市政府于1944年起制定《大伦敦规划》，旨在疏导城市人口，促进城市复兴。伦敦市内文物古迹、历史名胜很多，也有许多一流的博物馆、美术馆和剧院，它还有众多的世界著名大学、学院和其他教育机构。

伦敦的创意产业包括：广告与营销、建筑、手工艺、设计、电影、电视、广播和摄影、信息技术、软件和计算机服务、出版、博物馆、美术馆、图书馆、音乐、表演和视觉艺术行业，它们是城市经济重要的发展动力。从地理位置分布而言，伦敦创意产业具有鲜明的集群分布特征，内伦敦的密度最高。目前，苏活区（Soho）、东伦敦科技城、希斯罗机场和西部走廊、伦敦西区均是重要的创意产业集聚区。

（三）法国巴黎

巴黎也是世界上典型的"全球城市"。巴黎市，也被称为"小巴黎"，总面积105平方千米，人口约216万，2019年GDP为2 360亿美元。随着跨城交通的发展和经济结构的调整，巴黎市与相邻省份之间形成了频繁的人口通勤与紧密的社会经济文化合作，以至于有很多研究将视角锁定在"大巴黎"层面上，即总面积为12 011平方千米的巴黎大区（Ile-de-France），它由巴黎市及与之接壤的近郊三省(92省、93省、94省)和远郊四省(77省、78省、91省、95省)组成。

产业结构上,巴黎无农业,工业提供3%的就业,建筑2%,商品性服务业71%,非商品性服务业24%。

(四)日本东京

东京是日本经济的引擎,具有匹敌一国的经济实力。东京人口约1398.8万(2021年),面积2194.05平方千米。2018年,东京的名义GDP约9726.5亿美元,占日本全国名义GDP的18.8%;企业数量24.9万家(2016年),占日本全国企业数量的15.3%;外资企业2413家(2020年),占日本全国外资企业数量的76.1%。可以说,东京以占全国约十分之一的人口和百分之一的土地面积,创造了约日本五分之一的GDP。

整个东京都由区部(23个特别区)和多摩地区(26个市、西多摩郡3町1村)以及岛屿地区(2町7村)组成。区部作为东京的市中心区域,是东京都开展国际金融与经济合作的核心区域,拥有提供高品质生活的繁华商业区,也云集了众多知名的文化设施。

(五)新加坡

新加坡是一座充满活力的世界级城市,2020年GDP为3474.12亿美元;新加坡的人口多元化,多数为华人,他们与马来人、印度人和欧亚混血人等一起组成四大族群,截至2020年人口数达568.58万。新加坡作为全球金融中心、世界上人口最稠密的地区之一,拥有世界级的瀑布城市机场和被列入世界遗产名录的植物园;它也是著名的旅游胜地,气候炎热潮湿。新加坡也被称为"即时亚洲",因为它让游客可以快速了解移民们从大陆各地带来的亚洲文化。新加坡城市规划完善,干净绿色,安全有保障。经过多年的发展,新加坡在许多领域皆有卓越成绩,并因此获得诸多国际荣誉。

(六)中国香港

香港由香港岛、大屿山、九龙半岛以及新界(包括262个离岛)组成,地域面积1113.8平方千米,人口740.1万,其中绝大部分为华人,其余为菲律宾人、印尼人、印度人。香港在经济、研究开发和可达性三方面的实力不容小觑,《2021全球城市实力指数报告》显示,香港这三项指标分别排名第5、10和13。香港的经济素以自由贸易、低税率和最少政府干预见称,以服务业为主。科创是经济增长的动力和加强产业竞争力的关键。香港特区政府于1999年注资50亿港元设立创新及科技基金,并在2015年成立创新及科技局,大力促进了香港的创科产业发展,提升了香港的综合竞争力。可达性方面,香港位于亚洲要冲,是重要的国际贸易中心、世界各地乘客的往来枢纽及通往内地其他城市的门户。

从上述"全球城市"的发展特征看,它们具有的共同特征是:第一,它们都是全球人才资源集聚高地,人才资源拥有量在全球占有较高比重;第二,它们是科技创新资源集聚高地,科技创新成果在全球占有较高比重;第三,它们是新兴产业资源集聚高地,新兴产业在全球占有较高比重;第四,它们是金融资本资源的集聚高地,金融资本在全球占有较高比重;第五,它们是全球文化资源的集聚高地,城市文化品位高,并在全球享有盛誉。

二 城市空间格局

城市的公共活动中心是其公共功能的核心承载区,综合国际发展趋势,"全球城市"的公共活动中心经历了多功能融合和多中心网络的演进过程,功能更加综合,更突出人的体验和活动。

(一) 美国纽约

美国宾夕法尼亚大学开展的《艺术项目的社会影响力》(*Social Impact of the Arts Project*,SIAP)统计显示,纽约市拥有4 700个非营利文化机构,17 000余个营利文化机构,以及数百万文化参与者。[①] 丰富的文化空间网络遍布纽约市的五个行政区及其间的任何地方,为城市的重要创造力做出了贡献。纽约的文化空间可分成生态文化空间、教育文化空间、历史文化空间、基础文化空间等。

据统计,纽约市内的公共绿地占比达27%,大型公园在全市五个行政区中都有分布,小型公园与社区花园主要集中在布鲁克林区东部和布朗克斯区,广场则主要集中在曼哈顿区。纽约有120多所大学,包括哥伦比亚大学、纽约大学、洛克菲勒大学,以及纽约市立大学;其中,纽约市立大学共有25个校区,主要集中在曼哈顿区和布鲁克林区东部,它是美国最大的城市公立大学系统,其与地区文化组织之间的关系十分密切,提供艺术文化设施亦是其重要职能之一。纽约

---

① NYC Cultural Affairs. The Cultural Plan-Research And Discovery [EB/OL]. [2021-12-13]. https://createnyc.cityofnewyork.us/the-cultural-plan/research-and-discovery/.

有1个世界文化遗产——自由女神像(The Statue of Liberty),此外还有约34 000个其他历史文化遗产,这些遗产所在的历史文化街区组成了纽约市的历史文化空间。纽约是美国文化基础设施和空间非常多且集中的城市之一,美术馆、博物馆、剧院、音乐厅及社区中心等文化设施较为集中,古典音乐厅主要集中在曼哈顿区中部和南部,社区中心主要集中于曼哈顿区北部、布鲁克林区东部及布朗克斯区,而公共图书馆则平均分布于五个行政区(图2-1)。

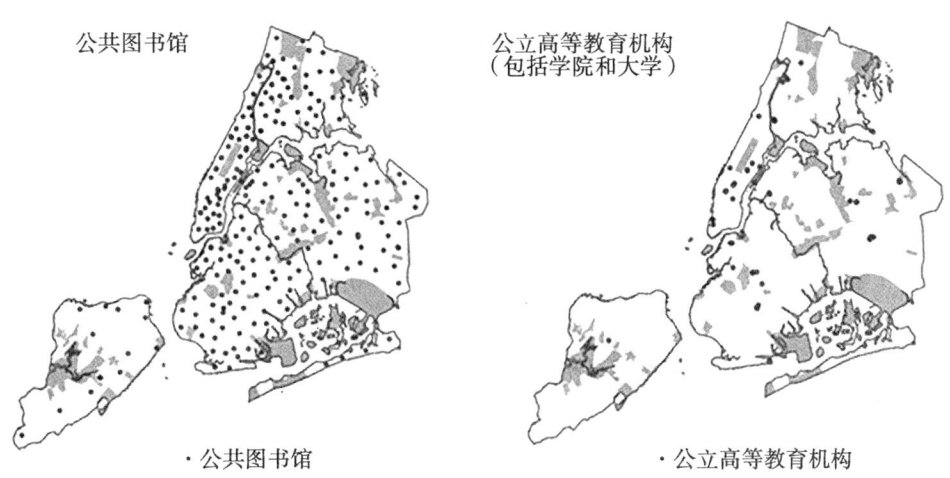

图2-1 纽约公共文化设施空间布局

(二) 英国伦敦

伦敦结合公共交通站点,综合设置商业、休闲、办公、住房、公共服务、开放空间等功能,形成了国际中心(2个)—大都会中心(13个)—主要中心(34个)—地区中心(150个)—社区和地方中心的五级公共中心体系。同时,大伦敦空间战略还提出设置中央活动区,以国际中心为核心,融合已有中央商务区、中心商业区、休闲娱乐区等功能,作为城市公共活动中心以及"全球城市"功能的核心承载区。[①] 伦敦的金融城是中央商务区,而骑士桥(Knight Bridge)和西区(West End)则是中心商业区,具有商业购物功能的牛津街(Oxford Street)和休闲娱乐功能的皮凯得利中心(Piccadilly Circle)也都位于西区(图2-2)。

---

① 上海市人民政府.上海市城市总体规划(2017—2035)报告[EB/OL].[2021-12-01]. https://www.shanghai.gov.cn/newshanghai/xxgkfj/2035001.pdf.

图 2-2 伦敦的中央活动区和商业服务中心体系

同时,伦敦开发了一个文化基础设施地图(Cultural Infrastructure Map)[①],它是反映文化、教育、科研、医疗、卫生事业和娱乐部门发展状况、构成和分布的地图,可显示区域内各类学校、科学研究机构、卫生机构、体育设施、文化娱乐场所、图书馆、展览馆、博物馆、广播电台站、出版机构、古迹等的分布状况、数量以及按人口计算的文化设施拥有量。可以说,该地图提供了迄今为止收集到的信息的最佳快照。

(三) 法国巴黎

巴黎大都市区经历了由单中心蔓延向多中心、网络化空间结构转变的历程,通过规划建设副中心和新城,都市区范围逐步扩大,在 20 世纪 60 年代经过行政区划调整,形成了巴黎大区范围,并一直稳定延续下来。1965 年,通过行政区划调整,巴黎大区范围成形,由巴黎市区和近郊三省及远郊四省组成,面积达到 1.2 万平方千米。在规划理念上,巴黎大区摒弃了单中心放射状布局,开始规划建设副中心,发展多中心的大都市圈格局,沿塞纳河两岸构建两条平行的城

---

① Mayor of London. 大伦敦地区文化基础设施地图[EB/OL]. [2021-12-01]. https://apps.london.gov.uk/cim/index.html.

市线。

(四) 日本东京

随着东京城市规模的不断增长,单中心结构导致功能和交通过于集聚,为此,东京采取了多中心网络的发展策略,先后设置了七个城市副中心。每个城市副中心既是所在次区域的公共活动中心,又承担了城市层级的特定职能,也是次区域的综合交通枢纽。其中,上野-浅草突出传统文化和旅游功能,池袋突出文化和娱乐功能,新宿突出行政、商业和文化功能,涩谷突出文化和信息功能,大崎突出研发功能,锦丝町突出文化和娱乐功能,临海突出国际商务、文化和交流功能(图2-3)。

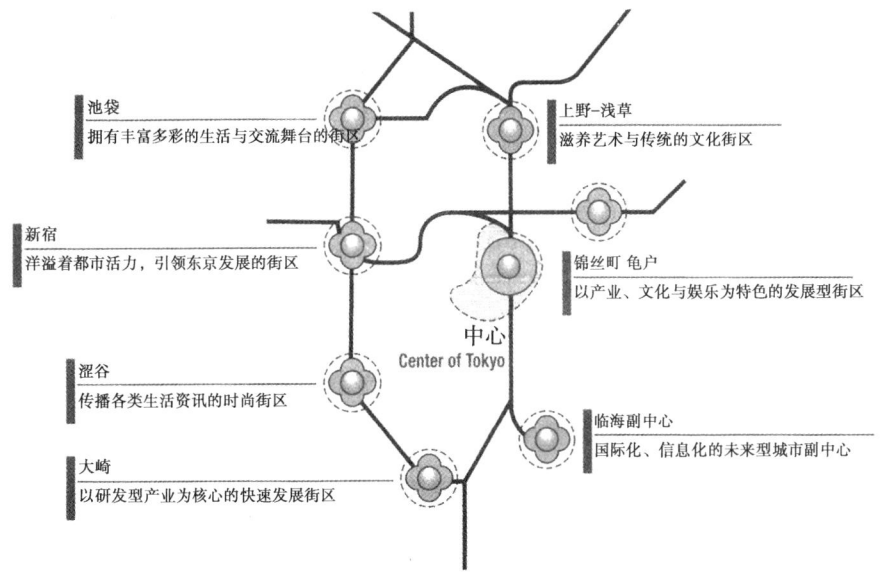

图 2-3 东京的城市副中心体系

(五) 新加坡

新加坡的文化娱乐板块可被细分为文化场所、公共图书馆、艺术、体育、影院、社区兴趣小组、社区文化课程这几个类别进行数据统计。根据新加坡城市发展局的规划,新加坡主要划分为六大区域,不同区域的发展文化各有侧重,分为:拥有丰富的历史、文化和遗产的中心文化区;融入社区的中央文化区域;海滨沿线的东部文化区;宜居包容的东北文化区;热闹的北部文化区;制造业中心的西部文化区。数字化是当今和未来艺术与文化领域的关键推动力,新加坡推出采用数字解决方案的一站式艺术和文化数字路线图,从而打造数字文化空间。

(六) 中国香港

香港的区域面积有限,特区政府秉持土地多元集约利用的理念,制定了"两个都会区+两条发展走廊"的概念性空间框架。两个都会区指的是维港(维多利亚港)都会区和北部都会区,两条发展走廊包括西部经济走廊和东部知识及科技走廊。[①] 这样一种多中心、多功能的布局框架可以满足香港城市的发展容量和土地需求,汇聚产业活动以产生集聚效应;解决市中心的负荷过重的问题;缩短市民的每日通勤距离,提高生活幸福感。

维港都会区涵盖香港岛、九龙、新界荃湾/葵青、中部水域交椅洲人工岛,具有明显的金融和商业竞争优势。该区拥有三个商业核心区,分别是中环及周边地区、九龙东和交椅洲人工岛。北部都会区涵盖元朗、北区和深港边境地区,重点发展科创产业,凸显新界的生态和旅游康乐功能。西部经济走廊贯穿新界西北、中部的北大屿山和南部的交椅洲人工岛,将物流、港口后勤、工业和科技作为主要功能和发展方向。东部知识及科技走廊穿越北部都会区,连接九龙东。

三 城市文化发展

(一) 文化发展现状与特征

1. 美国纽约

纽约是国际文化、艺术、音乐和出版中心,聚集着众多的博物馆、美术馆、图书馆、科学研究机构和艺术中心。百老汇歌剧、麦迪逊大道时装、林肯中心以及格林尼治村等,已经成为纽约文化的代名词。

文化多元化。受美国历史影响,美国本身就是个移民国家,基本上没受到传统文化的束缚,文化是一种多元的存在状态。这种多元文化非常易于吸收外来文化,并进行有机整合。纽约对外来优秀文化加以吸收,经过产业化的包装、融合,形成新的文化,这种文化借助纽约这座国际大都市,传播到世界各地,因此铸就了纽约文化的独特性、开放性和包容性,形成纽约文化产业发展的良好氛围,给知识分子、艺术家以及女性参与文化产业创造了机会。

---

① 香港特别行政区政府规划署. 跨越2030年的规划远景与策略[EB/OL]. (2021-10-08)[2022-03-25]. https://www.pland.gov.hk/pland_en/p_study/comp_s/hk2030plus/SC/strategy_a.htm.

版权保护非常完善。美国文化产业最发达的是文化创意产业,在纽约创意产业被称为"版权产业",体现着这个国家对创意产业独特的理解。版权产业在美国发展迅速,成为国民经济中具有举足轻重作用的产业部门之一。版权作为知识产权的重要部分,已渗透到出版发行行业、新闻业、广播电视业、广告业等各行各业中。也正是因为其对版权保护得比较严格,所以才促使纽约的文化产业大发展、大繁荣。

高雅艺术和通俗文化的共生融合。大众文化中最具代表性的就是好莱坞电影、迪士尼动画、麦当劳快餐,高雅文化包括各类交响乐团和大都会歌剧院表演。百老汇的发展模式就是高雅的歌舞剧以一种被人们所接受的较为通俗的表现手法呈现。

2. 英国伦敦

伦敦被世界公认为文化之都、创意产业之都,是世界级的综合性文化艺术中心,尤其以创意产业十分发达而著名。创意产业起源于英国,是英国文化产业中的亮点。

创意产业经济贡献显著。创意产业是伦敦的第二大产业部门,2019年,伦敦的数字、文化、媒体、体育(Digital、Culture、Media、Sports,合称 DCMS)行业①为英国经济贡献了 2 120 亿英镑,占全英国 DCMS 行业增加值的 40.1%,高于 2018 年的 39.5%。该年伦敦创意产业对该地经济的贡献为 13.0%。② 2019年 10 月至 2020 年 9 月期间,DCMS 行业为全英国提供了 550 万个工作岗位,占英国所有工作岗位的 16.4%,而该年伦敦的创意产业就业人数达 72.6 万人。

多个世界级中心汇聚。伦敦在电影、广播、出版、音乐和时装等创意领域都居世界领先地位,拥有多个世界级中心。伦敦是全球三大广告都城之一,2/3 的国际广告公司将欧洲总部设在伦敦。紧随纽约和洛杉矶之后,伦敦是世界第三大电影制作中心,23% 的英国电影制作岗位集中在这里,平均每天有 27 个摄制组在伦敦街头取景拍摄。此外,伦敦还是世界四大时尚中心之一。

---

① 此处的 DCMS 行业包括:创意产业、文化、数字、体育、电信行业,不包括市民社会和旅游业。具体划分说明请见:https://www.gov.uk/government/statistics/dcms-sectors-economic-estimates-2019-regional-gva/dcms-sectors-economic-estimates-2019-regional-gva-technical-and-quality-assurance-report.

② DCMS Sectors Economic Estimates 2019:Regional GVA-Headline [EB/OL].[2022-06-04].Releasehttps://www.gov.uk/government/statistics/dcms-sectors-economic-estimates-2019-regional-gva/dcms-sectors-economic-estimates-2019-regional-gva-headline-release.

文化产业布局与分工明确。伦敦文化创意产业中表演艺术发展主要集中在伦敦西区,这是与美国的百老汇齐名的世界两大戏剧中心之一。伦敦东区主要聚集利用数字科技创业的新兴企业,聚集着各种新秀创意设计师和创意公司。伦敦的苏活区则聚集着媒体产业,这里依托各跨国电影公司,结合本土文化与市场,促进媒体产业发展。

3. 法国巴黎

巴黎的文化产业覆盖面比较广,可以划分成三个同心圆,从而形成一个文化产业链。例如,最外面一圈是相关产业,有文化遗产、画廊、博物馆、旅游业和通信信息产业;里面一圈则是创意产业,由建筑、广告、创意设计、摄影、表演艺术、服装等行业组成;最里面一圈是文化产业,主要有广播电视、音乐和出版印刷。

"时尚"是巴黎文化的核心与灵魂。法国拥有众多国际知名的时尚名牌。巴黎时装周,是全球四大时装周的压轴,其知名度、历史地位远远高于米兰、纽约、伦敦时装周。由于多场专业展览会,使得巴黎成为"世界时装之都"。例如面料展览会、纱线博览会、内衣展、时装及便装展、服装及纺织品定牌贸易展等,都具有规模大、专业性强、服务质量好、国际化程度高等特点。完善的时装人才培养体系也是巴黎成就时尚名声的关键之一,法国高级时装公会学校、巴黎时装学院、法国ESMOD学院等都是培养全球顶尖设计师的摇篮。

文化与旅游完美融合。巴黎是世界著名的旅游目的地。除了灿烂的文化艺术和众多名胜古迹之外,政府还兴建了许多新型的文化和娱乐设施,如蓬皮杜艺术中心、新国家图书馆、大卢浮宫工程等。在巴黎城市的各个社区中,到处可以看到博物馆、影剧院、花园、喷泉和雕塑,文化环境非常好,是文旅融合的典范。

民众在文化发展中的参与度高。巴黎当地人非常具有文化创意精神,巴黎人的文化生活丰富多彩,娱乐形式多样,这使得巴黎的艺术气氛很浓厚。巴黎的"街头艺术"十分活跃,城市西北部的泰尔特尔艺术广场是世界闻名的露天画廊,每天都有不少画家在这里即席作画出售。在市中心的沙特来广场和圣·日耳曼德伯广场等地,青年学生和市民经常自带乐器举行音乐会、表演各种节目。

4. 日本东京

东京是世界上大多数动漫的诞生地。日本政府积极推进"酷日本战略",旨在培养更多的海外日本动漫迷,变"文化产品输出"为"文化输出"。与此同时,随着文化产业的不断发展,日本也在调整城市空间格局,使其与文化产业发展相协调。

动漫行业的主导地位突出,支撑作用明显。动漫作为东京文化产业最重要的部分,在促进经济增长与城市国际化的过程中发挥了举足轻重的作用。据日本三菱研究所调查,有87%的日本人喜欢漫画、84%的人拥有与漫画人物形象相关的物品,动漫迷组织的动漫俱乐部多达数百个,并定期发行会刊。在日本以外,日本动漫同样受到欢迎,世界的动画片中65%是东京动画片,在欧洲上映的动画片中东京的动画片占到80%,而日本出口美国的动画片贸易额是出口美国钢铁贸易额的3倍。

文化产业空间格局合理,形成城市新地标。随着城市化的发展,交通拥堵等很多问题日渐凸显,这些问题不仅阻碍了经济的发展,对于文化传播业也产生了很大的影响。东京积极探索城市结构调整计划,通过对现有土地所有者结构体系的重新划分,运用"高层低密度"的策略,建设成局部更集中,却可以拥有多种环境的城市空间结构。东京六本木新城成为未来城市建设的一个典范,商业区和住宅区的美妙联合,便捷的交通以及随处可见的艺术馆与博物馆,使得艺术的传播更加直接与快捷。

城市软环境实力强,入选"世界健康城市"前五名。东京非常注重城市软环境的建设,曾经多次在全球宜居城市的评选调查中获得冠军,人均寿命高达84.19岁。它拥有全球最高效的交通运输系统,保证每日将近300万人的乘坐,而温室气体排放量几乎是全亚洲最低。根据世界银行的数据,东京的二氧化碳(CO_2)排放量为人均2.89吨,而北京和新加坡分别是10.8吨和7.86吨。

5. 新加坡

新加坡艺术与文化的多种交流、前卫创新的创意思维丰富了新加坡国内外的社区生活,使其成为世界精华荟萃之地。新加坡在文化建设和宜居性方面取得了长足的进步,到2025年,新加坡艺术与文化战略的目标是,成为一个有教养和仁慈的国家,以传统为家,让人们为拥有新加坡身份而感到自豪。到2025年,新加坡人每年至少参加一次艺术和文化活动的比例翻一番,从40%翻倍至80%,积极参与艺术和文化活动的新加坡人数比例从20%增加到50%。新加坡2025年艺术与文化战略愿景包括两部分,分别是:艺术和文化将成为人们生活中不可或缺的一部分;文化景观将由优秀的文化机构和产品组成,并由广泛的人才提供支撑。

6. 中国香港

香港的文化发展保留了中华文化的基因,糅合东西方文化特色,具有开放多元、商业气氛浓厚的特点,是亚洲知名的创意之都。

文化创意产业是香港经济的重要组成部分,也是最具活力和韧劲的经济部门之一,文创产业的发展促进香港 GDP 的增长,创造就业岗位。2017 年至 2019 年,香港的文创产业就业人数和产业增加值每年稳步上涨。2020 年,文创行业共有 22.86 万名从业人员,文创产业增加值约占本地 GDP 的 4.5%。[①]

香港的文创产业有三大支柱,分别是:(1)艺术品、古董和工艺品;(2)出版;(3)软件、电脑游戏和互动媒体。在产业增加值和就业人数两方面,2017 年至 2019 年,这三大类别始终位列前三。[②] 软件、电脑游戏及互动媒体独占鳌头,是香港文创产业最重要的组成部分。2019 年,软件、电脑游戏及互动媒体的增加值占文化及创意产业总增加值的 43.6%,视听及互动媒体出口额占文创整体出口额的一半以上。由于游客对珠宝首饰的需求量大,香港的艺术品、古董及工艺品行业快速发展,香港的珠宝业在世界珠宝业占据着重要位置。2019 年,该行业的增加值占文创产业总增加值的 14.4%,列第 2 位。香港是亚洲地区的出版中心,出版业增加值和就业人数逐年增长,2019 年出版业从业人数占总就业人数的 15.4%。

(二)文化发展比较

1. 文化设施及使用情况比较

2018 年 11 月,持续跟踪全球文化发展的英国 BOP 创意咨询公司发布《世界城市文化报告 2018》[③](*World Cities Culture Report 2018*),报告梳理了来自全球的一百多例城市文化设施数据,从中选取六个城市的文化设施及使用情况(表 2-2、表 2-3)。从文化设施的保有量,纽约、伦敦、巴黎、东京具有绝对优势,在全球百余个文化城市中名列前茅,具体来说,巴黎的博物馆、剧院、公共图书馆拥有量最多,纽约的美术馆拥有量最多,东京的书店拥有量最多,等等。

[①] 香港特别行政区政府统计处. 表 E010:按行业大类及区议会分区划分的机构单位数目及就业人数(公务员除外)[EB/OL]. [2022-06-17]. https://www.censtatd.gov.hk/sc/EIndexbySubject.html?pcode=D5250007&scode=452.

[②] 香港特别行政区政府. 香港的文化及创意产业[EB/OL]. [2022-06-17]. https://www.censtatd.gov.hk/sc/EIndexbySubject.html?pcode=FA100120&scode=80.

[③] BOP. World Cities Culture Report 2018[EB/OL]. [2021-12-01]. http://www.worldcitiescultureforum.com/publications.

表 2-2 纽约、伦敦、巴黎、东京、香港、新加坡的文化设施指标

设施类型/个	伦敦	纽约	巴黎	东京	香港	新加坡
艺术类设施						
博物馆	192	142	297	173	40	54
美术馆	478	1 475	1 142	618	112	254
电影院	163	98	312	67	48	—
电影屏幕	911	374	1 107	321	210	235
剧院	270	637	836	236	45	14
大型音乐厅	10	16	16	13	4	5
非专业舞蹈学校	236	682	2 038	1 027	111	101
公共文化类设施						
公共图书馆	352	217①	1 047	387	186②	27
书店	360	814	1 251	1 646	1 320	164
历史遗产类设施						
历史遗产或历史建筑	20 557	34 000	4 115	872	1 202	72
世界文化遗产	4	1	4	2	0	1
其他设施						
酒吧	3 615	2 133	4 316	29 358	1 253	660
餐厅	18 110	26 697	44 896	148 582	13 743	1 390
视频游戏厅	44	32	11	270	206	17
夜总会、舞厅等	339	498	173	93	104	57

表 2-3 纽约、伦敦、巴黎、东京、香港、新加坡的文化设施使用情况

设施类型/使用数据	伦敦	纽约	巴黎	东京	香港	新加坡
艺术类设施						
博物馆/个	192	142	297	173	40	54
排名前五的博物馆或艺术馆接待游客数量/百万人次	25.96	16.00	24.80	11.76	5.38	3.56
剧院/个	270	637	836	236	45	14

---

① Bill de Blasio. Fiscal 2021 Mayor's Management Report-Public Libraries [EB/OL]. (2021-09-01)[2021-12-13]. https://www1. nyc. gov/assets/operations/downloads/pdf/mmr2021/lib. pdf.
② 香港特别行政区政府地政总署. 香港地理数据站[EB/OL]. [2022-06-17]. https://geodata. gov. hk/gs/view-dataset? uuid = 7bd8e9d4-26c8-449b-9cef-601c8b1d3682&-sidx = 0.

续表

设施类型/使用数据	伦敦	纽约	巴黎	东京	香港	新加坡
剧院年入场人次/百万人次	15.09	13.79	7.23	11.26	3.47	1.81
电影院/个	163	98	312	67	48	—
年观影人数/百万人次	40.64	—	55.20	27.32	0.80	21.93
电影票房/百万美元	1 057.90	—	467.24	354.22	321.50	234.90
公共文化类设施						
公共图书馆/个	352	217	1 047	387	186	27
♯馆藏文献量/万册	1 100	6 500	990	4 996	1 499	850
♯图书借阅量/百万次	30.5	45.8	12.1	111.5	47.8	39.5
♯注册读者数/百万人	—	5.9	0.3	5.9	4.6	2.5
♯到馆人次/百万人次	—	30.5	5.7	60.9	—	26.6
♯读者活动数量/万次	—	26.4	0.47	—	2.4	2.7
♯读者活动参加数量/百万人次	—	4.7	0.17	—	19.7	5.0

注：标"♯"的数据出处为曲蕴等,《大都市公共图书馆：国际经验与上海特色》,上海科学技术文献出版社,2021。

相比于数量,文化设施的使用情况更能反映不同城市在文化发展方面的优势项。在博览方面,伦敦以微弱优势超过巴黎,两者排名前五的博物馆或艺术馆接待游客数量分别为2 596万人次和2 480万人次,也高于纽约的1 600万人次、东京的1 176万人次、香港的538万人次和新加坡的356万人次；剧院使用情况也与之类似；而在电影方面则正好相反,巴黎以5 520万人次略胜于伦敦的4 064万人次,远超东京的2 732万人次、新加坡的2 193万人次。公共文化类设施使用上,东京在图书借阅量、注册读者数以及到馆人次指标上均处于第1位,明显优于纽约、巴黎等城市。

2. 文化活动比较

从文化活动的数量来看(表2-4),各个城市均表现出很高的文化活动频次。其中,纽约在音乐、舞蹈等方面均表现得最为活跃,每年音乐表演活动超过30 000场,舞蹈表演数量更是超过伦敦和巴黎的总和；巴黎拥有最多的电影节、节庆活动和剧场演出,分别达到190个、475场和51 070场；东京则是以"相互沟通和文化参与"为原则,将文化活动与生活方式结合,为市民提供了大量的文化活动机会,积极的文化氛围极大地提升了城市吸引力。

表2-4 纽约、伦敦、巴黎、东京、香港、新加坡的文化活动指标

活动类型	伦敦	纽约	东京	巴黎	新加坡	香港
文化与交流实力排名《2021全球城市实力指数报告》	1	2	3	4	5	13
每年音乐表演数量/场	22 828	36 192	16 699	31 375	3 565	2 542
每年现场音乐表演数量/场	1 056	453	649	452		—
每年剧院上演戏剧数量/场	32 032	30 576	28 970	51 070	3 930	6 520
每年舞蹈演出数量/场	2 236	6 292	2 445	1 651	1 035	442
电影节/个	53	57	60	190	19	40
节庆活动数量/场	197	263	141	475	9	66

（三）文化发展举措

1. 美国纽约

纽约市文化事务部（Department of Culture Fairs，简称DCLA）[①]是负责纽约文化事务的主要行政机构，也是美国最大的文化资助机构，致力于支持和丰富纽约市充满活力的文化生活。其主要任务是确保为纽约市五个行政区的非营利文化组织提供充足的公共资金和技术援助，包括由34个市属文化机构组成的"文化机构集团"（Cultural Institutions Group，简称CIG）和1 000多个其他非营利文化组织。主要服务对象包括：涉及视觉、文学及表演艺术的非营利文化组织；面向公众的科学和人文机构，包括动物园、植物园、历史保护协会；在全市五个行政区生活和工作的创意艺术家。

DCLA主要提供四类文化资金：一是文化发展基金。由DCLA项目服务部负责管理，每年为纽约市的非营利艺术和文化机构拨款。其要求受资助机构提供所有公众都能获取和参与的优质文化活动，如在公立学校或其他地点开展的教育项目，以社区为基础开展的艺术活动，协助纽约市艺术家和艺术组织的服务，为艺术家和艺术教育者提供的培训项目等。二是资本融资。由DCLA资本项目部负责管理，支持34个市属文化机构以及五个行政区内约200处其他文化设施的建设项目及主要设备的采购。三是市属文化机构资助。DCLA与纽约市

[①] NYC Cultural Affairs. About Cultural Affairs [EB/OL]. [2021-12-13]. https://www1.nyc.gov/site/dcla/about/about-cultural-affairs.page.

"文化机构集团"(CIG)合作,为其34个成员提供基本的安全、维护、管理和能源经费,主要负责监督相关资金的使用、成员机构的运营,并提供技术援助。四是艺术家资助。其中"艺术百分之一"项目(Percent for Art)将符合条件的市级资助建设项目预算的百分之一用于公共艺术品的设计和展示,过去近40年各类公共空间已经完成了近300件作品;"艺术家可负担的空间"项目(Affordable Real Estate for Artists)与文化机构合作,为艺术家提供费用低廉的工作空间;SU-CASA社区艺术参与项目,支持将艺术家和艺术团体安置在纽约市老年中心,增加老年人接触文化艺术活动的机会。

2. 英国伦敦

经济转型升级,率先发展创意产业。20世纪80年代,伦敦步入"服务经济"时代,"服务经济"的发展促进了文化创意产业的发展。1998年,英国的创意工作小组首次发布《英国文化创意产业路径文件》,将创意产业作为英国的基本国策,伦敦提出"创意伦敦"的口号;2003年2月,伦敦第一份文化发展草案《伦敦:文化资本——市长文化战略草案》,指出将伦敦打造成为英国最具有文化创意以及世界文化最具有多元性的城市,建设世界级的文化中心;2008年1月,伦敦第二份发展草案《文化大都市——伦敦市长2009—2012年的文化重点》,对未来三年伦敦发展文化产业从12个方面进行规划,鲜明地将对草根文化的支持写进了报告;2010年6月,市长鲍里斯公布了第三份文化战略草案,即《文化大都市——伦敦市长文化战略草案:2012年及以后》,为未来城市文化的发展指明了方向;2011年7月,《大伦敦规划》提出应通过伦敦的战略文化区重点吸引旅游者。

伦敦实行两级政府管理,伦敦市和各自治区之间权责划分明确。就文化资助而言,伦敦市政府尽管没有法律上的义务在财政上必须支持公共文化,但伦敦市政府仍会资助剧院、音乐厅、艺术中心,向艺术家和艺术单位拨款,资助图书馆、博物馆和美术馆。当然,地方文化机构还可以申请国家层面的拨款。

由于一些文化设施面临关闭的危险,伦敦市政府2016年成立了文化风险办公室(Culture at Risk Office)[①],提升了市长利用其权力保护文化的可能性。

3. 法国巴黎

重视文化遗产和民族文化特色的保护。随着城市的经济和社会发展,巴黎

[①] Culture and Community Spaces at Risk [EB/OL]. [2022-04-21]. https://www.london.gov.uk/what-we-do/arts-and-culture/cultural-infrastructure-toolbox/culture-and-community-spaces-risk.

政府出台了保护文化和历史遗产的各项制度,如《大规划》《土地利用规则》《巴黎大区总体规划》等,成立了"老巴黎保护委员会"。为了保护古迹集中的市中心,巴黎市内仅安排一些与文化相关的产业,如出版、印刷、服装等,主要工业区则分布在郊外;在城市规划中,对沿街建筑的样式、新建楼房的高度都有极严格的规定,将保护城市自然人文环境、城市与景观之间的和谐列为优先考虑的问题。

重视文化基础设施建设。巴黎市政府着重营造包括酒吧、咖啡店、小剧场、书店等在内的小规模的人文街区设施,增强对文化创意人才或文化创意阶层的吸引力。巴黎的20个社区有公园397个,总面积358万平方米,平均每个社区有将近20个公园、人均社区公园面积1.67平方米。不仅如此,在城市总长350千米的大街和林荫道两旁,共栽种树木10多万棵。

发挥文化产业惠及市民的公共服务职能。2002年提出"巴黎不眠之夜"计划,迄今已举办十余届,将巴黎市的艺术创作、文化遗产等展示给普通的巴黎民众,鼓励市民走进博物馆、画廊、图书馆,免费参观各类常态展出和特展,并且把许多先锋艺术作品作为城市景观。为了把年轻人从酒吧、球场吸引到艺术场所,主动降低艺术表演的票价,并制订了培养青少年影视才能的教育计划。

包容非主流文化,积极引入新的文化元素。巴黎对于服装、工艺品等艺术产业非常宽容,行为艺术、奇装异服等在这里司空见惯,各类国际赛事、时尚庆典此起彼伏,这些时尚的文化新元素使巴黎聚焦世界目光、凝聚城市精神、散发城市魅力。正是这种由内而外的文化塑造和文化融合,使巴黎散发出迷人的魅力。

4. 日本东京

突出文化主题,政府主导发展动漫产业。1995年,日本发布报告《新文化立国:关于振兴文化的几个重要策略》,确立了"文化立国"的战略发展方针,将动漫等产业作为发展的重中之重。2003年,日本成立"知识财富战略本部",由首相亲自出任部长,明确指出将动漫、音乐、电影等文化产业列为国民经济的基础产业。这些举措为东京乃至日本形象与知名度的提升起到了重要作用。为了使动漫走向世界,日本政府还大力发展"动漫外交"。2005年4月,日本外务省利用"政府开发援助"中的24亿日元作为"文化无偿捐助"资金。2009年3月,日本外务省又通过向海外派出"卡哇伊大使"的方式,推广日本的动漫与文化。

注重城市空间结构规划,形成具有特色的市中心区(Midtown)。在东京,从20世纪70年代开始,就推行了多中心的城市空间结构规划。每个副中心既是所在地区的公共活动中心,同时也承担东京作为"全球城市"的某一特定的职能。

花费五年、耗资4000亿日元创造的一个兼具上班、娱乐、生活、休闲的全新小城市(Tokyo Midtown)于2007年3月正式落成,这座小城市中艺术馆高度集聚,成为日本的新地标。

大力文化推广,推进"酷日本战略"计划。2009年,日本在经济产业省制造产业局设立了"酷日本室",以促进文化产业的出口,在"酷日本"的统一的理念下,官民并举促进文化产业出口。2011年,针对中国、印度、东南亚、美国及巴西等不同国家,选定"酷日本"(Cool Japan)出口战略的10个重点项目,通过在世界各地设立临时展销窗口,促进日本的动漫、流行音乐、电玩游戏、家电产品、时装和美食出口。2013年2月,日本开始正式推进旨在向海外推介动漫及地方产品的"酷日本战略",并把该战略定位为日本经济增长的原动力,新设相关阁僚并增加了经费预算。

5. 新加坡

2010年3月,新加坡启动艺术与文化战略审查(ACSR),并将新加坡的文化发展规划至2025年。ACSR审查了由私营部门、社区和艺术文化部门领导的现有艺术和文化政策和项目,进行了一系列全面的公众咨询,对新加坡未来文化发展征求意见。ACSR的报告是战略审查和公众咨询的成果,也是私营部门、社区和艺术文化部门与政府之间合作的象征,希望把新加坡文化发展推向下一个高峰。ACSR将新加坡下一阶段的文化发展重点转移到人民和社会上,为未来搭建舞台,在这个未来中,艺术和文化将会成为新加坡人的基本组成部分。

6. 中国香港

2021年10月,香港立法会民政事务委员会在《2020年施政报告:民政事务局的政策措施》中以"十四五"规划纲要为重要基础,提出了香港新文化发展的五大战略方向,包括:建立世界级的文化设施和多元文化空间;加强与海外艺术文化机构的关系;加强与内地的文化交流合作;善用科技;培养人才。[①] 香港特区政府采取多项措施来实现新文化发展五大战略方向,建设中外文化艺术交流中心。具体包括:扩充巴塞尔艺术周等著名艺术文化品牌的种类和内涵,举办大型艺术市集,通过"香港周"等活动以展示香港的文化艺术成就和促进文化交流;与

---

① 香港特别行政区民政事务局. 立法会民政事务委员会2021年施政报告政策简报会[EB/OL]. (2021-10-11)[2022-06-17]. https://www.legco.gov.hk/yr20-21/chinese/panels/ha/papers/ha20211011cb4-1646-1-c.pdf.

内地省市、海外政府和文化机构合作,进一步拓展香港与内地和海外的文化联系;继续采取多种方式培育艺术文化人才,通过引入优秀的艺术科技人才,促进产业发展。[①]

(四) 文化发展趋势

近年来,主要"全球城市"的文化发展呈现以下特征:第一,文化场馆与空间的流失成为大部分城市的发展痛点;第二,越来越多的城市借力文化手段寻求城市治理的良方;第三,公共图书馆日益成为复合型文化场所,承载着更多创新的功能;第四,老旧历史建筑重新发挥社会和经济效益,助力城市可持续发展。

1. 积极挽救文化场馆的流失

由于高涨的房租和商业地产的大规模开发,许多城市的文化设施和艺术空间不断从城市中心迁出,甚至出现大量关停的现象。据统计,伦敦在过去的十年里已失去了三分之一的音乐场馆、四分之一的酒吧、一半的夜总会和超过一半的特殊人群场所。最直接的应对方法是成立特殊的政府部门以保护濒临关停的文化空间。2016年起,伦敦市长成立的"文化危机办公室"旨在协调全城之力,以多元手段保护文化场所、历史遗迹和夜生活空间。巴黎市从2017年起在百年老建筑圣殿广场(Carreau du Temple)启动"艺术入驻企业计划",邀请视觉艺术、现场艺术、当代文学等领域的艺术家入驻巴黎企业,与其职员共同创作作品。圣殿广场帮助确定预算,跟踪每个项目,由企业资助艺术家建立工作室,并以双年展的形式向公众展示作品。项目不仅减轻了艺术家租用办公空间的经济负担,还带动了企业职员成为新的艺术参与者。

2. 释放公共图书馆的潜能

一些城市建设全新的公共图书馆,希望探索图书馆的更多功能,以满足不确定的未来的潜在需求。2018年12月,赫尔辛基的颂歌中央图书馆(Oodi)正式向公众开放。新馆的定位是"活动舞台,阅读之家,以及都市体验的中心",致力于为广大用户提供广泛的知识、技能与故事。新馆除设有大片开放式的借阅空间外,还有会议、学习、休息隔间,以及电影院、排练室、多媒体剪辑室、制作工坊等。2020年7月,历时11年的奥斯陆公共图书馆正式对外开放,该馆从2014

---

① 香港特别行政区民政事务局.立法会民政事务委员会2021年施政报告政策简报会[EB/OL].(2021-10-11)[2022-06-17].https://www.legco.gov.hk/yr20-21/chinese/panels/ha/papers/ha20211011cb4-1646-1-c.pdf.

年至 2114 年间每年收藏一部受欢迎作者的文学作品,不限国籍、不限语言,手稿将在 2114 年正式出版,在那之前图书馆将确保所有作品不被任何人阅读,仅告知世人作者的姓名。图书馆还将为该项目种下 1000 棵树,为那些行将出版的书籍提供纸张。奥斯陆市政府希望借由这个项目,将公共图书馆、文学创作、全民阅读、自然环境与时间全部关联起来,引发更多对文化与社会的思考。

3. 借力艺术纾解社会问题

2018 年 1 月,纽约启动"市长的文化影响力补助计划",邀请七个艺术机构与政府部门配对,共同致力于城市问题的治理。如卡内基音乐厅与纽约市缓刑监察局合作,帮助处于缓刑期的人与其邻居构建起良好的社会关系,并找到就业岗位;"酷文化"协会(Cool Culture)与纽约市健康与心理卫生局合作,在全市 93 个家庭庇护所内举办艺术活动,尤其关注学龄前儿童;吉布尼舞蹈中心(Gibney Dance)与纽约市长的反家庭暴力办公室合作,通过舞蹈,传播正确的少年交友观,防止约会暴力的发生……每个项目持续六个月,获得纽约市文化事务部 5 万美元的补贴,参与的政府部门提供 2.5 万美元的配套资金。2020 年 9 月至 2021 年 2 月,由英国研究与创新部门的艺术和人文研究委员会与英国数字、文化、媒体和体育部合作开展了一个名为"无限创造力"的研究项目。该项目研究了新冠疫情期间,"创新"在塑造文化体验中的作用,并为英国文化和创意部门的复苏、更新和未来发展提供新的依据。①

4. 传承文化遗产,实现可持续发展

2008 年起,香港特区政府推出首期"活化历史建筑伙伴计划",到 2019 年公布第 6 期,香港如今已有 20 余座已经完成"活化"的历史建筑,耗资 24 亿港元。该计划主要针对香港闲置且没有特别商业价值的老旧建筑,邀请非营利机构提交建议书,申请通过后可进行"活化",将政府拥有的历史建筑活化和善加利用,并以社会企业的形式营运。截至 2021 年 8 月,"活化"后的历史建筑已经吸引超过 700 万访客人次,并获得五个联合国教科文组织亚太区文化遗产保护奖项。② 这些建筑经过修复和改造后,变成了市民共享的艺术空间,发挥出更大的社会和经济效益,实现可持续建筑保护。

---

① Boundless Creativity report [EB/OL]. [2022-04-21]. https://www.gov.uk/government/publications/boundless-creativity-report.
② 香港特别行政区行政长官办公室. 行政长官 2021 年施政报告 第六章 建设宜居城市[EB/OL]. (2021-08-02)[2022-03-07]. https://www.policyaddress.gov.hk/2021/chi/pdf/supplement_6.pdf.

第三章

城市文化政策研究

"全球城市"普遍将文化作为核心政策议题和发展机制,高度重视文化政策和规划的制定实施,将其与环境、社会、经济等政策一起整合到城市战略规划之中,如《一个纽约:规划更富强和公正的纽约》提出"让更多纽约人都能更容易地获得文化资源和活动"的目标,伦敦《文化大都市——市长的文化战略2012及以后》提出"保持世界文化之都地位",东京《东京都长期愿景》提出"创造艺术文化城市,向世界宣传日本文化魅力",等等。

一 文化发展规划

(一) 美国纽约

纽约高度重视文化规划,将文化建设纳入整个城市总体发展的战略框架之中。2017年7月,纽约市长办公室发布首份文化战略规划《创造纽约》(Create NYC)。[①] 规划提出9大战略方向,包括:公平与包容,社会和经济影响,可负担的文化,社区特色,艺术、文化与科学教育,公共空间中的艺术与文化,全市合作,文化部门健康发展,城市艺术家。规划发布后,自2018年开始,每年又发布"行

---

① NYC. gov. About Create NYC [EB/OL]. [2021-12-13]. https://www1.nyc.gov/site/dcla/createnyc/createnyc-about.page.

动计划"(Action Plan)①,设置一系列具体的行动措施。2019年4月,纽约市政府发布第四版城市规划《一个纽约 2050:建设一座强大而公平的城市》(OneNYC 2050: building a strong and fair city)②,规划总体目标之三"繁荣的社区"指出要让"所有纽约人便利地接触到文化资源和文化活动",并在重点行动措施中提出:优化社区共享空间和文化资源,支持社区内各种组织和机构举办社区文化活动,并调动它们的积极性,以及连接开放空间,创建和升级整体服务等与加强文化集聚有关的目标。

(二)英国伦敦

伦敦在《大伦敦规划》中明确建设"首屈一指的'全球城市'"的目标,为实现此目标,提出要让伦敦成为世界卓越的创意和文化中心,将文化创意产业定义为城市的支柱产业,在经济、空间环境以及地区发展等各领域提出一系列支持文化发展的政策。此外,伦敦 2012 年编制的《世界城市文化报告》,明确表明文化是伦敦这座伟大城市的命脉,与伦敦成功的金融和贸易同样重要,要想推动伦敦成为人们参观、工作和学习的首选之地,并吸引外国投资和跨国公司的进入,必须将文化和创意人才置于核心地位。因此,要制定文化旅游战略,促进伦敦独特的文化产出,保持伦敦世界文化之都的地位。

(三)法国巴黎

巴黎对待文化的态度,是在充分尊重地方与历史文化的基础上,积极鼓励艺术创作以提升城市的文化竞争力。2020 年 9 月,巴黎发布《巴黎市文化政策 2020—2026》,强调要让"文化成为所有巴黎人都能获得的基本权利",文化应成为加强凝聚力、促进分享力、提升创造力的重要基石。围绕这一主旨,巴黎提出了四方面的具体举措:第一,让文化设施无处不在,让文化服务拥抱所有人;第二,让每个孩子走近艺术,走进文化;第三,支持所有文化艺术和创意工作者;第四,推动文化机构的数字化服务和文化作品的数字化呈现。

(四)日本东京

东京在其发展规划中着重提出"促进各种文化共融",通过文化建设支撑并

---

① NYC Cultural Affairs. Create NYC — A Cultural Plan for All New Yorkers [EB/OL]. [2021-12-13]. https://createnyc.cityofnewyork.us/.
② NYC.gov. OneNYC 2050: building a strong and fair city [EB/OL]. [2021-12-13]. http://onenyc.cityofnewyork.us/.

促进东京实现城市发展的总体目标,用文化衡量城市魅力,从文化的角度演绎和展示东京。2022年3月,《东京文化战略2030》作为2020年东京奥运会后东京文化发展的最新指南对外发布,为城市未来的10年指明了四大文化目标:一是强化让民众能够便利地参与艺术文化活动的措施;二是将东京都打造成为国内外的艺术中心城市;三是通过新技术探寻新冠疫情下新的文化休闲生活方式;四是为艺术家与艺术团体打造安心的环境,使他们在新冠疫情状态下依旧能够开展艺术活动。

(五)新加坡

新加坡提出要成为充满动感与魅力的世界级艺术城市、21世纪的文艺复兴城市和国际文化中心城市之一,并公布"创意产业发展战略",把艺术、经济、科技结合起来,投巨资推动文化建设。2000年起,新加坡坚持实施"文艺复兴城市"计划,旨在通过发展文化推动城市由工业经济向知识经济跨越。"文艺复兴城市"计划提高了新加坡文化艺术的国际认知度,增强了新加坡文化艺术领域的活力,提高了人们的艺术与文化的需求与欣赏水平。

(六)中国香港

国家"十四五"规划纲要首次在港澳专章中提出"支持香港发展中外文化艺术交流中心"。2021年3月,香港民政事务局提出从三个方面实现把香港发展成为中外文化艺术交流中心的目标:与世界文化机构建立紧密的伙伴关系;继续与国际及内地(包括大湾区)的文化交流活动;继续推进文化建设和文化艺术交流。①

二 文化品牌活动

(一)美国纽约

纽约通过一系列创新实践,有效打破空间地域的界限,将全市多元化的文化资源和文化服务打通并聚合起来,其中包括通过三种"文化通行证"将文化资源整合在一起,极大提升文化的共享性和普及性。

---

① 中华人民共和国香港特别行政区政府民政事务局. 局长专栏[EB/OL]. [2022-06-17]. https://www.hab.gov.hk/tc/about_us/my_blog/blog_1803.htm.

纽约市民卡(IDNYC)。2015年1月,纽约市政府发放"纽约市民卡",年龄在10岁及以上的所有纽约市民均可免费申请办理。该卡功能十分强大,可以直接作为身份证使用,还可用于获取纽约市各类文化、医疗、健康、保险、金融、教育和生活领域的多样化服务。持卡人可申请成为纽约市内40余个文化机构的会员并获得免费参观的资格,如博物馆、动植物园、剧院、艺术馆等;可享受纽约市三大公共图书馆系统(纽约公共图书馆、布鲁克林公共图书馆、皇后区公共图书馆)的借阅服务;可在购买电影、演出、比赛、公园门票时获得专属折扣或优惠。"纽约市民卡"是全美规模最大、最成功的免费城市身份证项目,已有约800万纽约人持有该卡,其为市民平等获取高品质文化服务提供了便利。

文化通行证(Culture Pass)。2018年8月,纽约公共图书馆与其他两大公共图书馆系统(布鲁克林公共图书馆、皇后区图书馆),在Stavros Niarchos基金会(SNF)等的资助下,推出"文化通行证"项目。年龄在13岁及以上且持有这三个图书馆系统读者证的读者,都能申请"文化通行证",当年可免费参观纽约市内的40多个文博机构,包括大都会艺术博物馆、古根海姆博物馆、纽约市博物馆等。截至2021年11月,"文化通行证"的合作机构有66个,包括许多博物馆、剧院、文化艺术中心、公园等。

酷文化家庭通行证(Cool Culture Family Pass)。"酷文化"是成立于1999年的非营利机构,得到纽约市文化事务部等的支持,面向低龄儿童的家庭,尤其是处于社会边缘的低收入家庭,提供参与文化和艺术活动的机会。"酷文化家庭通行证"以家庭为单位,凭证无限制(一个家庭每次不超过5人)免费参观全市约90个文化机构。此外,还可以参与家庭亲子活动、艺术创作项目、课程和研讨会等。

(二) 英国伦敦

伦敦设计节(London Design Festival,简称LDF)创始于2003年3月,得到了伦敦政府和各组织的大力支持。伦敦政府希望以这个年度活动来促进城市的创造力。2021年的设计节于9月在伦敦各地举行,设计区(Design Districts)是其关键组成部分,有十个设计区①参加,在一周内举办了200多场活动。该年的设计节包括"美杜莎"(Medusa)和"将伦敦聚集到一起"(Bring London

---

① 分别为:Brompton, Clerkenwell, Design District at Greenwich Peninsula, Islington, Kings Cross, Mayfair, Park Royal, Shoreditch Design Triangle, Southwark South, William Morris Design Line。

Together)2 个地标级项目。①

泰晤士河畔节(Thames Festival)由独立慈善机构泰晤士节信托基金运作,创始于1997年。1998年到2012年,这个节日集中在威斯敏斯特桥和塔桥之间的区域,于每年9月的第二个周末举行,活动包括丰富的街头艺术节目、参与式舞蹈课、家庭艺术研讨会、河边工艺品和食品市场、南华克桥上的盛宴和壮观的夜间狂欢节,最后是河中央的烟花表演。2013年,该节日被重新命名为"泰晤士河嘉年华",致力于成为"河流的文化之声",活动时长扩展至每年9月的整月,在泰晤士河43英里(1英里约为1.61千米)的河岸举办各种文化活动。②

除了上述公共文化活动外,伦敦时装周作为四大国际时装周之一,不仅是各品牌展示新系列的商业舞台,更是一个充满创新的文化平台。继2021年以"线上+线下"的形式举办后,2022年的伦敦时装周于6月和9月分别举行,继续延续这一"混合"模式。③

(三)法国巴黎

"巴黎不眠夜"活动。这个夜间艺术节始于2002年,在每年10月的第一个周六的晚7点至第二天早7点举行。每年设有特定主题,旨在把艺术带出画廊和博物馆、把阅读带出图书馆、把表演带出剧院,让文化艺术氛围浸润整个城市,让每个人都能感受艺术并且欣赏艺术。节日期间,城内交通等所有公共服务通宵营业予以配合。这一节日也成为巴黎发展"夜经济"的一项重要抓手。

"街头艺术大道"活动。2016年起,巴黎将圣丹尼斯运河流经的路段确定为"街头艺术大道",支持艺术家从事涂鸦等艺术创作,为城市空间注入新鲜的活力与创意。不断扩充作品的道路变成了一条市民和游客可以漫步的城市艺术旅游路线,现已形成30多件大型艺术作品。巴黎市旅游局也参与其中,构建了街头艺术大道游览地图。

(四)日本东京

东京大茶会。2008年起,由东京都政府与东京艺术议会共同举办,每年秋

---

① 2021 landmark projects [EB/OL]. [2022-06-04]. https://londondesignfestival.com/2021-landmark-projects.
② Our History [EB/OL]. [2022-06-04]. https://thamesfestivaltrust.org/about-us/our-history/.
③ London Fashion Week [EB/OL]. [2022-06-04]. https://www.britishfashioncouncil.co.uk/London-Fashion-Week.

季在东京具有代表性的日式庭园内举行,被誉为"东京的秋季风物诗"。该活动主要目的是向青年一代传承日本传统文化,同时也欢迎外国人士参加,因此配备了现场英语解说。

儿童传统艺能体验。2009年起,东京都专为儿童体验日本传统艺能而设立的文化艺术项目,体验范围涵盖能乐、舞蹈等主要的传统艺术形式。为使孩子们能有完整的体验,整个活动周期超过半年,孩子们在指导老师十多堂课程的指导下学习相关知识与技巧,最终在东京都的知名传统艺术舞台上进行汇报演出。

多摩传统文化艺术节。为了挖掘、普及并传承传统艺术,东京都于2016年设立了多摩传统文化艺术节。展示内容不仅包括舞台艺术,也包括乡土绘画、染印等民间艺术形式。近年来,为了吸引年轻人,对一些传统艺术形式进行了创新,融入了现代艺术形式和审美特色。

(五)新加坡

新加坡有活跃的艺术、文化和遗产节目,和其他许多由各个艺术机构的人才组织的节日和活动,例如"Baybeats""华谊-中国艺术节""Kalaaa Utsavam-印度艺术节""Light to Night""Octoburst!""Pesta Raya-马来艺术节"和"总统青年节"等,以及参与的国际节日,使新加坡成为经济中心和文化之都,成为一个有个性和宜居的城市。2019年,新加坡参加艺术和文化活动的人数达到1560万人次,创历史新高;博物馆圆桌机构(包括50多个公共或私人的博物馆和遗产画廊)的访问量创历史新高,接近960万人次。

(六)中国香港

文化节是香港文化的一大特色,例如"中国戏曲节""粤剧日""香港博物馆节""香港艺术节""香港周"等。

"香港周"是由康文署(康乐及文化事务署,简称"康文署")组织举办的大型文化交流活动。2021年的"香港周"以线上线下相结合的形式进行,节目涵盖音乐、舞蹈、戏剧、电影、展览等多方面。观众可以欣赏各大知名艺团带来的舞蹈节目、话剧作品。另外,香港非物质文化遗产办事处策划了"循声觅道——香港节庆与民间工艺"线上展览,观众可参与线上导览,了解非物质遗产工艺品和相关制作工具。

香港艺术节始于1973年,由康文署拨款,至今已经举办了50届,已成为香港和国际艺术界的亮点。香港艺术节每年邀请大批优秀本地和国际艺术家前来演出,积极推介本地的新晋艺术家。艺术节还致力于丰富香港大众的文化生活,走进社区举办讲座、大师班、工作坊、座谈会、后台参观等活动;针对学生群体,组织开展"青少年之友"艺术教育外展计划,深化学生观赏节目的体验。

第四章

文化集聚区发展

"文化集聚"或"文化集群"(Cultural Clusters)这个术语最早出现在20世纪80年代的美国,之后在1987年由英美艺术协会、文化咨询公司等机构提出。韦恩(Wynne)对文化集群的定义是城市中各种文化和娱乐设施高度集中的地理区域。[①] 此后,对文化集群的理解超越了有形的文化设施,强调文化消费和生产活动的空间集聚。桑塔加塔(Santagata)将这一概念进一步扩展到产业文化集群、机构文化集群、展览馆文化集群和都市区文化集群等。[②] 一般来讲,文化集群主要表现为城市中的各类文化设施集聚区和文化创意产业集聚区,包括以展示为主的博物馆集群如纽约博物馆大道等,以演艺为主的剧场集群如伦敦西区和纽约百老汇等,还有混合功能文化创意产业集聚区如纽约苏荷区等。

一 文化空间格局

纽约、伦敦、巴黎、东京等都有文化设施集聚区,且该类集聚区通常分布于市中心,是城市的标志性名片。在空间布局方面,上述几座城市的文化设施均呈现

---

① Wynne D. The cultural industry: the arts in urban regeneration [M]. Aldershot: Avebury, 1992.
② Santagata, Walter. Cultural districts, property rights and sustainable economic growth [J]. International Journal of Urban and Regional Research, 2002, 26(1): 9-23.

出"带状"或"带状＋中心"聚集的态势。

纽约呈现出"一主多副、多中心"的文化空间分布特征，文化集聚中心位于曼哈顿中城和下城，副中心包括布鲁克林区的威廉斯堡、展望公园以及皇后区的阿斯托利亚等；曼哈顿中城和下城以创意多元文化和金融文化为代表，威廉斯堡以时尚文化为主，阿斯托利亚则充满着纽约典型社区文化的气息。伦敦文化空间分布总体上呈现出高强度的向心集聚性，并沿主要道路呈放射状延伸：在中央活动区内形成以伦敦西区和金融城为核心的热点区域，其中伦敦西区集聚了众多剧院、电影院等消费文化设施，金融城形成了以金融机构、企业总部为主的城市特色金融空间。巴黎文化空间丰富且数量巨大，整体上呈现出"中心集聚＋外围扩散"的态势，形成以西堤岛为核心的文化空间集聚区，涵盖了巴黎圣母院、卢浮宫、蓬皮杜艺术文化中心、巴黎第五大学等多种文化服务机构，同时在凡尔赛形成小型集聚空间，包括凡尔赛宫、小特里亚农宫等遗迹。东京文化空间格局受城市规划与铁路网延伸影响较大，以"网络状＋带状"形态覆盖拓展，千代田区作为文化核心区域，以传统文化为主、较好地保留了江户时代的文化，新宿、涩谷和品川区集聚多功能文化副中心，共同构成了东京城市文化空间网络。[①] 香港文化空间整体呈现"多级＋多中心"的分布特征，以"网络状＋带状"形态覆盖。两个都会区和两条发展走廊是香港文化空间的四个中心，沿交通干线向外扩散。维港都会区集中了金融、商贸、生态、科创和公共文化服务等多种功能，是香港的主要综合文化空间；北部都会区凸显旅游和科创功能；西部经济走廊发挥物流、工业和科技主要功能；东部知识及科技走廊则以教育和科创为核心。

二 城市文化轴线

受自然地理环境、历史演进脉络与城市建设的交互影响，城市往往形成线性的文化轴线，引导城市布局，形成富有层次的空间序列；同时文化空间轴线也是城市文化的集中载体，代表了一个城市的精神风貌和独特魅力。

伦敦的文化活动机构整体呈组团式分布，其主要文化设施多沿泰晤士河沿

[①] 魏伟,刘畅,等.城市文化空间塑造的国际经验与启示——以伦敦、纽约、巴黎、东京为例[J].国际城市规划,2020(3):77—86.

岸"带状"聚集(图4-1)。巴黎的主要文化设施沿"凯旋门-卢浮宫-巴士底歌剧院"的城市轴线和塞纳河"带状"聚集;以塞纳河为例,这条河流自东向西经过了巴黎第七大学、贝西公园、巴黎第六大学、巴黎圣母院、蓬皮杜艺术文化中心、卢浮宫、协和广场、波旁宫、荣军院、埃菲尔铁塔等文化设施,其中巴黎圣母院所在的西堤岛是巴黎城的发源地,卢浮宫见证了文艺复兴时期的辉煌,埃菲尔铁塔则是工业时代智慧与技术的结晶,蓬皮杜艺术文化中心展现了现代文化的多元化与市民的多元需求。没有河流穿越的纽约,在曼哈顿岛中心的中央公园周边形成了文化设施高度聚集地区,在环中央公园约12平方千米区域内,聚集了大量博物馆、剧院、美术馆和图书馆,其他主要文化设施沿纽约百老汇大街"带状"聚集。区别是:巴黎的文化设施是沿事先设计的城市轴线布局的;伦敦和纽约的文化设施,尽管的确呈现出聚集态势,但其围绕的所谓轴线或中心,却非人为设计的城市轴线——泰晤士河是自然产物,百老汇大街也很难说比第五大道更像城市轴线。[①] 香港的文化轴线是维多利亚港。维港是位于香港岛中环、湾仔和九龙半岛尖沙咀之间的港口和海域,两岸分布着大量公共文化设施,包括位于中西区的孙中山纪念馆、香港会展中心、香港视觉艺术中心、西九文化区、尖沙咀海滨文化区,以及各种博物馆、历史建筑和公共绿地。

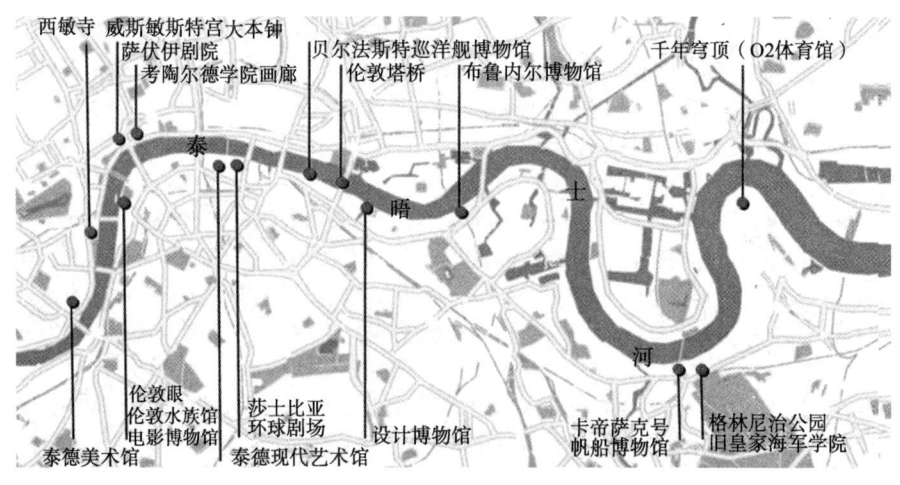

图4-1 伦敦重要文化设施空间布局

---

① 朱揆,侯丽,等. 历史、制度与策略选择:国际比较视野下的上海文化发展战略研究[J]. 城市建筑,2019(4):59—65.

三 文化功能分区

具有相同或相似文化功能要素的空间积聚,较为集中地展现了分区文化的主导特质,打造出分区乃至城市的标志性名片。

伦敦、纽约、巴黎、东京四座城市的文化空间功能极为丰富,空间分布具有一定的规律性:在城市核心区以历史文化空间为中心布局,辅之以商业消费空间、创意产业空间、教育空间等多种文化功能;大型生态型文化空间多分布于城市中心区的边缘,既改善城市的自然生态环境,为市民提供休憩娱乐之所,也起到约束城市无序蔓延的作用;复合功能性文化空间成为"全球城市"文化空间发展的趋势之一,公共文化设施结合生态文化空间集中布置,教育型文化空间促使创意型文化空间的兴起与发展,消费型商业文化空间与创意文化空间高度复合化布局。同时,城市特色的文化资源禀赋和产业发展素质也引导了特色商业文化空间的自发形成,如伦敦西区和纽约百老汇等以剧院为主的消费型文化空间,伦敦金融城和纽约华尔街等以银行、证券、跨国企业总部为主的金融型文化空间等。[1]

香港的已发展土地面积占土地总面积的比例约25%[2],建成区被郊野绿地包围,郊区有大量具有特殊科学价值的地点,这些地方被立法保护禁止开发。核心区以金融和商贸为中心布局,辅以文创、科技、教育和历史文化空间。复合功能性文化空间是香港城市规划的趋势之一,香港岛中西/油尖旺形成金融机构、消费场所和文博机构密集分布的高度复合化布局。大学群和高新技术产业在东部知识及科技走廊集中布置,互相促进发展。

四 文化设施布局

从主要文化设施的空间分布来看,基本呈现局部集中、整体分散的布局形态,实现网络化全覆盖。其中博物馆、美术馆、音乐厅、艺术中心、特色商业中

---

[1] 魏伟,刘畅,等.城市文化空间塑造的国际经验与启示——以伦敦、纽约、巴黎、东京为例[J].国际城市规划,2020(3):77—86.
[2] 香港特别行政区政府规划署.香港土地用途2020[EB/OL].[2022-09-12].https://www.pland.gov.hk/pland_sc/info_serv/statistic/landu.html.

心等重大文化设施分布较为集聚,形成特色功能型文化空间,打造独具魅力的城市形象,而图书馆、书店、社区文化活动中心、公共绿地及广场等基础性文化设施呈分散式、均等化分布,保证文化设施的覆盖率与可达性,提高城市文化服务水平。

研究全市域的文化设施布局特征,数据主要来源于纽约市、大巴黎地区、东京都等城市的文化设施数据库、行政区划空间数据和人口空间数据。具体如下:纽约市文化设施数据库,研究范围约783.2平方千米,细分为曼哈顿(中心城区)和其他四个区;巴黎四省(即大巴黎地区)范围内的文化设施数据库,研究范围约763平方千米,细分为小巴黎地区(中心城区)及外围三省地区;东京都文化设施数据库,研究范围约2187.7平方千米,细分为23区部(中心城区)和多摩区。[①]

纽约百老汇是世界著名的剧场集聚区,有600多家剧院,由内百老汇、外百老汇、外外百老汇组成。其中,内百老汇聚焦商业表演,外百老汇以试验剧目为特色,外外百老汇以先锋表演为主。剧场在百老汇的集中正是文化经济的体现。对于文化生产者来说,剧院的集聚能够带来更多客户群体,而剧院之间的剧目、演员等生产资本和生产力也可以相互共享、降低剧院成本,一些演员唱完了在某个剧的男一号,可以继续赶往另一个剧唱男配,这样借助大剧场,还可以把很多非营利性小剧场盘活。

大巴黎地区的文化设施总量极多、密度极高。文化展演设施密度更高,达0.6平方千米/馆。其中,小巴黎高达0.1平方千米/馆,相当于约300米服务半径内就有一处文化展演设施如博物馆、歌剧院、画廊、会议中心、礼堂等,而外围三省则为1.7平方千米/馆。相比之下,博物馆、歌剧院和画廊等设施密度明显高于会议中心、礼堂等设施,充分体现了"艺术之都"的特点。

东京都图书馆、美术馆和博物馆布局呈现显著的空间分异。美术馆、博物馆相比于图书馆,空间集聚的特征更加明显,东京都全域美术馆和博物馆平均为8.6平方千米/馆。其中,中心城23区部高达3.3平方千米/馆(服务半径约1千米);而多摩地区,则为23.4平方千米/馆(服务半径约3千米)。

香港有各种各样的公共文化设施和场馆,包括运动场馆、图书馆、艺术中心、博物馆、美术馆、公园、动植物园等。香港特区政府资讯科技总监办公室开发了

[①] 申立,张敏.集群化与均等化:"全球城市"的文化设施布局比较研究[J].上海城市管理,2019(3):10—17.

城市仪表盘(City dashboard),可直观反映交通运输、公共设施及服务、环境天气和城市概况,公共文化服务设施中图书馆和社区中心数量最多,两者均匀分布在18个行政区。

五 文化集聚区及设施集群

(一) 文化集聚区

纽约曼哈顿区位于市中心,陆地面积22.7平方英里(约为58.8平方千米),区内集聚了博物馆、美术馆、剧院、图书馆、音乐厅等各类文化设施。设施分布上,博物馆主要聚集在中城区的中央公园附近,尤其集中在中央公园东侧的第五大道沿线;美术馆主要集中于上东区的第五大道与中央公园附近;剧院和音乐厅等文化设施主要集中在著名的"百老汇"附近。

伦敦南肯辛顿文化区是伦敦市中心偏西部肯辛顿-切尔西区中的一个地区。1851年万国博览会举办地海德公园,在世博会之后对于临时搭建或永久修建的场馆充分利用,经过逐年建设后,形成一个博物馆群体。如今的海德公园周边除了展览会大道两侧的维多利亚与艾伯特博物馆、美国自然历史博物馆、科学博物馆外,还汇集了艾伯特纪念馆、惠灵顿博物馆、肯辛顿植物园等众多博物馆与著名画廊(图4-2)。

巴黎左岸文化集聚区位于巴黎十三区。1991年起,市政府有计划分步骤地开发,建成了融合文化、教育、办公、居住等多功能的、富有吸引力和活力的综合片区。集聚区里有大型文化设施如法国国家图书馆、巴黎时尚设计城和全球最大的孵化器Station F,同时也吸附了一批小型文化机构和支持性设施,如MK2电影院、老厂房改造的博物馆Les Frigos、WeWork联合办公场所、Flatmates创客公寓等。

日本东京"上野文化公园"建成于2015年,是由日本文化厅、东京都政府等共同推进建设的重要文化集聚区。集聚区以上野恩赐公园为主体,占地面积约80万平方米,区域内文化资源种类丰富、数量繁多、历史悠久,既有宽永寺、上野东照宫等历史建筑,也有国立西洋美术馆、东京国立博物馆等国家级文化设施,东京艺术大学、国立教育政策研究所等教育科研机构也坐落于此。

新加坡淡滨尼文化集聚区(Our Tampines Hub,OTH)位于新加坡东部地

图4-2 伦敦南肯辛顿的文化设施分布图

区,2017年推出,占地5.7万平方米,是新加坡第一个综合社区和生活方式中心。OTH汇集了一系列社区设施和服务,包括公共服务中心、社区中心、游泳池、足球场、可容纳5000人的体育场、400个座位的艺术剧院,以及一个带有餐厅和娱乐场所的零售商场,试图打造一个真正可持续发展的社区。

香港西九文化区位于西九龙填海区南端,坐落于维多利亚港,占地约4万平方米,是香港的旗舰文化区。文化区拥有美术馆、博物馆、公园和一系列世界级的表演艺术场所,规模不大,互相紧邻,联系紧密。已投入运营的五个主要场地包括:戏曲中心、艺术公园、自由空间、沿海滨长廊和 M+博物馆。另外,演艺综合剧场和香港故宫文化博物馆等其他设施,将会在未来数年相继完成建设(图 4-3)。

(二) 博物馆集群

纽约是美国的经济中心和文化中心,拥有 596 座博物馆,如果加上画廊与历史建筑就有 902 座博物馆。纽约中央公园是世界著名的大型公园、绿地,为游客提供了一个休闲和休憩的综合场地,周边设有较多的博物馆,包括:古根海姆博物馆、大都会艺术博物馆、新艺廊德奥艺术美术馆、纽约犹太博物馆以及美国自然历史博物馆等(图 4-4)。[①]

据不完全统计,伦敦有博物馆 263 座,主要集中在泰晤士河的两岸,有数十家之多的博物馆、艺术馆与陈列馆,犹如一条博物馆走廊(图 4-5)。同时,位于泰晤士河东部距离 2 千米的海德公园周边也是一个博物馆群,有各种各类博物馆十余家。

巴黎号称"博物馆之城"。根据"巴黎博物馆网"的数据,巴黎有博物馆 206 座,主要分布在塞纳河两岸。巴黎的博物馆布局与世界博览会的筹办与建设密不可分,如:1900 年巴黎世博会建立的"奥赛火车站"演变为闻名遐迩的奥赛美术馆,当时的大宫是法国绘画和雕塑展览地,世博会后经过修葺成为国际水准的艺术博物馆;1937 年巴黎博览会建成的夏佑宫,已成为包容五个博物馆的场所。

东京有各类博物馆 126 座,大部分在公园附近,如东京面积最大的公园上野恩赐公园,自 1872 年建成了东京博物馆,之后又相继建成十多个大小不等、各具特色的博物馆,诸如科学博物馆、东洋馆、表庆馆、法隆寺宝物馆、东京文化会馆、日本艺术馆、市街风俗资料馆、东京都美术馆、国立西洋美术馆、上野之森美术馆和黑田纪念室等。上野恩赐公园博物馆群整体呈不规则形,主要沿樱花大道两侧布置,形成以国立博物馆、樱花大道到中央喷水池三点为轴线的布局。其他的公园博物馆群还有:东京飞鸟山公园的博物馆群,包括印刷局王子展示室、东京歌德纪念馆、纸博物馆、北区飞鸟山博物馆、涩谷史料馆等;东京北之丸公园的博物馆群,包括科学技术馆、东京国立近代美术馆、邮政综合博物馆、国会图书馆等。

[①] 周进. 大都市艺术博物馆布局分析[J]. 创意与设计,2016(3):41—48.

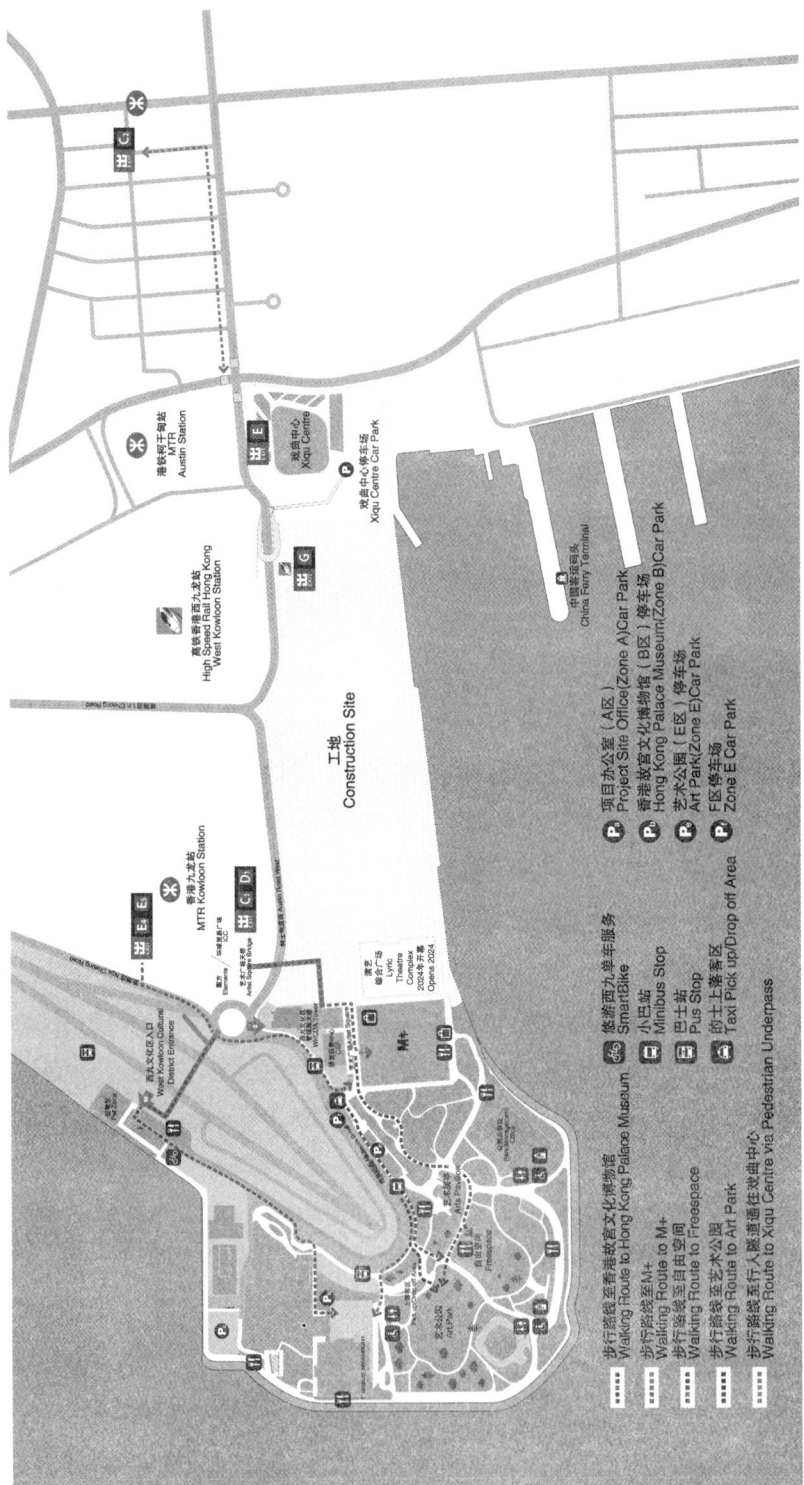

图 4-3 香港西九文化区空间分布

图4-4 纽约中央公园附近的博物馆

1.古根海姆博物馆；2.国家设计学院；3.大都会艺术博物馆；4.新艺廊德奥艺术美术馆；5.库珀休伊特史密森博物馆；6.纽约犹太博物馆；7.纽约市博物馆；8.美国自然历史博物馆

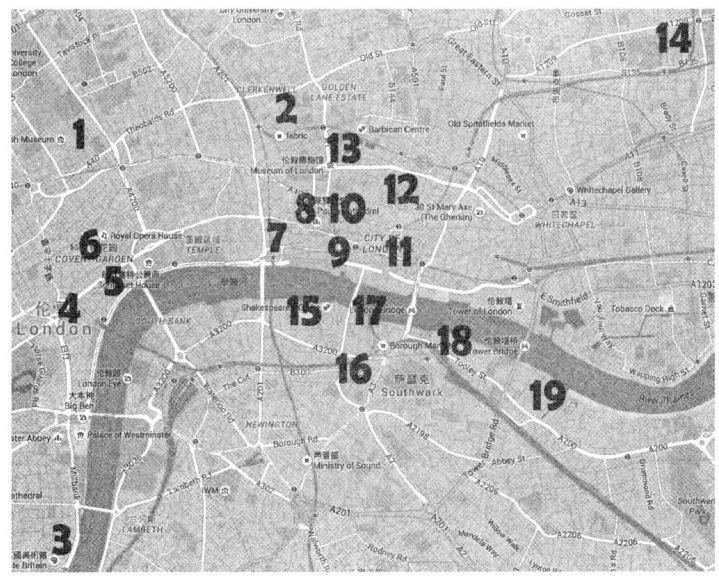

图4-5 伦敦泰晤士河两岸的博物馆

1.大英博物馆；2.海格特美术馆；3.泰特现代美术馆；4.国家军队博物馆；5.女王艺术陈列室；6.新学院艺术陈列室；7.A&D艺术陈列室；8.商业艺术陈列室；9.国家画廊；10.艺术银行画廊；11.英格兰银行博物馆；12.沃尔夫画廊；13.伦敦博物馆；14.杰佛瑞博物馆；15.大不列颠战时博物馆；16.南丁格尔博物馆；17.云雀画廊；18.花园历史博物馆；19.沙克烟斗、茶叶展示室香港有40座博物馆,大多数分布在维港两岸,中西区和油尖旺是各类博物馆和历史古迹分布最多的地方,中西区和湾仔沿岸尤其密集,形成了维港沿岸博物馆集群。

(三) 图书馆分布

"全球城市"的博物馆、美术馆等设施呈现在中心城区"集群化"的特征,而图书馆却具有"均等化"配置的特点。这体现了图书馆分布与人的分布的紧密联系度和均衡性,图书馆更强调普及率和提供基本公共服务。虽然中心城的设施密度会高于外围圈层,但主要原因在于中心城区的人口密度也较高,而人均设施的数量随着圈层的外延反而有所增加。

纽约公共图书馆的空间布局体现为:一是在曼哈顿地区相对集聚,特别是中心图书馆主要集中在曼哈顿地区。二是郊区地区图书馆均质化分布,分支图书馆在纽约周边区域的密度为3~4平方千米/馆。其中,斯塔滕岛以国家公园和非建设用地为主,因此密度更低,达到11.6平方千米/馆。三是形成中心图书馆、分支图书馆等级化特征。从人均指标来看,各区域较为均质化,约每十万人拥有2.5个图书馆(图4-6)。①

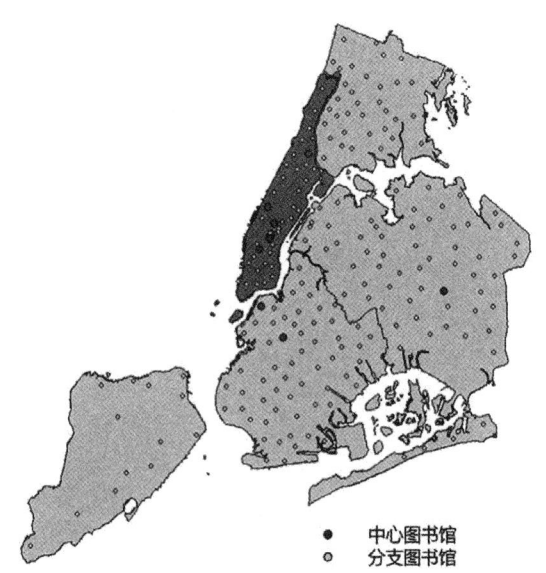

图4-6 纽约各个区域中心图书馆和分支公共图书馆分布情况

---

① 申立,张敏. 集群化与均等化:"全球城市"的文化设施布局比较研究[J]. 上海城市管理,2019(3):10—17.

伦敦公共图书馆采取"各区自治型总分馆模式",即在其 32 个自治区和 1 个伦敦城中,每个自治区(包括伦敦城)都设有一个中心馆及数个分馆。简单来说,每个区各自运行着一个公共图书馆总分馆服务网络。截至 2022 年 4 月,伦敦共有公共图书馆 342 个,基本呈现均等化分布的特点(图 4-7)。

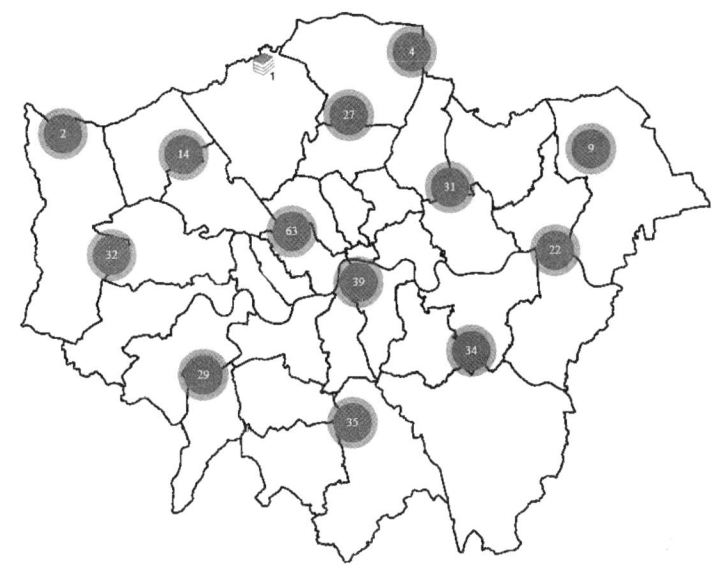

图 4-7 伦敦公共图书馆分布

注:圆圈中显示该片区域的公共图书馆数量。

香港的公共图书馆服务体系以香港中央图书馆为总馆,各区公共图书馆、社区图书馆、自助图书站和流动图书馆覆盖全港。[①] 区图书馆和社区图书馆集中分布在维港都会区,包括港岛北部的湾仔和东区,九龙岛东南部的黄大仙、九龙城和观塘;流动图书馆则在市区和郊区均有分布。根据香港地政总署数据,香港共有 186 个公共图书馆(社区图书馆不计),包括 1 个中央图书馆、69 个区图书馆、3 个自助图书站和 113 个流动图书馆,在 18 个行政区均有分布。结合香港特区政府统计处 2022 年公布的陆地面积统计数字[②],新界的图书馆总数最多(96 个),密度最小,为 10.3 平方千米/馆;其次是香港岛(38 个),密度为 2.1 平方千米/馆;九龙(52 个),密度最大,为 0.9 平方千米/馆。

---

① 香港公共图书馆. 寻找图书馆[EB/OL]. [2022-06-17]. https://sc.lcsd.gov.hk/TuniS/www.hkpl.gov.hk/tc/locations/libraries.html.
② 香港特别行政区政府统计处. 香港统计数字一览[EB/OL]. [2022-06-17]. https://www.censtatd.gov.hk/sc/EIndexbySubject.html?scode=460&pcode=B1010006#section2.

第二篇 城市发展

第五章

美 国 纽 约

300多年来,文化参与孕育了纽约这座著名的"全球城市",纽约强大的经济实力背后蕴含着异常浓厚的文化底色和艺术氛围;纽约市民能够在五光十色的都市生活中获得丰富多样、创意新奇、雅俗共融的精神文化享受。纽约市文化的高度发展与繁荣,源于健全的文化管理体制机制、完善的文化发展规划、强大而有活力的文化机构以及充足的文化保障措施。得益于此,遍布纽约全市的多元文化功能空间得到了充分生长和永续发展,并在曼哈顿、布鲁克林等城市核心地段形成文化高度集中、深度融合的文化集聚区。同时,纽约市通过实施一系列创新文化项目,将全市文化资源和服务有效整合,进一步增强了城市文化效应,显著提升了市民文化素养。

一 文化发展概况

纽约市由五个各具特色的行政区组成,分别是:曼哈顿区、布鲁克林区、布朗克斯区、皇后区和斯塔滕岛,如图5-1[①]所示。据2020年美国人口普查数据统

---

① NYC.gov. NYCityMap [EB/OL]. [2021-12-13]. http://maps.nyc.gov/doitt/nycitymap/.

计,纽约市陆地面积为 300.3 平方英里(约为 777.77 平方千米),人口数为 8 804 190。① 据纽约联邦储备银行(Federal Reserve Bank of New York)发布的数据,2019 年纽约市的 GDP 达到 10 650 亿美元。②

图 5-1 纽约市的五个行政区

纽约作为世界文化、金融和媒体之都,对全球商业、娱乐、研究、技术、教育、政治、旅游、餐饮、艺术、时尚和体育等领域的发展产生了重大影响。这座著名移民城市的文化特性主要体现在创新性和多元化上,许多美国文化运动的起源地就在纽约,纽约的城市文化实力在全球排名数一数二。纽约这座城市本身的多样性反映了纽约艺术学科和文化实践的多样性,文化对纽约产生了积极影响。纵观纽约市的文化全景,它是一个充满活力和相互关联的生态系统,其中包含了广泛的文化参与者和利益相关者,包括文化管理者、文化资助者、文化提供者、文化劳动者、文化使用者和消费者等。在这个欣欣向荣的文化生态环境中,文化参与者为整个文化行业的高质量发展做出了独特和互补的贡献,这些贡献深刻影

---

① US Bureau of the Census. Census-Geography Profile-New York City [EB/OL]. [2021-12-13]. https://data.census.gov/cedsci/profile?g=1600000US3651000.
② FEDERAL RESERVE BANK of NEW YORK. New York City [EB/OL]. [2021-12-13]. https://www.newyorkfed.org/regional-economy/profiles/newyorkcity.

响着纽约人。纽约非常重视文化,并积极投资于文化,它在为文化行业的成功提供资源和确保所有文化参与者都能有所作为等方面发挥着重要作用。

一直以来,纽约市积极为全市市民提供贴近社会生活的多元文化服务和文化活动。为了进一步彰显城市文化理念与内涵,整合不同文化空间和文化资源,纽约制定相关文化规划和文化策略,实施一系列优质的文化发展举措,高效满足市民的各类文化需求。

(一) 文化发展战略

纽约建立了完善的全市文化规划,并将文化建设纳入整个城市总体发展的战略框架之中。

2017年7月,纽约市长办公室联合纽约市文化事务部发布全市首份文化战略规划《创造纽约》(Create NYC)。[1] 该规划提出9大战略方向,包括:公平与包容,社会和经济影响,可负担的文化,社区特色,艺术、文化与科学教育,公共空间中的艺术与文化,全市合作,文化部门健康发展,城市艺术家。每个战略方向均由一系列具体的文化策略组成,其中包括:整合图书馆、公园、广场、街道、公共建筑和学校等空间以用于文化艺术展示;支持社区广场和公园的多样化规划,向管理者提供技术援助和支持,与当地文化组织和艺术家建立联系及合作关系;强化文化组织、艺术家和市政机构的交流,促进合作并分享机会和信息;鼓励合作组织模式和伙伴关系,共享管理工具、协同工作空间及机构成员等与加强文化集聚相关的重点要素。该规划正式发布后,自2018年开始,纽约市文化事务部每年发布"行动计划"[2],在"增加对文化的公平投入与支持;在文化领域培养包容性做法;加强文化部门与政府之间的联系;解决文化社区的文化负担危机;为纽约市公立学校学生提供高质量的艺术教育"等五个方面,设置了一系列具体的行动措施。

2019年4月,纽约市政府发布第四版纽约城市规划《一个纽约2050:建设一座强大而公平的城市》(OneNYC 2050: building a strong and fair city)[3]。该规

---

[1] NYC. gov. About CreateNYC [EB/OL]. [2021-12-13]. https://www1. nyc. gov/site/dcla/createnyc/createnyc-about. page.
[2] NYC Cultural Affairs. Create NYC — A Cultural Plan for All New Yorkers [EB/OL]. [2021-12-13]. https://createnyc. cityofnewyork. us/.
[3] NYC. gov. OneNYC 2050: building a strong and fair city [EB/OL]. [2021-12-13]. http://onenyc. cityofnewyork. us/.

划的总体目标之三"繁荣的社区"指出要让"所有纽约人便利地接触到文化资源和文化活动",并在其重点行动措施中提出:优化社区共享空间和文化资源,支持社区内各种组织和机构举办社区文化活动,并调动它们的积极性,以及连接开放空间,创建和升级整体服务等与加强文化集聚有关的目标。

(二) 文化管理机构

纽约市文化事务部(简称 DCLA)[①]是负责纽约文化事务的主要行政机构,也是美国最大的文化资助机构,致力于支持和加强纽约市充满活力的文化生活。其主要任务之一是确保为纽约市 5 个行政区的非营利文化组织提供充足的公共资金和技术援助,包括由 34 个市属文化机构组成的"文化机构集团"(简称 CIG)和 1000 多个其他非营利文化组织。[②] DCLA 还致力于推广和倡导高质量的文化艺术活动,并阐述文化社区对城市经济活力的贡献。DCLA 的主要服务对象包括:涉及视觉、文学及表演艺术的非营利文化组织;面向公众的科学和人文机构,包括动物园、植物园、历史保护协会;在全市五个行政区生活和工作的创意艺术家。

DCLA 由三个资助部门组成:一是项目服务部,负责向 881 个非营利团体提供资金支持,这些团体主要为市民和游客提供文化体验。二是文化机构部,负责为纽约市的文化机构提供运营支持,包括提供运营补贴,支付光、电等能源经费。三是资本项目部,负责为纽约市属及非市属机构中的文化设施提供设计、施工和设备资金。此外,DCLA 还为艺术家和文化机构提供信息、材料和资源,以资助他们为城市做出创造性贡献。

为确保 DCLA 的文化发展计划惠及所有纽约市民,并持续加强和发展纽约市与文化艺术机构之间的联系,"纽约城市宪章"(New York City Charter)授权文化事务咨询委员会(Cultural Affairs Advisory Commission)[③]就与纽约市文化生活相关的议题向 DCLA 提供建议。委员会成员来自各类文化和艺术组织,由市长任命。委员会主要负责制定和推荐有关文化活动及政策的目标,促进市、

---

① NYC Cultural Affairs. About Cultural Affairs [EB/OL]. [2021-12-13]. https://www1.nyc.gov/site/dcla/about/about-cultural-affairs.page.
② Bill de Blasio. Mayor's Management Report (MMR)-DEPARTMENT OF CULTURAL AFFAIRS [EB/OL]. [2021-12-13]. https://www1.nyc.gov/assets/operations/downloads/pdf/mmr2021/dcla.pdf.
③ NYC Cultural Affairs. Cultural Affairs Advisory Commission [EB/OL]. [2021-12-13]. https://www1.nyc.gov/site/dcla/about/advisory-commission.page.

州和联邦政府以及其他组织和机构之间在文化活动方面的协作,并编制数据和报告,将调查结果提交给市长和文化事务部专员。其具体职能包括:为促进艺术和文化机构的多样性提出建议;为纽约市的新兴艺术家创建更多工作空间;与艺术和文化机构建立伙伴关系;制定全市文化综合规划。[1]

（三）文化资助措施

DCLA 主要提供四类文化资金[2]:一是文化发展基金。由 DCLA 项目服务部负责管理,每年为纽约市的非营利艺术和文化机构拨款。其要求受助机构提供所有公众都能获取和参与的优质文化活动,如在公立学校或其他地点开展的教育项目,以社区为基础开展的艺术活动,协助纽约市艺术家和艺术组织的服务,为艺术家和艺术教育者提供的培训项目等。二是资本融资。由 DCLA 资本项目部负责管理,支持34个市属文化机构以及5个行政区内约200处其他文化设施的建设项目及主要设备的采购。其目标是协助非营利文化社区提供更多的公共服务,为残疾人提供更多无障碍通道,增加展览或表演空间,更好地维护和保护历史建筑,并加强对植物、动物和艺术收藏的保护。三是市属文化机构资助。DCLA 与纽约市"文化机构集团"(CIG)合作,为其34个成员提供基本的安全、维护、管理和能源经费。CIG 成员包括博物馆、剧院、音乐厅、表演艺术中心、植物园和动物园。DCLA 文化机构部主要负责监督相关资金的使用、成员机构的运营,并提供技术援助。四是艺术家资助。其中"艺术百分之一"项目将符合条件的市级资助建设项目预算的百分之一用于公共艺术品的设计和展示,目前已有180余件出自世界顶级艺术家之手的艺术品摆放在全市各公共建筑空间中;"艺术家可负担的空间"项目与文化机构合作为艺术家提供费用低廉的工作空间;SU-CASA 社区艺术参与项目,支持将艺术家和艺术团体安置在纽约市老年中心,增加老年人接触文化艺术活动的机会。

纽约市政府对文化艺术的支持不仅体现在直接的资金支持,各部门各司其职,为文化艺术的具体开展也给予了不少协助。纽约市公园与休憩部(Department of Parks and Recreation)、交通部(DOT)、街道活动许可办公室

---

[1] NYC.gov. Mayor Bill de Blasio Appoints New Members to the Cultural Affairs Advisory Commission[EB/OL].(2015-10-27)[2021-12-13]. https://www1.nyc.gov/office-of-the-mayor/news/763-15/mayor-bill-de-blasio-appoints-new-members-the-cultural-affairs-advisory-commission.
[2] NYC Cultural Affairs. Cultural Funding[EB/OL].[2021-12-13]. https://www1.nyc.gov/site/dcla/cultural-funding/cultural-funding.page.

(Street Activities Permitting Office)等,对公共空间的临时艺术装置、节庆、表演和其他文化活动都会给予支持。纽约市长媒体和娱乐办公室(MOME)面向音乐人、电影和电视制作、商业戏剧演出,纽约主管旅游的部门(NYC & Company)面向来到纽约的游客,这两个部门都在自己的管辖范围内支持着纽约市的文化艺术发展。[①]

二 文化功能分区

据美国宾夕法尼亚大学"艺术项目的社会影响报告"(SIAP)统计,纽约市拥有 4 700 个非营利文化机构,17 000 余个营利文化机构,以及数百万文化参与者。[②] 丰富的文化空间网络遍布纽约市的五个行政区及其间的任何地方,为这座城市重要的创造力做出了贡献。按文化功能分区,可以将纽约市的文化空间分成生态文化空间、教育文化空间、历史文化空间、基础文化空间等。

(一) 生态文化空间

据统计,纽约市内的公共绿地占比 27%。[③] 纽约非常注重将公共文化和公共艺术融入由各类大型公园、小型公园、社区花园等组成的城市绿色生态文化空间之中,这类空间可谓是全美最大的"户外公共艺术博物馆"和"美国艺术界的名家名作录"。在这些公园内,陈列有大量的公共艺术雕塑和艺术装置,其中包括数百件永久艺术品和数量不等的临时艺术品,包括奥古斯都·圣·高登斯、丹尼尔·切斯特·法兰奇和约翰·昆西·亚当斯·沃德等 19 世纪艺术大师的作品,以及路易丝·内维尔森、乔治·西格尔、爱丽丝·艾考克、罗伯特·格雷厄姆和艾莉森·萨尔等人的当代主题和概念艺术品。同时,公园中还陈列有 800 多座纪念碑,其中约 250 座是纪念雕塑(包括 125 座历史人物的纪念雕像)。这些陈列于绿色环境中的艺术作品是纽约城市文化空间的重要组成部分。[④] 此外,市

[①] 华子怡. 纽约"文化规划"系列研究之五 纽约文化规划八大议题(四)[EB/OL]. (2019-11-01)[2021-12-13]. http://www.istis.sh.cn/list/list.aspx?id=12239.

[②] NYC Cultural Affairs. The Cultural Plan-RESEARCH AND DISCOVERY [EB/OL]. [2021-12-13]. https://createnyc.cityofnewyork.us/the-cultural-plan/research-and-discovery/.

[③] World Cities Culture Forum. New York City Data [EB/OL]. [2021-12-13]. http://www.worldcitiescultureforum.com/cities/new-york/data.

[④] New York City Department of Parks & Recreation. NYC Public Art Map and Guide [EB/OL]. [2021-12-13]. https://www.nycgovparks.org/art-map.

内广场也是纪念碑等文化艺术作品的另一重要陈列场所。

从布局上看,纽约市的大型公园在全市五个行政区中都有分布,小型公园与社区花园主要集中在布鲁克林区东部和布朗克斯区,广场则主要集中在曼哈顿区。

(二) 教育文化空间

许多常驻纽约市的艺术家和文化工作者迫切需要找到能够负担得起的创作和表演空间,包括公立大学和公立高中在内的各类学校,这些空间作为城市的重要锚点,为他们开展文化和艺术实践提供了大量低成本的空间资源。

纽约全市有 120 多所大学,包括哥伦比亚大学、纽约大学、洛克菲勒大学,以及纽约市立大学。其中,纽约市立大学共有 25 个校区[1],主要集中在曼哈顿区和布鲁克林区东部,它是美国最大的城市公立大学系统,其与地区文化组织之间的关系十分密切,提供艺术文化设施亦是其重要职能之一。纽约市公立学校中的剧场、音乐厅等文化设施集中分布在曼哈顿区和布鲁克林区。[2]

纽约州要求每名公立学校的学生都必须接受艺术教育,艺术是 K12 年级教育阶段必不可少的组成部分。[3] 据纽约市教育部的数据显示,近 60% 的纽约市公立高中与不同文化艺术机构建立了合作伙伴关系,包括"文化机构集团"(CIG)与"非文化机构集团"(Non-CIG),有些高中的 CIG 合作伙伴多达 6 个,非 CIG 合作伙伴多达 20 余个。通过加强文化和艺术伙伴关系可以提高学生及其家庭的艺术教育体验。

(三) 历史文化空间

纽约市内有 1 个联合国教科文组织世界文化遗产——自由女神像,它是纽约市的标志,也是美国人追求民主和自由的象征。其位于曼哈顿区南端哈德逊河口的自由岛,于 1886 年 10 月落成揭幕,1984 年作为文化遗产被 UNESCO 列入《世界遗产名录》。此外,纽约市还有 34 000 个其他历史文化遗产。这些遗产

---

[1] The City University of New York. About CUNY [EB/OL]. [2021-12-13]. https://www.cuny.edu/about/.
[2] NYC Cultural Affairs. The Cultural Plan-AFFORDABILITY [EB/OL]. [2021-12-13]. https://createnyc.cityofnewyork.us/the-cultural-plan/issue-areas/af/.
[3] Gale A. Brewer. Arts Forward-Closing the gaps in arts education in Manhattan public schools [EB/OL]. [2021-12-13]. https://www.manhattanbp.nyc.gov/downloads/pdf/ArtsForwardMBPOGaleBrewer6-30-14FINAL.pdf..

所在的历史文化街区组成了纽约市的历史文化空间。这类空间主要集中在曼哈顿区的中部和南部,以及布鲁克林区的北部。

(四) 基础文化空间

纽约市的文化基础设施及空间场所主要包括各级公共服务空间,如博物馆、美术馆、音乐厅、表演艺术中心、图书馆、科技馆、体育场馆、社区中心等;以及各种商业文化空间,如文化商业综合体、剧院、电影院、书店、咖啡店、酒吧等。①

纽约是美国文化基础设施和空间非常多且集中的城市之一。大量的文化基础设施为纽约市民参与形式多样的文化活动提供了充足机会。文化演出是其中重要的组成部分,包括音乐会、舞蹈演出和剧场表演等。此外还有电影节、体育赛事、各类节日和纪念日庆典活动,以及在公园、绿地、广场等场所举办的文化艺术展等。社区文化活动也是纽约市非常有特色的一种文化活动类型,例如旨在促进社区成员互动融合的"街坊节"(Street Fair)。

不同类型基础文化空间的分布情况有所不同。整体来看,纽约市的美术馆、博物馆、剧院、音乐厅及社区中心等文化设施较为集中。纽约市的古典音乐厅主要集中在曼哈顿区中部和南部,社区中心主要集中于曼哈顿区北部、布鲁克林区东部及布朗克斯区。而公共图书馆等公共文化基础设施则平均分布于纽约市的五个行政区;市内共有四个研究型公共图书馆(人文与社会科学图书馆;表演艺术图书馆;黑人文化研究中心;科学、工业与商业图书馆),均位于曼哈顿区。

三 文化集聚区建设

分析纽约市四类文化空间的分布特征,可以发现曼哈顿区和布鲁克林区作为全市文化空间集中的地区,已经形成相对成熟的城市文化集聚区域。

(一) 曼哈顿文化集聚区

1. 文化资产高度集中,集聚效应显著

曼哈顿区位于纽约市中心,陆地面积近 22.7 平方英里(约为 58.79 平方千

---

① 魏伟,等.城市文化空间塑造的国际经验与启示——以伦敦、纽约、巴黎、东京为例[J].国际城市规划,2020,35(3):77—86,118.

米),2020年人口数为1 694 251①,其陆地面积虽只占全市的7.6%,但人口数占全市19.2%。"艺术项目的社会影响报告"(SIAP)中构建了一种由非营利文化机构、营利文化机构、雇佣艺术家和文化参与者四个领域组成的"文化资产指数"(Cultural Asset Index)。据该报告统计,曼哈顿区的文化资产指数最高、文化高度集中。除了纽约市政府资助以外,曼哈顿区长高步尔(Gale Brewer)每年都会提供资金支持整个曼哈顿的各种重要文化项目,这笔资金可用于城市机构、非营利组织、文化机构和公立学校。② 此外,区长每年还会提供一笔"曼哈顿文化旅游补助金",资助社区开展音乐、艺术、街坊节、戏剧、旅行和电影论坛等各类文化活动,2021—2022年的资助经费为342 750美元,受助社区组织超过110个。③

为凸显曼哈顿区高质量的文化集聚效应,当地由文化委员会等专业机构牵头,整合本地文化力量并开展文化服务,如曼哈顿下城文化委员会(Lower Manhattan Cultural Council,LMCC)④。该委员会成立于1973年,致力于为所在社区及社区中的独立艺术家提供文化和艺术方面的支持,包括:(1)开展免费公共活动。通过丰富的文化表演和艺术体验项目激活社区并把人们聚集在一起,如River To River夏季艺术节,会在当地文化和教育中心、艺术中心、文化广场等空间内,举办音乐会、艺术交流会、舞蹈表演、歌剧演出、文化行走以及播放电影等活动。(2)为艺术家提供创作与表演空间。帮助艺术家试验自己的想法,为其提供专业发展、财务培训,以及交流分享创作过程和展示成果的机会;同时,在艺术家和观众之间建立联系和对话,让社区公众有机会接触艺术家及其艺术创作过程。(3)为支持当地社区文化项目的艺术家以及社区中的艺术和文化组织提供资金支持。

2. 文化空间高度聚合,凸显文化引力

曼哈顿区作为纽约城市文化集聚区的典型代表,塑造了城市文化空间集聚

---

① US Bureau of the Census. Census-Geography Profile-Manhattan Borough [EB/OL]. [2021-12-13]. https://data.census.gov/cedsci/profile? g = 0600000US3606144919.
② Office of Manhattan Borough President Mark Levine. Capital Funding [EB/OL]. [2021-12-13]. https://www.manhattanbp.nyc.gov/funding/capital-funding/.
③ Office of Manhattan Borough President Mark Levine. Manhattan Cultural Tourism Grant [EB/OL]. [2021-12-13]. https://www.manhattanbp.nyc.gov/funding/cultural-tourism-grants/.
④ Lower Manhattan Cultural Council. About LMCC [EB/OL]. [2021-12-13]. https://lmcc.net/about/.

的标志性门户。区内集聚了多元文化机构,尤其是各类基础文化设施,如博物馆、美术馆、剧院、图书馆、音乐厅、公园等,部分设施的分布情况如图5-2所示。

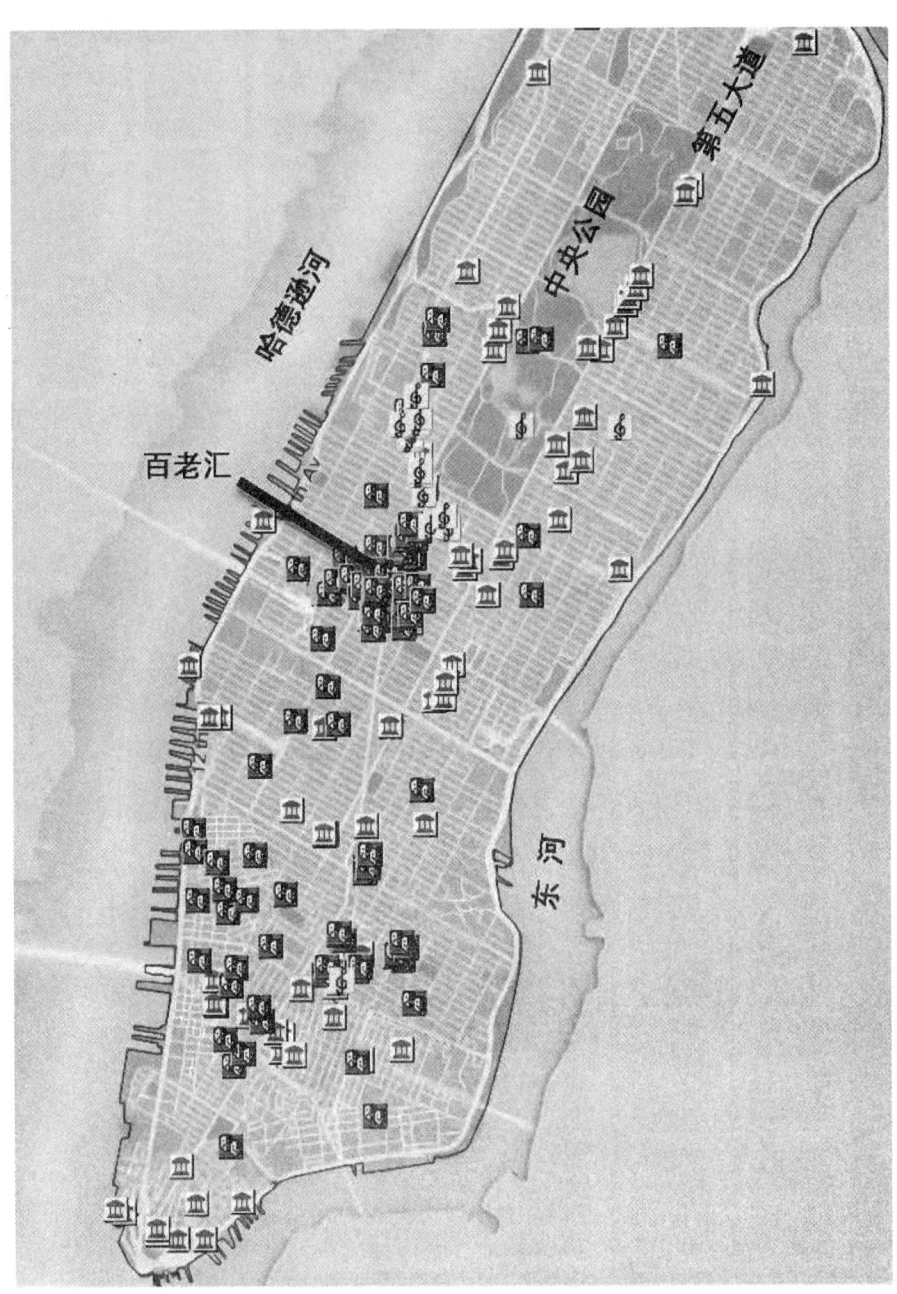

图5-2 曼哈顿区基础文化设施分布图
(图示:🎼古典音乐厅　🏛博物馆　🎭剧院)

可以发现,博物馆主要聚集在曼哈顿中城区的中央公园附近,尤其集中在中央公园东侧的第五大道沿线,因此第五大道也被称为纽约市的"博物馆大道"(Museum Mile)。① 这些博物馆包括美国自然历史博物馆、纽约市立博物馆、纽约犹太博物馆、巴里奥拉丁文化博物馆②等。其中,成立于1869年的美国自然历史博物馆是世界著名的科学文化机构之一,致力于通过科学研究和教育,发现、解释和传播关于人类文化、自然世界和宇宙的知识③;年均接待游客达500万人次,馆藏总量超过3 400万件,其中包括拥有1 400多年历史的巨型红杉木、拥有318万年历史的早期人类"露西"、复活节岛摩艾石像、恐龙木乃伊化石等特色藏品。④

美术馆也主要集中于曼哈顿上东区(Upper East Side)的第五大道与中央公园附近。包括大都会美术馆(也称大都会艺术博物馆)、所罗门·古根海姆美术馆、惠特尼美术馆等。其中,大都会美术馆是全球最重要的大型美术馆之一,其成立于1870年,藏品来自世界各地,最早可追溯到5 000年前⑤;特色馆藏包括爱德华·马奈、奥古斯特·雷诺阿、亨利·马蒂斯、约翰内斯·维米尔等人的知名作品,以及著名的美术馆非官方吉祥物——古埃及河马小雕像"威廉"⑥;值得一提的是,来自纽约州的居民和纽约州、新泽西州、康涅狄格州的在读学生,可以自行决定参观门票的支付金额,这也是该馆的特色服务项目之一。⑦ 所罗门·古根海姆美术馆是古根海姆美术馆系统的全球总馆,建于1959年,以收藏早期现代美术作品为基础,并致力于展示20世纪以来的杰出艺术作品,其特色馆藏包括塞尚、高更和凡·高等著名艺术家的名作;2008年,该馆被指定为美国国家

---

① Museum Mile, New York City [EB/OL]. [2021-12-13]. https://www.ny.com/museums/mile.html.
② El Museo del Barrio. HISTORY [EB/OL]. [2021-12-13]. https://www.elmuseo.org/history-mission/.
③ American Museum of Natural History. Diversity, Equity, and Inclusion at the Museum [EB/OL]. [2021-12-13]. https://www.amnh.org/about/diversity-equity-inclusion.
④ American Museum of Natural History. Self-Guided Highlights Tour [EB/OL]. [2021-12-13]. https://www.amnh.org/plan-your-visit/self-guided-tours/highlights.
⑤ Metropolitan Museum of Art. About The Met [EB/OL]. [2021-12-13]. https://www.metmuseum.org/about-the-met.
⑥ Metropolitan Museum of Art. History of the Museum [EB/OL]. [2021-12-13]. https://www.metmuseum.org/about-the-met/history.
⑦ Metropolitan Museum of Art. Admission Tickets [EB/OL]. [2021-12-13]. https://engage.metmuseum.org/admission.

历史地标,2015年作为建筑师弗兰克·劳埃德·赖特(Frank Lloyd Wright)的建筑作品之一入选UNESCO世界遗产名录;除了纽约曼哈顿区的总馆外,古根海姆美术馆系统还在威尼斯、西班牙毕尔巴鄂(Bilbao)等地拥有分馆,此外位于阿布扎比的分馆目前尚在建设开发中。①

曼哈顿区的大量博物馆和美术馆选址均位于全美第一个园林式公园——中央公园②附近,这里也是纽约市人流量最密集的公共绿地之一,经常举办多样性的文化活动,包括公园电影节、莎士比亚文化节、假日购物节、音乐会、艺术节,以及马展、探险活动和健身课程等。③④

剧院和音乐厅等文化设施主要集中在曼哈顿著名的"百老汇"(Broadway)附近。百老汇大道是一条贯穿曼哈顿区的南北向大道,是美国戏剧和音乐剧等表演艺术的重要发扬地;百老汇聚集了大量的商业性剧场,采用纯粹的商业化运营模式,其票房收入占总收入的绝大部分,2018年至2019年百老汇音乐剧演出收入14.3亿美元⑤,观看人数达1166万人⑥;百老汇的表演剧目娱乐性较强,以原创作品为主,例如《猫》《歌剧魅影》《芝加哥》《妈妈咪呀》等经久不衰的经典名剧;现在,百老汇音乐剧已经成为纽约市文化产业的支柱之一、美国演艺业的顶级标杆之一,观赏百老汇音乐剧几乎成为每一个前来纽约市参观、访问、旅游的游客不可或缺的文化活动。而与百老汇的纯商业模式不同,作为演艺业另一标杆的非营利艺术机构——纽约林肯艺术中心,拥有11家常驻表演艺术机构,年均举办活动约3000场,包括免费户外艺术活动⑦;纽约市政府对林肯艺术中心

---

① Solomon R. Guggenheim Foundation. About Us [EB/OL]. [2021-12-13]. https://www.guggenheim.org/about-us.
② Central Park History [EB/OL]. [2021-12-13]. https://www.centralpark.com/visitor-info/park-history.
③ Activities in Central Park [EB/OL]. [2021-12-13]. https://www.centralpark.com/things-to-do/activities.
④ Annual Events [EB/OL]. [2021-12-13]. https://www.centralpark.com/topics/annual-events/.
⑤ Gross revenue of Broadway shows in New York from 2006 to 2019 [EB/OL]. (2022-01-24) [2022-03-01]. https://www.statista.com/statistics/193006/broadway-shows-gross-revenue-since-2006/.
⑥ Attendance at Broadway shows in New York from 2006 to 2019, by category [EB/OL]. (2022-02-03) [2022-03-01]. https://www.statista.com/statistics/197638/attendance-at-broadway-shows-since-2006/.
⑦ Lincoln Center. overview [EB/OL]. [2021-12-13]. http://www.aboutlincolncenter.org/programs/program-overview-2.

免除一系列税收,其收入多为各类捐款。①

纽约市共有217个公共图书馆②,其中213个是流通图书馆,主要提供免费的书刊借阅服务和公共文化活动;4个是研究型图书馆,均集中于曼哈顿区,主要提供免费的主题研究服务和活动,它们分别是:斯蒂芬·施瓦兹曼大楼(Stephen A. Schwarzman Building),以收藏人文社科资料为主,因此也称人文与社会科学图书馆;表演艺术图书馆(NYPL for the Performing Arts);黑人文化研究中心(Schomburg Center for Research in Black Culture);科学、工业与商业图书馆(Science, Industry and Business Library)。除此以外,曼哈顿区还有40个流通图书馆,馆舍基本呈平均分布。自2017年8月开始,流通分馆中体量最大的曼哈顿中区图书馆(Mid-Manhattan Library)进行重大改造,至2020年春,该馆重新部分开放后更名为斯塔夫罗斯·尼阿克斯基金图书馆(Stavros Niarchos Foundation Library, SNFL),并重组部分功能,包括成人学习中心和青少年中心;商业中心(由科学、工业与商业图书馆并入);儿童中心(由斯蒂芬·施瓦兹曼大楼即人文与社会科学图书馆并入)。新馆为一栋带屋顶露台的8层建筑,面向各年龄层市民开展服务。

(二)布鲁克林文化集聚区

1. 文化历史悠久,公私合作扩大文化影响力

布鲁克林区位于曼哈顿区的东南部,其陆地面积69.4平方英里(约179.75平方千米),2020年人口数达到2 736 074③,占纽约全市总人口数的31%。布鲁克林文化区(Brooklyn Cultural District)的核心位置位于格林堡(Fort Greene)附近的五个城市街区,并进一步扩展至横跨布鲁克林中心区(Downtown Brooklyn)、Dumbo区(Down Under the Manhattan Bridge Overpass,意为"在曼哈顿大桥下"),位于纽约东河岸,介于布鲁克林大桥及曼哈顿大桥下一带和布鲁克林海军码头(Brooklyn Navy Yard)。这里是全球非常重要的多元文化集聚中心之一,是几乎涉及所有艺术学科的各种文化团体的所在地,包括小到位于

---

① 中国文化报.林肯中心,百老汇:纽约演出业艺术与商业共生的启示[EB/OL].(2013-08-28)[2021-12-13]. http://culture.people.com.cn/n/2013/0828/c172318-22717958.html.
② Bill de Blasio. Fiscal 2021 Mayor's Management Report-PUBLIC LIBRARIES [EB/OL]. (2021-09-01)[2021-12-13]. https://www1.nyc.gov/assets/operations/downloads/pdf/mmr2021/lib.pdf.
③ US Bureau of the Census. Census-Geography Profile-Brooklyn Borough [EB/OL]. [2021-12-13]. https://data.census.gov/cedsci/profile?g=0600000US3604710022.

Dumbo 区的独立画廊,以及大到拥有 18 000 多个座位的巴克莱中心球馆 (Barclays Center),当地的文化机构极具规模、富有多样性。

该地区的文化复兴始于 20 世纪 80 年代。1987 年,时任布鲁克林音乐学院 (BAM)院长哈维·利希滕斯坦(Harvey Lichtenstein)重建了 BAM 哈维剧院, 这是当时的文化标志性事件。此后,当地文化艺术机构与城市建设者们不断努力,为布鲁克林增添了更加丰富的历史和文化活力。2004 年,其第一个文化区改造项目——80 艺术-詹姆斯·戴维斯艺术大楼(80 Arts - James E. Davis Arts Building)改造项目正式启动。大楼改造完成后,12 个非营利艺术团体入驻其中。2008 年,在历史悠久的拉斐特大道长老会教堂(Lafayette Avenue Presbyterian Church)内,Irondale 戏剧、教育和拓展中心正式开业。2010 年,当地近 40 个文化团体联合成立了布鲁克林中心区艺术联盟(DBAA),旨在连接布鲁克林中心区的文化组织,以促进协作和联合宣传、共享信息,并讨论和解决影响布鲁克林中心区艺术家社区和文化组织的问题;目前,DBAA 会员已经增至 60 多个,涵盖视觉、表演、文学和媒体艺术。①

一系列文化复兴行动为布鲁克林文化区的建设打下了良好的基础。2012 年,时任纽约市市长迈克尔·R. 布隆伯格(Michael R. Bloomberg)正式宣布实施布鲁克林文化区开发计划。② 该计划耗资约 1 亿美元③,重点关注布鲁克林中心区的艺术、文化、公共空间及经济适用房的建设与发展。纽约市经济发展公司、文化事务部、住房保护和发展部、城市规划部等共同参与了这项计划。2014 年,计划进一步扩大,包括增建剧院、推出文化服务项目以及重新开放公园等。

2016 年,DBAA 和当地非营利发展机构——布鲁克林中心区合作组织 (Downtown Brooklyn Partnership)④共同发布文化前进计划,该计划提出了 13 项倡议,以增强文化对该地区的影响,包括开发价格合理的艺术家工作室,以及与当地学院和大学共建文化联合项目。2017 年,布鲁克林音乐学院(BAM)、布

---

① Downtown Brooklyn Arts Alliance. ABOUT US [EB/OL]. [2022-01-11]. https://www. dbartsalliance. org/.
② Stratton, Kelly. Bloomberg Announces Big Plans for Brooklyn Cultural District [J]. National Real Estate Investor Exclusive Insight, 2012.
③ Downtown Brooklyn. THE BROOKLYN CULTURAL DISTRICT [EB/OL]. [2022-01-11]. https://www. downtownbrooklyn. com/brooklyn-cultural-district/the-brooklyn-cultural-district.
④ Downtown Brooklyn. ABOUT US [EB/OL]. [2022-01-11]. https://www. downtownbrooklyn. com/about.

鲁克林中心区艺术联盟(DBAA)和布鲁克林中心区合作组织,共同代表布鲁克林文化区成为全球文化区网络(GCDN,2013 年成立的独立国际协会,致力于在广泛多样的环境中促进创意和文化区、社区和集群负责人之间的协作和知识共享①)的成员。目前,布鲁克林文化区内分布着近 70 家文化机构和无数住宅、商业、零售和教育设施,其实施的一系列将公共指导与私人投资相结合的文化举措在全球范围内开创了先例。文化区内的长期文化机构如 BAM、各类博物馆和公共图书馆等,成为各种文化艺术团体的常驻地;文化区提供的经济适用房、灵活的文艺演出和排练场地、公共绿地广场和屋顶花园等便利的基础设施,有效支撑了社区的文化发展。②

2. 创意文化集聚,打造特色文化园区

布鲁克林文化区内集中了众多剧院、画廊、公共广场、影院、音乐厅以及联合工作空间等多元化的文化基础设施,如图 5-3③中的标记所示。其中,以提供舞蹈、音乐、戏剧等各类创意文艺演出为主的综合性文化机构较多,例如"651 艺术""BRIC 艺术""Dancewave 舞蹈中心""Mark Morris 舞蹈中心""Irondale 剧团""ISSUE 先锋表演中心""圣安表演艺术仓库""演员基金艺术中心""Kumble 剧院""新观众剧院"等。部分机构还有专业的表演艺术教育项目或服务,如成立于 2001 年的"Mark Morris 舞蹈中心",是世界著名的 Mark Morris 舞蹈团的所在地,也是布鲁克林舞蹈和音乐教育中心。此外,文化区内还有成立于 1912 年的布鲁克林音乐学校(Brooklyn Music School),这是一所社区表演艺术学校,为表演艺术爱好者开设相关教育课程。值得一提的是,美国最大、最具艺术影响力和文化多样性的戏剧社区"外百老汇(Off Broadway)"的服务和宣传机构——"A. R. T. /纽约",同样坐落于布鲁克林文化区。

布鲁克林音乐学院与文化区的关系十分密切,区内拥有该学院的玫瑰电影院、费舍大楼(内有公共空间、工作室、屋顶露台和花园),以及以布鲁克林音乐学院前院长哈维·利希滕斯坦命名的 BAM 哈维剧院。

文化区内还集中了相当一部分博物馆和视觉艺术展示馆。其中比较知名的

---

① Global Cultural Districts Network. About Us [EB/OL]. [2022-01-11]. https://gcdn.net/about-us/.
② Global Cultural Districts Network. Brooklyn Cultural District [EB/OL]. [2022-01-11]. https://gcdn.net/member/brooklyn-cultural-district/.
③ Downtown Brooklyn. Explore the Brooklyn Cultural District [EB/OL]. [2022-01-11]. https://www.downtownbrooklyn.com/brooklyn-cultural-district.

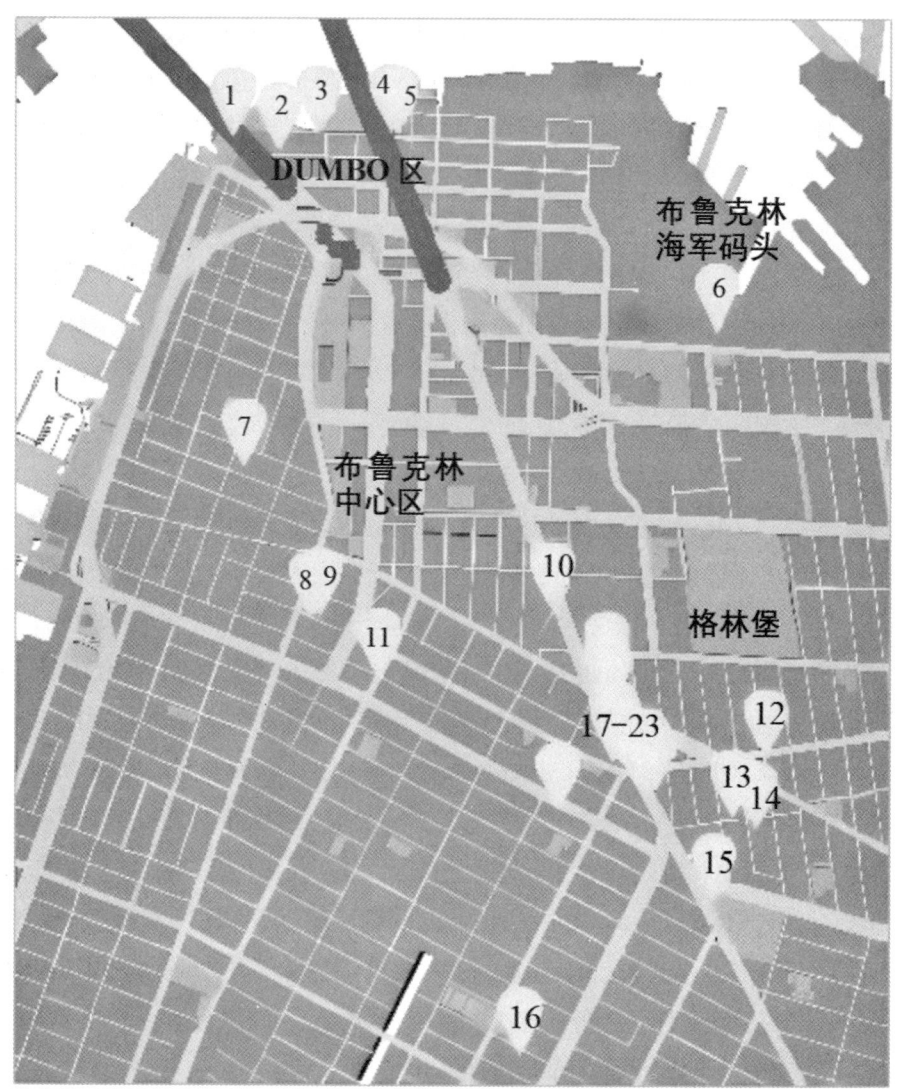

图 5-3 布鲁克林文化区主要文化基础设施分布图

1. 圣安表演艺术仓库；2. Klompching 美术馆；3. Smack Mellon 美术馆；4. Usagi 混合文化空间；5. A. I. R. 美术馆；6. 布鲁克林海军码头；7. 布鲁克林历史中心；8. 纽约交通博物馆；9. ISSUE 先锋表演中心；10. Kumble 剧院；11. 演员基金艺术中心；12. Irondale 剧团；13. 当代非洲侨民艺术博物馆；14. A. R. T. /纽约；15. 巴克莱中心球馆；16. Dancewave 舞蹈中心；17. BRIC 艺术；18. 651 艺术；19. 布鲁克林音乐学院哈维剧院、玫瑰电影院、费舍大楼；20. 新观众剧院；21. Urban Glass 玻璃艺术商店及工作室；22. 布鲁克林音乐学校；23. Mark Morris 舞蹈中心

博物馆有美国最大的城市公共交通历史博物馆——纽约交通博物馆，保存和研究布鲁克林 400 年历史的布鲁克林历史中心，以及当代非洲侨民艺术博物馆（MoCADA）。视觉艺术展示馆包括各类美术馆，例如主要面向女性艺术家的

"A.I.R.美术馆",展出高水平摄影作品的"Klompching美术馆",占地超过550平方米可供举办个人和团体展的"Smack Mellon美术馆"等,以及可供玻璃艺术家创作和展示作品的"Urban Glass玻璃艺术商店及工作室"。此外,还有结合美术馆、图书馆和咖啡馆的混合文化空间"Usagi",通过举办展览、表演和研讨会展示多学科文化。

巴克莱中心球馆(Barclays Center)和布鲁克林海军码头(Brooklyn Navy Yard)作为布鲁克林文化区的标志性地点,承担了重要的文化传播功能。巴克莱中心球馆开放于2012年,位于布鲁克林区的中心地带,是NBA布鲁克林篮网队的主场,其拥有与现代多功能舞台相匹配的座椅设计,可同时容纳18 000多名观众举办大型音乐演出。[①] 布鲁克林海军码头是一块占地面积约1平方千米的滨水区域,第二次世界大战期间用于建造海军基地和存放武器,这里有美国最古老的海军造船厂之一,后被弃用;进入21世纪以后,这里逐渐聚集了大量的科技公司,并慢慢成为布鲁克林区的经济中心;布鲁克林海军码头不仅是一个杰出的科技创新园区,更是一个具有生活情调的文化社区、一个强大的社区文化活动场所,其中的布鲁克林海军码头中心展示了海军码头的历史和创新发展,造船厂中建有创新实验室和各式各样的公共工作空间、休息室、商店、会议室、社交空间、展览空间和画廊,码头内还建有约6 000平方米的屋顶农场,不仅可用于种植农产品,还可举行屋顶瑜伽课、烹饪课、专题研讨会等文化活动。[②]

四 创新工作案例

各类文化实体在物理空间上的高度集中是文化集聚区的重要表现形式,此外,纽约市还致力于在更大范围内实现文化集聚,通过发展一系列创新实践,有效打破空间地域的界限,将全市多元化的文化资源和文化服务打通并聚合起来。

(一)三大文化通行证——实现文化服务"一卡通"

为提升文化的共享性和普及性,纽约市实施一系列文化服务"一卡通"项目,协调全市各类文化机构,通过三种"文化通行证"将文化资源整合在一起,使纽约

---

① BARCLAYS CENTER BROOKLYN. ABOUT US [EB/OL]. [2022-01-11]. https://www.barclayscenter.com/center-info/about-us.
② TOP办公研究院. Brooklyn Navy Yard:有生活情调的科技创新园区[EB/OL].(2017-09-27)[2022-01-11]. https://www.sohu.com/a/194865535_472773.

市民高效享受文化福利。

1. 纽约市民卡(IDNYC)

2015年1月,纽约市政府发放"纽约市民卡"。年龄在10岁及以上的所有纽约市民,包括没有身份证明的移民,均可免费申请办理。该卡功能十分强大,可以直接作为身份证使用,还可用于获取纽约市各类文化、医疗、健康、保险、金融、教育和生活领域的多样化服务。持卡人可获取的文化服务主要包括:可申请成为纽约市内40余个文化机构的会员并获得免费参观的资格,如博物馆、动植物园、剧院、艺术馆等;可享受纽约市三大公共图书馆系统(纽约公共图书馆、布鲁克林公共图书馆、皇后区公共图书馆)的借阅服务;可在购买电影、演出、比赛、公园门票时获得专属折扣或优惠。"纽约市民卡"是全美规模最大、最成功的免费城市身份证项目,已有约800万纽约人持有该卡,其为市民平等获取高品质文化服务提供了便利。[1][2]

2. 文化通行证(Culture Pass)

2018年8月,纽约公共图书馆与其他两大公共图书馆系统(布鲁克林公共图书馆、皇后区图书馆),在Stavros Niarchos基金会(SNF)、Charles H. Revson基金会、纽约社区信托基金和纽约市文化事务部的共同资助下,推出"文化通行证"服务项目。年龄在13岁及以上且持有上述三大图书馆系统之一读者证的读者,都能申请"文化通行证",当年可免费参观纽约市内的40多个文博机构,包括大都会艺术博物馆、古根海姆博物馆、布碌仑植物园、纽约市博物馆等。读者可同时预约最多两个文博机构的通行证,每年可至各文博机构免费参观一次。"文化通行证"项目促使图书馆读者证注册量激增,其发放后的四个月,就有26 000张免费通行证被预订。截至2021年11月,"文化通行证"的合作机构为66个,包括许多博物馆、剧院、文化艺术中心、公园等,而且在原有"文博机构免费参观"的基础上,开辟了丰富的合作型公益文化活动与项目。所有参与项目的合作机构都可以根据自身特色,主办讲座、展览、研讨会、故事工坊,以及手工、文体、考古、厨艺、园艺等多元的免费活动。拥有"文化通行证"的读者可以选择感兴趣的

---

[1] NYC. gov. ID NYC [EB/OL]. [2021-12-13]. https://www1.nyc.gov/site/idnyc/index.page.
[2] NYC. gov. IDNYC 持卡人福利指南 2019 [EB/OL]. [2021-12-13]. https://www1.nyc.gov/assets/idnyc/downloads/2019-pdfs/2019-IDNYC-Benefits-Guide-Chinese.pdf.

活动报名参与。①

3. 酷文化家庭通行证(Cool Culture Family Pass)

"酷文化"是成立于1999年的非营利机构,得到纽约市文化事务部、纽约州艺术委员会、美国国家艺术基金会等政府机构的支持。其积极与教育工作者和学校、艺术家和文化机构、社区领袖和社区组织、政府官员和民间机构建立战略合作伙伴关系,面向纽约市拥有低龄儿童的家庭,尤其是处于社会边缘的低收入家庭,提供参与文化和艺术活动的机会。其重点项目"全市文化访问计划"(Citywide Cultural Access Program)向纽约市约5万个家庭发放个性化的"酷文化家庭通行证",市民可以以家庭为单位,凭证无限制(一个家庭每次不超过5人)免费参观全市约90个文化机构,包括与"酷文化"合作的博物馆、花园、历史机构、科学中心和动物园。此外,还可以参与相关机构举办的家庭亲子活动、艺术创作项目、课程和研讨会,获得活动指南以及各类教育资源。该通行证适用于就读于参与"全市文化访问计划"的小学、学前班、幼儿园或幼儿中心的儿童家庭。②

(二) 多元文化项目——把文化机构串联起来

纽约市积极利用内容丰富、覆盖广泛的文化活动或项目,把市内各类文化机构融合、串联起来,有效扩大了空间资源及服务资源,促使多元文化惠及更多纽约人。其中比较典型的项目包括课后综合文化服务项目、青少年引领项目、全城共读一本书项目、纽约市开放文化活动等。

1. 课后综合文化服务

"纽约市课后综合服务系统"(Comprehensive After School System of New York City,简称COMPASS NYC)③是纽约市青少年和社区发展部实施的"课后服务计划"重点项目之一,其整合各类社区文化设施,面向纽约市幼儿园至高中年级的儿童和青少年开展丰富的课后文化活动,活动内容均由与其建立合作关

---

① DISCOVER YOUR CITY WITH Culture Pass [EB/OL]. [2021-12-13]. https://www.culturepass.nyc/.
② Cool Culture. FOR FAMILIES [EB/OL]. [2021-12-13]. https://www.coolculture.org/cc/families.html.
③ NYC Department of Youth & Community Development. After School [EB/OL]. [2021-12-13]. https://www1.nyc.gov/site/dycd/services/after-school/comprehensive-after-school-system-of-new-york-city-compass.page.

系的文化或教育机构提供,涉及文化艺术、学术探究、技能素养、体育娱乐等多个领域。活动服务点广泛分布于整个城市的多功能社区中心、宗教机构、公共建筑、娱乐设施以及公立和私立学校,各服务点中的文化资源得到充分挖掘与共享。

2. 青少年引领项目

青少年引领项目①是纽约市长经济机会办公室领导的"成长纽约计划"的子项目,其鼓励青少年通过加入"青少年领导委员会"(Youth Leadership Councils,简称YLC)②参与管理社会活动。YLC广泛分布在纽约市各类公共机构、社区组织或政府部门中,其中有不少文化机构的YLC利用特色文化活动招募青少年参与项目策划和实施等。如纽约布鲁克林公共图书馆的年度大型文化活动"城市艺术集会"(Urban Art Jamm)③;全纽约550个社区公园和花园联合开展的"绿拇指"项目④(该项目旨在整合各方资源举办共享活动,如园艺活动、倡导绿色环保项目)等。

3. 全城共读一本书

全城共读一本书项目(One Book, One New York)⑤由纽约市媒体和娱乐部联合Buzzfeed网站于2017年正式启动,是全美最大的社区阅读项目。全体纽约市民被邀请通过网络或书报亭参与相关投票,从几本候选书中选出一本书用于当年全纽约市民共同阅读。这本书选出后,会在纽约市的公共图书馆或其他文化机构中举办一次作者活动,让读者与作者面对面交流,同时全市的书店还会举办一系列辅助活动。该项目旨在促进阅读以及支持纽约市的出版业和所有书店,并使纽约市三大公共图书馆系统和全市书店有效联动起来。

---

① NYC Youth Leadership Councils (YLC) | NYC Service. Leadership opportunities for youth [EB/OL]. [2021-12-13]. https://growingupnyc. cityofnewyork. us/programs/nyc-youth-leadership-councils/.
② NYC Youth Leadership Councils [EB/OL]. [2021-12-13]. https://www. nycservice. org/pages/pages/74.
③ Brooklyn Public Library. BKLYN Library Youth Council and Urban Art Jamm [EB/OL]. [2021-12-13]. https://www. bklynlibrary. org/support/volunteer/bklyn-library-youth.
④ GreenThumb. About [EB/OL]. [2021-12-13]. https://greenthumb. nycgovparks. org/about. html.
⑤ John Maher. NYC Announces One Book, One New York Program [EB/OL]. (2017-02-01)[2021-12-13]. https://www. publishersweekly. com/pw/by-topic/industry-news/publisher-news/article/72660-nyc-announces-one-book-one-new-york-program. html.

4. 开放文化项目

纽约市开放文化项目(NYC Open Culture)[①]是由纽约市媒体和娱乐部、纽约市长全市项目合作与管理办公室、纽约市文化事务部共同举办的一项大型文化项目。项目发起于 2021 年 3 月 1 日,于 2022 年 3 月 31 日结束。纽约市符合相关规定的艺术、文化机构以及娱乐场所均可以申请该项目,在全市约 200 个社区街道、广场、公园中开展各类文化艺术表演活动。申请机构包括但不限于博物馆、表演俱乐部、舞蹈团、音乐厅、剧院等,一个机构每月最多可申请四次活动,单次申请费为 20 美元,一次活动可以持续几天,举办地点由纽约市交通部确定,并按先到先得的顺序举办活动。活动举办期间,举办地附近的街道将临时封闭,对于活动参加人数以及场地规划、设施设备、饮食安全、清洁卫生、噪声释放等都有具体的规定和标准。[②]

[①] NYC Mayor's Office of Media and Entertainment. NYC Open Culture Program Resources [EB/OL]. [2021-12-13]. https://www1.nyc.gov/site/mome/industries/open-culture.page.

[②] NYC Citywide Event Coordination and Management. Open Culture Guidelines [EB/OL]. [2021-12-13]. https://www1.nyc.gov/site/cecm/cultural-events/guidelines.page.

第六章

英 国 伦 敦

"大伦敦"(Great London,简称伦敦)由伦敦城(City of London)及32个自治区(Borough)组成,伦敦城及其周围13个区被称为"内伦敦",其余19个区则为"外伦敦"。"大伦敦"总面积近1580平方千米,地区人口达900余万。① 伦敦是英国第一大城市和第一大港,文化气息浓厚丰富。

伦敦政府非常重视公共文化服务建设。当地拥有丰富的文化基础设施,除了文物古迹、历史名胜外,还有众多世界知名的博物馆、美术馆、剧院、大学等文化教育机构。尽管仍存在地区发展不平衡的问题,但伦敦政府一直以来都坚持公共文化服务的公平性和有效性,保障各种群体都能享受到相对公平的公共文化服务,强调"机会平等",近年更是通过开展"伦敦文化区"(London Culture Borough)评选等手段促进具有地方特色的文化活动的开展。② 而文化创意产业更是伦敦一张闪亮的"国际名片"。人才是文化创意产业的根本支撑,伦敦政府通过教育、技能培训的方式帮助不同背景的人才成长,创造就业机会,并以开放的理念吸引全球的优秀人才。以上种种共同塑造了这座城市的文化实力,巩固

---

① Greater London Authority. London Area Profiles [EB/OL]. [2021-02-19]. https://data.london.gov.uk/london-area-profiles/.
② Greater London Authority. London Borough of Culture [EB/OL]. [2022-06-04]. https://www.london.gov.uk/what-we-do/arts-and-culture/current-culture-projects/london-borough-culture/london-borough-culture#acc-i-57237.

了其在世界文化版图中的重要地位。

一 城市文化管理

(一) 文化管理职责

英国目前建立的二级文化管理体制分为中央政府和地方政府两级:中央政府设有数字、文化、媒体和体育部(Department for Digital, Culture, Media & Sport, DCMS),统管有关文化方面的总体规划、政策制度、文化监管、编制文化预算等。数字、文化、媒体和体育部侧重制定文化政策、对文化发展提供经费支持等宏观管理,不直接干预文化单位以及地方政府行使具体的文化事务管理,即"不能不管、不能多管"的"一臂之距"(one arm's length)管理模式。英国的地方政府在文化管理方面担负着较多的职责,负责分管区域内的文化规划、政策制度、筹措文化经费。

伦敦实行两级政府管理,伦敦市和各自治区之间权责划分明确。就文化资助而言,伦敦市政府尽管没有法律上的义务在财政上必须支持公共文化,但伦敦市政府仍会资助剧院、音乐厅、艺术中心,向艺术家和艺术单位拨款,资助图书馆、博物馆和美术馆。当然,地方文化机构还可以申请国家层面的拨款。同时,伦敦市政府资助了一系列具有重要意义和创造性的文化活动,例如青少年音乐教育、阿拉纳月球时钟计划。伦敦市政府号召市民踊跃地参加居住地社区举办的文化活动,也会对社区举办的重点文化活动予以联合支持。[1] 此外,伦敦市政府非常重视各文化机构之间的协调合作,以及文化机构与非文化机构之间的协调合作。

由于一些文化设施面临关闭的危险,伦敦政府于 2016 年成立文化风险办公室(Culture at Risk Office),提升了市长利用其权力保护文化的可能性。[2] 该办公室与企业及建筑所有者合作,共同抵御商业风险,通过市长的"复兴资金"为有需要的项目提供帮助,并为那些申请登录的古建筑[3]提供支持。在其成立的第

---

[1] 王天铮. 解析伦敦市政府公共文化管理模式[EB/OL]. (2011-08-25)[2021-04-21]. https://www.chinanews.com.cn/cul/2011/08-25/3284222.shtml.

[2] Greater London Authority. Culture and Community Spaces at Risk [EB/OL]. [2022-04-21]. https://www.london.gov.uk/what-we-do/arts-and-culture/cultural-infrastructure-toolbox/culture-and-community-spaces-risk.

[3] 在英国,列为法定保护的建筑物称为"登录建筑"(listed building),是指具有特殊建筑艺术价值或历史价值,其特征和面貌值得保存的建筑物。

一年,文化风险办公室已经帮助了200多个文化空间,并在支持和保护一些备受瞩目的案例方面发挥了重要作用。①

(二) 文化发展战略

伦敦文化事业的繁荣既受益于英国中央政府的宏观发展战略②,也与其地方政府的努力有关。20世纪90年代以来,伦敦政府制定了一系列文化战略,推动这座城市成为全球文化创意中心。伦敦将文化重新定位为城市发展中的优先事项,并将文化嵌入城市规划、城市复兴、经济发展、环境建设和社会治理等各类政策。文化建设中的重点是让公众更广泛地参与,采取措施鼓励尽可能多的人参加文化活动。伦敦从2004年起先后发布的四份文化战略如下(表6-1):

表6-1 伦敦发布的四份文化战略

序号	发布时间	名称	主要内容
1	2004.4	《伦敦文化之都:实现世界级城市的潜力》(London cultural capital: Realising the Potential of a World-Class City)	第一份集中探讨伦敦文化战略的指导性文件,提出"卓越、创造、参与、价值"四点口号,提供了方向性的规划
2	2010.11	《市长文化战略》(The Mayor's Cultural Strategy)	确认文化与创意对于保持伦敦国际都市地位的重要性
3	2014.3	《2014文化都市:伦敦市长的文化战略》(Cultural Metropolis 2014: The Mayor's Cultural Strategy for London)	再次重申伦敦保持世界一流文化都市地位的核心要求,进一步指出伦敦城市文化发展的基本方向,包括在教育、技能、基础设施、环境和公共空间等方面的持续完善
4	2018.12	《面向所有伦敦人的文化:伦敦市长的文化战略》(Culture for all Londoner: Mayor of London's Cultures Strategy)	提出了"热爱伦敦""文化与优质增长""富有创造力的伦敦人""世界城市"4个核心愿景

除此之外,在2008年的《伦敦:文化审计》(London: A cultural Audit)报告中首次对其文化基础设施和文化消费进行了数据分析③,旨在为伦敦市长文化

---

① World Cities Culture Forum. Culture at Risk Office [EB/OL]. [2022-04-21]. http://www.worldcitiescultureforum.com/case_studies/culture-at-risk-office.
② 曹德明. 欧美文化政策研究[M]. 北京:时事出版社,2015。
③ 上海图书馆(上海科学技术情报研究所). 伦敦发展署报告:全球五大都市文化魅力比较[EB/OL]. [2022-04-21]. http://www.istis.sh.cn/list/list.aspx?id=5124。

发展战略提供参照。

而在其最新的《2018 文化发展战略》中,伦敦政府提出了以下 4 个核心愿景:爱伦敦——意在通过举办地方文化竞赛、加大社区文化资金投入等举措支持相关的文化艺术,让更多人在家门口体验和创造文化,提升市民参与度,增强社区文化凝聚力;文化与优质增长——意在通过资金扶持保障一些文化创意活动能够在伦敦城内集聚并得以延续,保护相关产业从业者的生存空间;富有创造力的伦敦人——意在帮助具有不同背景的创意人才成长,通过教育、技能培训等方式培养创意人才,提供平等的、多样化的创意产业从业机会;世界城市——当今和未来的全球创意发电站,意在通过文化活动促进创意产业发展,吸引国际人才,并且加强伦敦与全球其他文化之都的联系,共同应对文化产业发展的挑战。提出的具体策略包括:博物馆"家族"计划、保护现有文化设施、增加创意产业就业机会、倡议发展夜间经济等。[1]

除了专门的文化发展战略外,伦敦也将其文化发展措施融入城市的整体规划。在最新的 2021 版《大伦敦规划》中提出了多项新政来发展和保护城市的文化和遗产,例如要求建筑开发商对建筑进行必要的隔音处理或支付隔音费用,以确保相关场地适用于相关文化活动的同时不影响周边住户。同时,伦敦政府鼓励和支持发展新的创意园区,措施包括对扎根于此的艺术家和创意企业提供资金支持和税收减免,试图留住和吸引艺术家在城市新区创业,从而激发"文化"对伦敦经济发展的促进作用。[2] 此外,伦敦政府还联合伦敦大学学院、萨德勒威尔斯剧院、英国广播公司、伦敦时装学院、史密森学会和维多利亚与艾伯特博物馆等多个机构打造文化区,并试图以此带动附近社区参与文化事业,增强社会整体文化活力。[3]

(三) 文化创意产业

英国是世界上第一个提出"创意产业"概念的国家,也是率先利用公共政策推动文化创意产业发展的国家。伦敦作为英国文化创意发展战略中的核心城

---

[1] Greater London Authority. Culture for all Londoners [EB/OL]. [2022-04-21]. https://www.london.gov.uk/sites/default/files/2018_culture_strategy_exec_summary_final_1.pdf.
[2] Greater London Authority. London Plan 2021 [EB/OL]. [2022-04-21]. https://www.london.gov.uk/sites/default/files/the_london_plan_2021.pdf.
[3] Greater London Authority. London infrastructure plan [EB/OL]. [2022-04-21]. https://www.london.gov.uk/sites/default/files/cultural_infrastructure_plan_online.pdf.

市,已成为世界文化创意中心之一。

伦敦目前的文创产业具体包括:广告与营销、建筑、手工艺、设计、电影、电视、广播和摄影、信息技术、软件和计算机服务、出版、博物馆、美术馆、图书馆、音乐、表演和视觉艺术行业。它们是城市经济重要的发展动力,不仅提供了大量就业岗位,还通过与旅游业的互惠互利为伦敦带来许多游客,从而带来更显著的溢出效益。2019年,伦敦的创意产业对该地经济的贡献为13.0%[1],创意产业就业人数达72.6万。[2] 从地理位置分布而言,伦敦创意产业具有鲜明的集群分布特征,内伦敦的密度最高。目前,苏活区、东伦敦科技城、希斯罗机场和西部走廊、伦敦西区均是重要的文创产业集聚区。[3]

二 城市文化空间

(一) 文化基础设施

伦敦的城市文化轴线是泰晤士河,在沿河500米内分布了大量创意工作空间、社区中心、舞蹈和戏剧排练表演场地、美术馆、音乐工作室。伦敦政府有意识地打造泰晤士河文化带,建设城市品牌。以泰晤士河为中轴,伦敦城区两岸区域被划分为5个风格有别、主题各异的文化景观保护开发区(段),并通过泰晤士河滨水空间这一"纽带"将它们连接起来,形成完整的公共空间与景观系统,同时积极探索泰晤士河两岸文化建设的策略,由大伦敦管理局和伦敦港务局发布的《泰晤士河文化愿景案例2019》[4],阐明了如何利用泰晤士河的潜力来改变伦敦的文化生活。在公共空间方面,泰晤士河两岸分布着为数众多的城市公园、城市绿地、城市雕塑、城市主题广场,并不宽敞的街巷错落有致,生活气息浓郁。通过有

---

[1] Department for Digital, Culture, Media & Sport. DCMS Sectors Economic Estimates 2019: Regional GVA-Headline [EB/OL]. (2021-08-26) [2022-06-04]. https://www.gov.uk/government/statistics/dcms-sectors-economic-estimates-2019-regional-gva/dcms-sectors-economic-estimates-2019-regional-gva-headline-release.

[2] Department for Digital, Culture, Media & Sport. DCMS Sector Economic Estimates: Employment Oct 2019-Sep 2020 [EB/OL]. (2021-01-21) [2022-06-04]. https://www.gov.uk/government/statistics/dcms-sector-economic-estimates-employment-oct-2019-sep-2020.

[3] 钟婷,施雯,等. 文化创意产业20年[M]. 上海:上海科学技术文献出版社,2018。

[4] The case for a River Thames cultural vision [EB/OL]. (2019-09-24) [2022-04-21]. https://www.london.gov.uk/what-we-do/arts-and-culture/arts-and-culture-publications/case-river-thames-cultural-vision.

效利用建筑前私有空间构建连续的公共空间,保证了较高开放度,同时设置大量外摆的商业体、住宅广场、凉亭等公共空间节点,将泰晤士河沿岸打造成为邻里间聚会交流的场所,营造强烈的社区氛围。[1]

伦敦 2019 年发布的《文化基础设施规划》中,将文化基础设施定义为:文化消费和生产的建筑物和场所。前者例如图书馆、博物馆、美术馆、剧院等,后者例如创意工作场所、表演艺术的排练场地、影视工作室等。伦敦政府认为这些文化基础设施可在以下方面发挥作用:支持当地文化和身份,有利于就业和商业,使伦敦成为世界旅游目的地。由于土地价格升高、许可限制等现实压力,伦敦政府提出 7 项举措,其中之一就是创建伦敦文化基础设施地图。[2] 该地图提供了文化基础设施的位置和分布,便于各利益相关者在决策前了解这些文化基础设施的情况,类型涵盖电影院、剧院、博物馆、公共美术馆、图书馆等 37 个类别(表 6-2),并可以通过该地图进一步筛选查看某自治区的某类文化基础设施的数量和分布。基于数据和地图可视化的结果,可以发现伦敦的博物馆、剧院、美术馆等文化设施、历史遗迹均聚集在城市中心核心区,而图书馆、社区则呈现分散式分布。

表 6-2 伦敦文化基础设施数量统计

序号	类别	数量/个
1	档案馆	557
2	艺术家工作空间	240
3	艺术中心	26
4	电影院	116
5	商业/私人画廊	306
6	社区中心	903
7	创意联合办公空间	50
8	创意工作空间	84
9	舞蹈表演场馆	189

---

[1] 北京规划自然资源."共筑京彩——经典建筑设计"系列讲座 徐聪艺|世界超大城市公共空间的营造与更新[EB/OL].(2021-07-20)[2022-06-16]. https://www.sohu.com/a/478615398_121106842.
[2] Greater London Authority. London infrastructure plan [EB/OL]. [2022-04-21]. https://www.london.gov.uk/sites/default/files/cultural_infrastructure_plan_online.pdf.

续表

序号	类别	数量/个
10	舞蹈排练室	265
11	时装设计和制造空间	158
12	濒危（文化）遗产	745
13	珠宝设计和制造空间	320
14	大型媒体制作工作室	5
15	合法的街头艺术墙	6
16	特殊人群＋夜间活动场所	75
17	图书馆	342
18	登记的老建筑	10 000
19	艺术家生活工作空间	8
20	创客空间	74
21	创意产业制造和生产空间	43
22	博物馆和公共画廊	163
23	音乐办公空间	304
24	音乐录音棚	71
25	音乐排练室	79
26	音乐场馆	797
27	基层音乐场馆	100
28	户外文化空间	17
29	道具和服装制作空间	53
30	酒吧	4 098
31	法定古迹	208
32	布景和展览设计和建造空间	46
33	滑板公园	50
34	纺织品设计和整理服务空间	81
35	剧院排练室	118
36	剧院	264

注：根据 Cultural Infrastructure Map[①] 网站数据汇总整理，数据截至 2022 年 4 月。

① https://www.london.gov.uk/what-we-do/arts-and-culture/cultural-infrastructure-toolbox/cultural-infrastructure-map.

除了文化消费空间外,伦敦政府也注重文化生产空间的建设。为了保护伦敦的创意产业并支持艺术家和企业家,为其提供平价的工作空间,也为伦敦本地群众提供更多的就业和培训机会,2018年,伦敦市市长宣布首个创意园区(Creative Enterprise Zone)计划,通过创造长期可负担的工作空间,提供业务支持和帮助发展重要技能,支持艺术家、自由职业者和小型创意企业蓬勃发展。首轮设立的创意园区分别位于兰博斯(Lambeth)、克里登(Croydon)、豪恩斯洛(Hounslow)、刘易舍姆(Lewisham)、哈林盖(Haringey)、哈克尼(Hackney)。这些新设立的"创意园区"聚焦于创意萌芽区域,突破行政区划,利用会议中心、剧院、图书馆形成集聚平台。开发主体上,由地方市镇政府、私营投资部门和非营利组织共同形成董事会,将创意产业者的权利进一步扩大。各自治市负责在其地方计划中定义这些区域,并制定政策以提供行业所需的工作空间、生活配套和经济适用住宅。[①]

(二) 中央活动区

伦敦是典型的单中心放射型发展的城市。2004年,大伦敦空间战略规划首次提出了中央活动区(Central Activity Zone,简称CAZ)的概念。中央活动区是一个多功能融合的城市公共活动区域,包括面向全球的金融和商务中心、独特的建成环境和文化遗产、全球性购物和旅游目的地、战略性文化和国际会展功能等,拥有法律、医学、学术、政府和公共机构等各种机构,是"全球城市"功能的核心承载区。

从空间上看,伦敦的核心区圈层包括两部分:一部分是以伦敦金融城和西敏区为中心向外延伸的老城区部分,也是狭义上的CAZ范围;另一部分则是伦敦金融城中心以东5千米的狗岛北部(Northern Isle of Dogs,NIOD),金丝雀码头(Canary Wharf)即在这一地区。[②] 从功能上看,CAZ包含了伦敦的所有战略功能,其拥有学术、艺术、文化、娱乐、教育、法律和行政功能的集群,这些集群的分布总体也呈现高强度的向心集聚性,在中央活动区形成以伦敦西区和金融城为核心的热点区域(表6-3)。

---

① 王冲. 演变与转型——伦敦文创产业如何适应"城市文化复兴"[J]. 山东工艺美术学院学报,2020(3):57—65.
② Greater London Authority. London Plan 2021[EB/OL]. [2022-04-21]. https://www.london.gov.uk/sites/default/files/the_london_plan_2021.pdf .

表 6-3 伦敦 CAZ 的集聚区

序号	名称	类型
1	西区（包括苏活区/考文特花园）	文化
2	南岸、河岸和伦敦桥	文化
3	皇家阿尔伯特·海尔/南肯辛顿博物馆	文化
4	肖尔迪奇	文化
5	巴比肯/史密斯菲尔德/法灵顿	文化
6	国王十字车站	文化
7	安吉尔/萨德勒井	文化
8	伦敦大学学院/伦敦大学	学术
9	南岸大学	学术
10	伦敦政治经济学院/伦敦大学国王学院	学术
11	哈莱街	健康
12	大学学院医院	健康
13	大奥蒙德街医院	健康
14	伦敦大学国王学院盖伊校区	行政
15	弗朗西斯·克里克研究所	健康
16	圣玛丽医院集群	健康
17	圣托马斯医院	健康
18	登录的老建筑	法律
19	皇家宫殿、威斯敏斯特宫和白厅	行政

三 文化集聚区案例

《大伦敦发展规划 2021》对文化区（Cultural Quarters）的定义是：由具地方特色的文化（或相关用途的）设施、场地构成的集群，并提出应确定并设立新的文化区，或推动已有文化区继续发展，特别是为地方复兴和城市中心更新提供重要基础的文化区。可以看出，当地政府对于文化区的定义突出了其地方空间特征，并强调其对地区经济和社会发展的作用。目前伦敦成熟的文化区都位于 CAZ。

（一）文化英里

文化英里（Culture Mile）位于伦敦广场西北角，从西部的法灵顿延伸到东部的摩尔门，该文化区的 5 个创始合作伙伴分别是伦敦金融城公司、巴比肯艺术中心、市政厅音乐戏剧学院、伦敦交响乐团和伦敦博物馆。① 文化区旨在确保来自弱势社区的年轻人和成年人能够获得高质量的文化体验,发展成功的技能;与伦敦其他自治区密切合作,真正向人们提供改变生活的机会;开发物理和数字基础设施,使人们能够获得文化体验。

文化英里的主要文化机构包括伦敦博物馆、弥尔顿法院音乐厅、市政厅音乐和戏剧学院、巴比肯艺术中心等。

伦敦博物馆。 2022年2月10日,伦敦博物馆宣布其搬迁到西史密斯菲尔德的计划将于该年年底开始。位于伦敦金融城的西史密斯菲尔德的博物馆新址占地约25 000平方米,该计划受益于伦敦金融城公司的1.1亿英镑资金和伦敦市长的8000万英镑资金。新博物馆的目标是扩大其参观人数,期待将参观人数从100万增加到200多万;展示其丰富的600多万件藏品,在8 000平方米的永久画廊空间和1 500平方米的临时展览空间中,讲述伦敦2000年的故事。这个雄心勃勃的项目将为伦敦和伦敦人带来巨大的经济和社会效益,包括提供伦敦各地的实习机会和大约1 700个新工作岗位。在西史密斯菲尔德建立一个新博物馆将大大有助于史密斯菲尔德地区的持续复兴,并充分利用法灵顿新横贯铁路站提供的机会。

巴比肯艺术中心。 巴比肯艺术中心是世界一流的艺术与教育中心,推动了包括舞蹈、电影、音乐、戏剧和视觉艺术在内的所有主要艺术形式的发展。创意学习项目是巴比肯艺术中心的重要支撑。该中心于1982年开业,建筑颇有特色,拥有巴比肯音乐厅、巴比肯剧院、毕特剧院、三家电影院、巴比肯艺术画廊、曲线画廊、公共空间、图书馆、湖畔平台、温室花园、会议设施和三家餐厅。该中心是众多乐团的驻地,其中常驻交响乐团为伦敦交响乐团,合作交响乐团为英国广播公司交响乐团,合作乐团为英国古乐学会乐团和布里顿交响乐团等。

弥尔顿法庭音乐厅。 该音乐厅包括一个608个座位的音乐厅和两个剧院、三个排练室。无论是对于独奏、室内合奏、合唱、室内管弦乐还是爵士乐表演,该音乐厅都是一个理想的演出场所。音乐厅的墙面经精心设计,并通过严格的声学测试,确保每一面墙都提供均匀、分散的反射,最大限度保证演出的声学效果。此外,音乐厅还拥有自动舞台扩展系统,可以实现从排练到公共演出不同需求的

---

① Culture Mile. What is Culture Mile [EB/OL]. [2022-04-21]. https://www.culturemile.london/about.

迅速切换。

文化英里还在该地区及周边地区发展了一个由 29 个组织组成的广泛网络，将在实现其雄心壮志方面发挥关键作用。这些合作伙伴将共同致力于改造该地区，为伦敦金融城带来持续变化的新面貌。

（二）南肯辛顿区文化区

南肯辛顿（South Kensington）是伦敦市中心偏西部肯辛顿-切尔西区中的一个地区。1851 年英国的万国博览会举办地海德公园，在世博会之后对于临时搭建或永久修建的场馆充分利用，经过逐年建设后，形成一个博物馆群体。1852 年 9 月维多利亚与艾伯特博物馆的前身装饰艺术馆已经开放。如今的海德公园周边除了展览会大道两侧的维多利亚与艾伯特博物馆、美国自然历史博物馆、科学博物馆外，还汇集了皇家阿尔伯特音乐厅、皇家音乐学院等文化机构。[①]

2012 年伦敦奥运会前，在时任自治市副区长的组织下，博览会路完成了一次成功的共享街道改造。经过改造，博览会路通过统一的地面铺装，复古的路灯、街道家具等，营造了统一且和谐的文化氛围；同时，还通过限速与人车合流，打造人车和谐同行的交通氛围；最后，还通过设立许多盲文标牌、有声红绿灯等设施，确保各类残障人士能够无障碍通行。经过一系列的改造，人们文化体验的整体感与便捷性获得了极大加强，更加人性化的空间接口为文化区吸引了更多访客。[②]

表 6-4　南肯辛顿文化区的文化机构

序号	名　　称
1	自然博物馆
2	科学博物馆
3	维多利亚与阿尔伯特博物馆
4	皇家阿尔伯特音乐厅
5	伦敦帝国理工学院

---

① South Kensington. Discover South Kensington［EB/OL］.［2022-04-21］. https://www.discoversouthken.com/media/discover_south_kensington_leaflet.pdf.
② 华高莱斯. 照耀众生的盛世荣光——伦敦南肯辛顿文化区［EB/OL］.（2019-06-03）［2022-04-21］. https://www.sohu.com/a/318247749_120168591.

续表

序号	名称
6	皇家音乐学院
7	歌德学院
8	法国研究所
9	肯辛顿宫
10	皇家地理学会
11	蛇形画廊
12	皇家公园
13	设计博物馆
14	伊斯玛仪中心
15	波兰文化俱乐部

（三）伦敦南岸

从1944年《大伦敦规划》将伦敦南岸中心地区定位为文化区开始，伴随20世纪60年代皇家节日音乐厅东侧新建筑群落成，南岸（South Bank）已成为当地最具标志性的文化中心。改造前的伦敦泰晤士河南岸地区，是19世纪末发展起来的一个以发电厂为主的旧工业区。为了优化城市环境，政府把作为伦敦地标性建筑的发电厂废弃。但由于地处泰晤士河边的中心地理优势，以及附近快捷便利的地铁干线，废弃的发电厂被作为廉价的仓库，吸引了大量移民艺术家和工匠，他们将这里作为生活和创作的聚集地。从1995年开始，伦敦政府通过对河岸电厂的再生设计又开发出伦敦南岸一系列世界顶级的文化设施，如设计公司OXO塔楼的改造项目；占地3 000平方米超具现实主义风格的达利作品纪念馆改造等。南岸的设计振兴计划将这一区域变成了一个艺术文化特区，现在的南岸艺术区，除了宽敞的河堤散步道、码头、伊丽莎白国家剧院内的展览和自娱自乐节目，日益增多的办公室、小剧场、电影院、画廊、餐厅、咖啡馆、酒吧等，又新建了很多标志性的建筑，如"伦敦眼""千禧桥"等。[①]

沿着泰晤士河岸，世界三大现代艺术展览馆之一的泰特现代美术馆、英国艺

[①] 徐敏.城市建设和工业遗迹的改造与利用——伦敦泰晤士河南岸的再生设计[J].南京艺术学院学报：美术与设计，2008(6)：124—126.

术节中心、莎士比亚环球剧场以及英国最知名的两大剧院新维克、老维克,还有英国国家剧院均坐落在此。泰特现代美术馆是英国国家国际现代艺术博物馆,这座建筑物的前身是一座发电站,1981年发电站停止运作,后来由瑞士建筑师雅克·赫尔佐格(Jacques Herzog)和皮埃尔·德·梅隆(Pierre de Meuron)改建成一座博物馆并于2000年正式开放。与传统的美术馆不同,泰特现代美术馆并未按年代编排方式陈列艺术品,而是把艺术品分成"历史-记忆-社会、裸体人像-行动-身体、风景-材料-环境、静物-实物-真实的生活"四大类。美术馆专门收藏20世纪以来的现当代艺术作品,其中毕加索、马蒂斯、蒙德里安、达利等的作品最为有名。①

按照空间的使用,目前南岸中心的经营内容大体分为:全空间的艺术节、单一剧场或画廊的演出或展览,以及利用公共空间的项目以及观众参与类活动。剧场演出定位为古典乐与现当代表演艺术,画廊则主打当代艺术展览,这些优质的展览内容为南岸中心打造艺术文化目的地奠定了坚实基础。此外,南岸中心推出了丰富的公共参与性内容,全年进行各种免费或者收费的参与性活动,有乐团每周在这里定期排练和演出。为了营造整个场地的艺术氛围,吸引更多人前来,南岸中心安排专门的场地设计部门负责场地的包装、临时展览的设计等工作。如2017年策划了北欧文化主题活动,冬季在屋顶花园做北欧桑拿、在路边用充气的冰屋做烛光餐厅、在大厅做展览等。②

四 新冠疫情下的文化创新服务

2020年9月至2021年2月,英国研究与创新部门(UK Research and Innovation)的艺术和人文研究委员会(Arts and Humanities Research Council)与英国数字、文化、媒体和体育部合作设立了一个名为"无限创造力"(Boundless Creativity)的项目。该项目研究了新冠疫情期间,"创新"在塑造文化体验中的作用,并为英国文化和创意部门的复苏、更新和未来发展提供新的依据。为促进英国文化和创意部门在新冠疫情后恢复和可持续增长,该项目报告中提出了九

---

① 宋爽.泰特现代美术馆20年:艺不惊人死不休[EB/OL].(2020-09-14)[2022-04-21]. https://www.thepaper.cn/newsDetail_forward_9168949。
② 中国文化报.英国伦敦南岸中心:用艺术节作为核心内容的文化"目的地"[EB/OL].(2020-01-10)[2022-04-21]. http://culture.workercn.cn/32872/202001/10/200110151225595.shtml。

项政策建议,具体包括:支持新的跨部门合作的研发;服务更多全球观众;重塑政策环境,振兴创意研发;拓宽面向生产者和消费者的数字渠道;增加数据共享;支持未来的现场演出;建立强大、有韧性和多样化的数字技能基础;加强文化服务与健康和福祉之间的联系;多样化和培养人才。[1]

对于伦敦部分文化服务机构而言,已通过积极转变文化服务的模式,并在服务全球观众,支持未来现场演出以及增加文化活动和健康的关系方面有了实践。

(一) 老维克剧院(Old Vic)

向数字化的转变,为传统上依赖物理空间的内容制作者提供了线上服务观众的机会。在全球范围内实施的社交距离限制,让人们待在家里的时间变长了,这让人们不断渴望新的数字内容。伦敦的老维克剧院选择维持社交距离下制作新的演出内容。从邓肯·麦克米伦与克莱尔·福伊和马特·史密斯的《肺》(*Lungs*)开始,接着是史蒂文·贝雷斯福德的《三个国王》(*Three Kings*)的全球首映,这些节目在空无一人的礼堂上演,在老维克的舞台上直播。类似的表演制作计划持续到2021年3月。他们的目标是复制每晚1 000人的观众规模,票价体系类似于线下演出的付费模式。《肺》和《三个国王》产生了25 000次付费观看,总共实现了65万英镑的门票收入。但这些收入大约只是老维克剧院商演预计收入的三分之一。线上观影的观众来自60多个国家,年龄分布广泛,并没有特别出现年轻或年长者分布更多的情况。无论如何,线上演出的形式使得老维克能够继续雇用自由职业者,保持与观众的联系,并提供其重要的收入来源。

(二) 尼马克斯剧院(Nimax Theatre)

尼马克斯剧院在伦敦西区的中心拥有六个演出场所。新冠疫情期间,他们决定尽快重新开业,以便收回成本并帮助支持工作人员的就业。他们投资开发了一种座位算法,以实现社交距离准则内最大化门票分配,从而将座位容量从30%提高到50%。到达前48小时,观众在出票前完成健康问卷。所有的售票都是无接触的,并控制入场时间以确保不用排队。从实际情况看,观众对线下演出的需求量很大,大多数节目在门票发售后几小时内就售罄。

---

[1] Department for Digital, Culture, Media & Sport, Arts and Humanities Research Council. Boundless Creativity report [EB/OL]. (2021-07-23) [2022-04-21]. https://www.gov.uk/government/publications/boundless-creativity-report.

(三) 心灵艺术 (Entelechy Arts)

心灵艺术是一家总部位于伦敦东南部勒威萨姆区的慈善机构,其项目打破了艺术、创造力、关怀、福祉和社区之间的原有界限。新冠疫情期间,该机构通过电话、邮政和一些数字形式继续服务其社区居民,其中包括老年人、残障人士和护理院的居民。这需要工作人员提供重要的额外支持,并使用合适的技术实现。该方案是在与他们的社区协商完成的,确保了项目的影响力和趣味性。该机构在德普福德的奥尔巴尼剧院每周开设一次广播节目,由其成员主持并参与节目内容制作。该机构还与艺术家合作,定期以电话的形式提供诗歌朗诵等服务,还举办在线工作坊,并为那些感到孤独的人群送出了手写和声音形式的信件和 250 个创意盒子(礼物)。未来,心灵艺术将吸取已有经验并考虑混合工作模式,包括开发在线形式的节目,以服务那些难以通过线下方式参与的人群。

第七章

法 国 巴 黎

巴黎市,也称为"小巴黎",总面积为105平方千米,人口数量216万。① 随着跨城交通的发展和经济结构的调整,巴黎市与相邻省份之间形成了频繁的人口通勤与紧密的社会经济文化合作,以至于有很多研究将视角锁定在"大巴黎"层面上,即总面积为12 011平方千米的巴黎大区(Ile-de-France),它由巴黎市及与之接壤的近郊三省(92省、93省、94省)和远郊四省(77省、78省、91省、95省)组成。巴黎作为一座文化底蕴浓厚的国际大都市,始终强调让多样化的文化遍布全城且让全民可获得、可共享的发展理念。也因此,巴黎的文化场所与文化服务基本是均匀覆盖全城的,但随着近年来的创新性发展,它们的整体分布也呈现出新旧文化场域错落集聚的格局。位于巴黎市中心的文化地标往往与周边历史文化遗迹互相嵌套;与近郊省份相邻的外围区域则萌发出更多具有创新性功能的综合性文化集聚区。新旧交辉,越发赋予巴黎一种生机勃勃却又不乏厚重感的文化氛围。

---

① APUR. 2,165,423 inhabitants in Paris on 1st January 2019 [EB/OL] (2022-01-01) [2022-03-15]. https://www.apur.org/en/our-works/2-165-423-inhabitants-paris-1st-january-2019.

一 文化施政概要

(一) 文化管理框架

巴黎的文化管理部门主要涉及三个市政部门(图7-1):第一是文化事务部(DAC),具体包括三个处室:(1)艺术教育和业余实践处,负责管理大部分受市财政资助的公共文化设施;(2)艺术创作处,负责资助文化企业与项目;(3)遗产和历史处,负责管理所有的巴黎遗产。另外还有一个支持性服务处,专门服务电影产业、筹划文化活动,同时管理巴黎市档案馆。第二是吸引力和就业部(DAE),通过在全市构建孵化器、创新平台等方式推动创意产业的发展,关注的是就业和经济效益。第三,巴黎公共博物馆联合会(EPPM),由政府代表、博物馆馆长代表和文化企业代表共同组成,负责管理14家市立的博物馆。

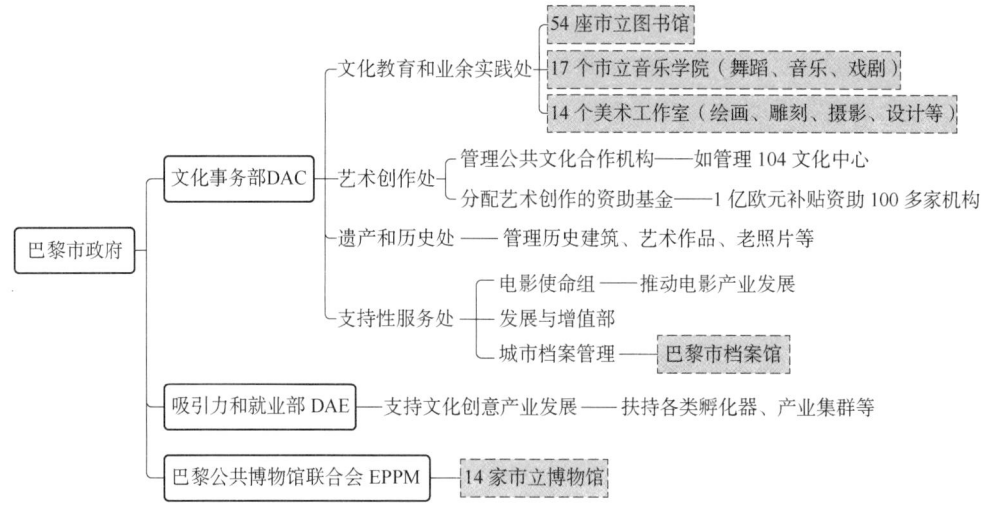

图7-1 巴黎市文化管理框架

(二) 文化发展政策

作为首都城市,巴黎的文化政策一直受到国家和地方层面的双重影响。

在国家层面,法国文化部强调平等、独立与多样性三大原则。平等,强调文化是每个公民应该拥有的基本权利,任何一种力量都不能对文化资源实施垄断。独立,指的是保护本国的文化不被其他文化侵袭,秉持这一精神法国提出了"文化例外"原则,强调文化产品不得被列入一般性服务贸易范畴,主张由国家支持民族文化的创造与生产。多样性,则是以尊重差异、多元包容的理念来抵制全球化背景下的"文化标准化"威胁。

作为"全球城市"的巴黎,在地方层面对待文化的态度是在充分尊重地方与历史文化的基础上,积极鼓励艺术创作以提升文化竞争力。2020年9月,巴黎市分管文化领域的副市长卡琳·罗兰发布了《巴黎市文化政策2020—2026》[①],再次强调了要让"文化成为所有巴黎人都能获得的基本权利",文化应成为加强凝聚力、促进分享力、提升创造力的重要基石。为此,巴黎提出了四个方面的具体举措:

1. 让文化无处不在,让文化拥抱所有人

巴黎已经存在许多文化设施,但希望通过建设新的基础设施来继续扩大文化设施在全市范围内的均匀覆盖。巴黎正在着手创建的文化设施包括:一座城市剧院;继续翻新博物馆;创建在线网站,通过巴黎市政府所拥有的收藏品追溯巴黎历史;对市级文化保护区进行价值提升;创建巴黎档案馆分馆;在13区、14区、19区和20区开设新的图书馆等。

2. 让每个孩子走近艺术,走近文化

城市希望将教育、艺术实践、文化活动和创作融为一体,以确保所有巴黎人的文化生活。艺术和文化教育将在学校推广,为每个孩子建立个性化的文化路径,在整个学校教育过程中保持一致,并最终引导孩子们确立专业或业余选择。为此,巴黎市政府将不断翻新、扩建各区的音乐学院,让更多人可以参与其中。

3. 支持创作,支持创意

巴黎市政府一方面加强对艺术家的支持,特别重视他们的创作和排练场所;还将关注民营文化机构的困境,同时确保公共和私营机构之间的真正互补,特别是通过支持创意经济来加以实现。另一方面,将对市财政预算的拨款分配系统进行改革。巴黎市已邀请文化机构和活动负责人将更多非必要支出再投资于创作、地方和教育活动。响应这一号召的文化机构将被授予"巴黎文化"的统一标签。

4. 文化机构的数字化服务,文化作品的数字化呈现

巴黎博物馆将继续开放内容工作,来自巴黎市博物馆的15万多件藏品已经

[①] Mairie de Paris. Carine Rolland présente la politique culturelle 2020 2026［EB/OL］(2020-09-15)［2022-03-15］. https://presse.paris.fr/pages/19488.

完成了高清的数字化工作。图书馆和档案馆将整合这些数字化馆藏,为人们提供更多元的在线服务。音乐学院将继续研究如何在新冠疫情封锁期间提供线上教学的方法。

二 文化整体生态

(一)公共文化发展

此处将所有直接依靠市政府财政预算运维的机构划归为巴黎的公共文化机构,包括图7-1中虚线框出的54座市立图书馆、17个市立音乐学院、14个美术工作室、14家市立博物馆和1座市级档案馆。[①]

其中,音乐学院(conservatoire)并非学校,而是文化服务机构,为市民提供舞蹈、音乐和戏剧的艺术培训和公益演出。17所音乐学院均匀分布于巴黎各个区,面向5~30岁的年轻人和儿童。舞蹈类的培训包括古典舞、现代舞、爵士舞等;具体的培训项目包括声乐、单簧管、嘻哈舞、踢踏舞、戏剧等。音乐培训包括乐理、声乐、合唱等内容。戏剧课程包括舞台剧表演、戏剧写作、面具制作、木偶艺术、讲故事、形体培训、小丑艺术等。2016年巴黎市政府对音乐学院体系进行了改革,旨在使其成为具有社会属性的儿童之家、干预俱乐部、第二机会学校等,让弱势群体获得接受艺术和文化教育的机会。

美术工作室(ateliers beaux arts)也是如此,它负责为市民提供美学教育,提高公众的美学素养。14个美术工作室分布在巴黎14个区内,尚未做到17个区的全覆盖。美术工作室主要提供两类课程:(1)为上班族或是白天上课的学生开设的夜间培训,内容涉及素描、绘画、雕刻、印刷、雕塑、装置艺术、摄影、3D工作坊、动画电影和漫画、建筑基础、拼贴、艺术史等;(2)帮助18~24岁的青年选择适合他们能力和职业愿景的预备课程,目前有三个可选方向,即建筑学、视觉艺术和动画设计,这类课程需要经过筛选方可选修。

除普适性的免费文化活动外,音乐学院与美术工作室也开设收费性的文化项目,主要包括为期一年的阶段性课程和短期的活动类课程,根据上年度家庭收入采取梯度式收费,费用是较低且合理的。

---

① Mairie de Paris. Ateliers Beaux-arts [EB/OL] (2022-03-28) [2022-03-30]. https://www.paris.fr/pages/les-ateliers-beaux-arts-2123.

(二)文化经济发展

1. 基本经济情况

2017年,巴黎共有199万个工作岗位,占巴黎大区就业总量的31%(631万个),占法国的7.3%(2730万个)。[①]

产业结构上,如图7-2所示,工业为巴黎提供3%的就业,建筑2%,商品性服务业71%,非商品性服务业则占24%。公共行政(9%)、教育(6%)、卫生(5%)和社会工作(4%)合计为这座城市提供了近四分之一的工作岗位。巴黎的商品性服务业占比较之法国其他城市是较高的。在商品性服务业中,专业、科学及技术服务业发展最为强劲,占巴黎市总就业的21%。商业(9%)、餐饮住宿(8%)、金融保险活动(8%)等方面则呈现出均衡发展。

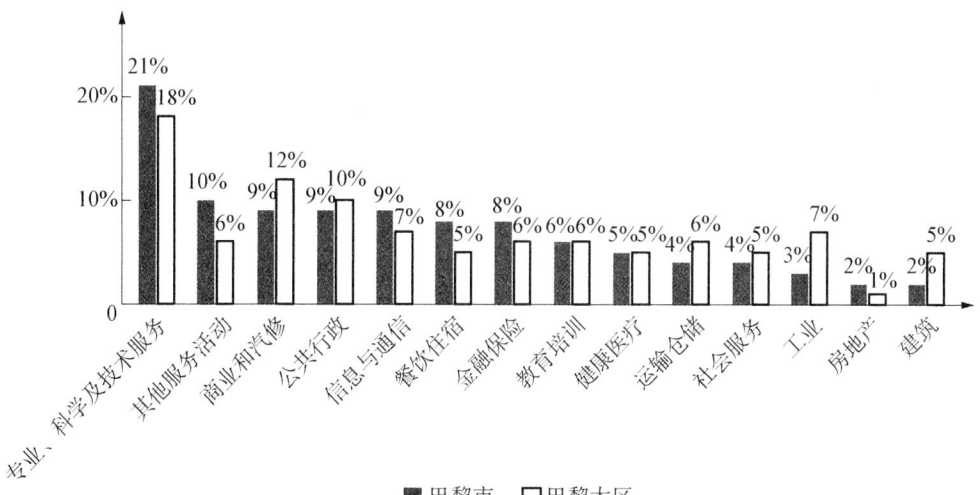

图7-2 2017年巴黎就业分布(按行业)

资料来源:巴黎城市规划研究院。

2. 文化就业情况

如图7-3所示,巴黎文化类就业占总就业的7%。巴黎特别按就业性质统计了从事设计研究、智力服务、管理、文化休闲工作的人群分布。其中,文化和休闲工作岗位共有12.36万个,占巴黎总就业的7%。也就是说,这些岗位可能分布在各个行业内,巴黎是根据2016年人口普查数据归总获得的。

---

① APUR. Éléments d'analyse et de connaissance de l'économie parisienne [EB/OL](2020-07-01)[2022-03-15]. https://www.apur.org/sites/default/files/analyse_connaissance_eco_paris.pdf?token=h4d9aybr.

巴黎是整个巴黎大区的文化核心。相较于21%的管理（商业管理、银行和保险等）、9%的智力服务（咨询、专业知识服务等）而言，文化和休闲类占比并不突出。但值得注意的是，巴黎的文化和休闲工作者占整个巴黎大区同类人群的52%，远超于其他工作者的占比，这意味着，巴黎在文化休闲方面是巴黎大区绝对的中心城市。

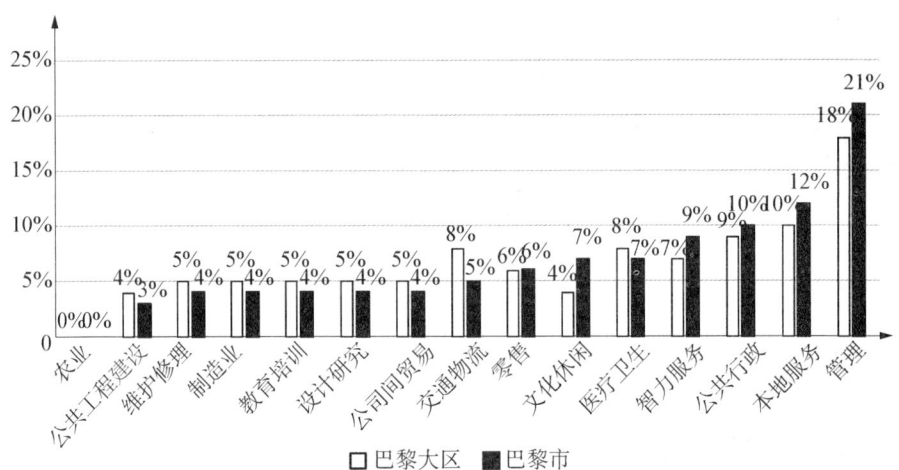

图7-3 2016年巴黎就业分布（按岗位）

资料来源：巴黎城市规划研究院。

注：本地服务指锚定在一定当地空间范围内为满足个人或集体日常生活需求而产生的服务，如大部分存在于社区内的服务岗位。

视听、电影和多媒体工作吸引了最多巴黎文化人才。2016年，从事文化工作的巴黎人中，25%在视听、电影和多媒体领域，18%从事出版工作，15%从事表演，13%为视觉艺术，11%为广告，其他则分布于建筑、文化培训、文化遗产等方面。

三 文化功能布局

（一）文化设施分布

巴黎公共文化设施分布较为均匀。2019年，巴黎市政府上线"文化设施查询"的互动地图，让市民查询邻近的文化设施。如图7-4所示，该图展示了巴黎接受市财政支持的部分公共文化设施的分布，包括市立图书馆、市立音乐学院、市立博物馆、美术工作室等。

· 巴黎公共文化设施

图 7-4 巴黎公共文化设施分布

资料来源：巴黎市政府。

（二）重点功能区域

基于"尊重历史和鼓励创新"的原则，巴黎现已形成两个重点文化功能分区，一是自然生长的"历史内核"地带，位于巴黎中心，其间历史遗迹密布，且伴生大量传统型的文化设施；另一个是"创新C弧"地带，位于巴黎东部外围半圈，是经过政府规划形成的新型功能区，集聚着更多的创新性文化设施。

1. "历史内核"文化地带

工业化时代衰退的内城往往就是历史文化建筑的集聚区域，这些历史遗产为巴黎日后的文化设施集聚提供了空间。经年累月，巴黎中心区内（即合并前的巴黎1—4区）形成了"历史内核"文化地带，北面紧邻塞纳河，南面至里沃利街；西起巴士底广场，东面以协和广场为终点。地带内包括众多不同类型的文化空间，由西至东依次包括巴士底歌剧院、雨果故居、卡纳瓦莱博物馆（Carnavalet）、圣保罗艺术村（Village Saint-Paul）、国际艺术城（Cité Internationale des Arts）、蓬皮杜艺术中心、里沃利街59号文化中心、卢浮宫、国立网球场现代美术馆（Galerie nationale du Jeu de Paume）、橘园美术馆（Musée de l'Orangerie）等。该地带呈现出如下特点：

第一，历史遗迹建筑与现代文化功能相互嵌套。地带内处处是巴黎的历史遗迹，本身充满了文化气息；与此同时，响应文化生活需求的变革，现代文化功能自然而然地进驻历史空间。新内容与老房子相互碰撞，不断为巴黎中心区塑造新的故事。例如，里沃利街59号文化中心原本属于里昂信贷银行的建筑资产，随着银行破产该建筑被清算，这栋奥斯曼风格的大楼被废弃了8年。直到1999年一批艺术家进入其中建立个人工作室并向公众开放，才赋予了老建筑以新的发展可能。又如，圣保罗艺术村曾经是女修道院，现在则成了聚集了众多文创小店的巷内聚落。

第二，文化服务与创作服务兼而有之。地带内除了有图书馆、博物馆、美术馆等为市民与游客提供传统文化服务的场馆外，也存在一批为艺术工作者服务的创作驻地。例如，国际艺术城是全世界艺术家在巴黎的"落脚点"，设有300多个工作室、7个展厅和1个音乐厅。工作室采取认购方式，各国政府、艺术组织、知名人士都可通过缴纳认购费获得工作室的使用权，供本国或他国艺术家使用和居住。世界各地的艺术家可在此进行交流与合作，同时也可使用艺术城发放的凭证随时免费进入巴黎大部分的博物馆。又如，前文所述及的里沃利街59号文化中心，在市政府收购大楼后正式成为艺术家工作室，并与艺术家签订合约，但也向市民开放，可以进入参观。

第三，锚机构与微场所相互赋能。在该文化地带里，蓬皮杜艺术中心、国立网球场现代美术馆、里沃利街59号文化中心三个大型文化场馆共同奠定了以当代艺术为主题的地带核心文化。这些锚机构为文化地带引来了大量的客流。与此同时，许多小微文化设施在地带内自然生长，赋予古老街区以源源不断的活力。例如，在塞纳河边散布着户外书店，名为"绿色书箱"，分属不同的旧书业主。这些业主往往是经过政府遴选后的作家或艺术家。地带也吸引了越来越多的二手书店、小型艺术工作室、设计工作室和小型的商业设施，提升了整个区域的现代化吸引力。

2. 创新C弧

如图7-5所示，创新C弧指巴黎市东部外围与相邻的三个省形成了一个弧形的文化创意产业创新带,它是政府规划的结果。2015年,巴黎市政府与相邻省政府合作发起了"创新弧"项目,旨在应对三重挑战,即促进位于弧线地带上的弱势街区的经济发展、提升巴黎东部综合实力,以及创造更多就业机会。2015年至2020年间,巴黎市政府为此投入2500万欧元,将该地打造为城市的"生活实验室"(living lab),到2021年创建30万平方米的创新场所。具体举措包括:(1)为创新场所的创建提供资金,如在12区域和20区交界处建造新的设计学校,在近郊塞纳-马恩省创立时尚孵化器等;(2)促进融资:引入大企业,为创新C弧内的场地提供融资担保或资金支持;(3)提供支持工具:在统一网站上为有意

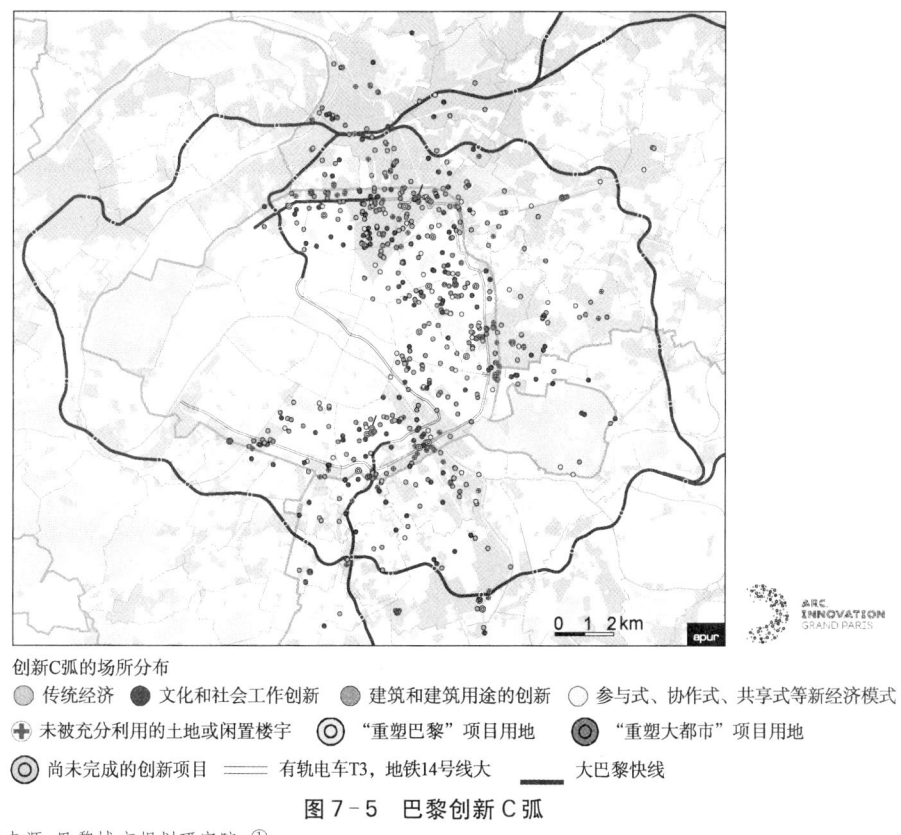

图 7-5 巴黎创新 C 弧

资料来源:巴黎城市规划研究院。①

注:图中圆点表示处于"创新C弧"上的三类创意机构。

---

① APUR. Les lieux de l'Arc de l'innovation [EB/OL] (2018-01-01) [2022-03-20]. https://www.apur.org/sites/default/files/documents/publication/cartes/carte_lieux_arc_innovation.pdf?token=u2hwr-iA.

向前来的小微企业和自由职业者列出可办公和共享办公的场所、扶持政策和本地资源;(4)团结各行各业的利益相关者(公司、研究人员、制造商、机构、文化从业者等),为区域发展服务。

迄今,创新 C 弧已形成 600 多个创新机构与企业的集聚,主要包括三类创意机构:第一类,新兴经济与产业扶持机构,如创新平台、孵化器、创客工厂、创意工作室等;第二类,与新生活方式相关的社会创新场所,如联合办公空间、创新的文化体育设施、城市实验室、共享花园、共享厨房、都市微型农场等;第三类,具有创新性用途的建筑,如各类"快闪空间"等。

创新 C 弧在发展过程中呈现如下特色:

第一,文化创意产业与社会团结经济共同发展。创新 C 弧内,设计、视频游戏、电影、视听和表演等文化创意行业提供了较多就业机会。与此同时,由于大巴黎 53%的孵化器或加速器、数字制造车间、联合办公空间都集中在创新 C 弧内,所以社会团结经济发展向好。[①] 社会团结经济指优先考虑社会盈利能力而不是单纯的金融利润的广泛经济活动,即通常理解的共享经济、合作经济、社区经济等模式。上述经政府规划而形成的众多创新载体为社会团结经济提供了更广阔的发展空间。

第二,协同式创新与开放式创新相互促进。创新 C 弧内的机构在政府的努力下形成了协同发展,孵化器、创客工厂、联合办公室等共同为创意创新工作者提供了初创企业所需要的大部分支持性空间与助力。与此同时,区域发展从一开始就引入"生活实验室"的模式,即强调以真实生活情境作为实验测试环境,令创新企业可以在开放创新环境下不断测试其新技术、新产品、新服务,在真实回馈数据的基础上予以调整和完善。协同式创新与开放式创新的共存,将形成一个高效率的创意创新生态系统,这不仅有助于激发创意,也有利于留住创意工作者。

第三,普适性的公共文化与实验性的创意文化并存。创新 C 弧在创设新型社会创新场所之外,也增建了一批为社区市民提供均等化公共文化服务的机构,如 104 文化中心(Le Centquatre),特别为周边居民、学校、业务文艺爱好者设计了开阔的场地享受各种文化活动;又如广泛设置的小型共享花园、共享厨房、都市微型农场等,为市民提供亲近自然文化、美食文化等创意生活元素的平台;此

---

① APUR. Les Dynamiques De L'Emploi Et De L'Activité Économique Au Sein De L'Arc De L'Innovation [EB/OL](2018-10-01)[2022-03-20]. https://www.apur.org/sites/default/files/documents/publication/etudes/note_135_emplois_activite_economique_arc_innovation.pdf?token=E_IcETxg.

外还开放了大量的建筑底层,举办丰富多样的文化"快闪"活动。

(三) 文化集聚案例

1. 左岸文化集聚区

传统意义上所称"左岸",指塞纳河在巴黎市区内自东向西流过,当人面朝向下游方向,伸出左手所指向的那一片区域,包括行政意义上的5区、6区、7区、13区、14区和15区等六个区。本书所研究的左岸文化集聚区,主要位于巴黎十三区,是经过左岸协议(La Rive Gauche ZAC)开发的地带(图7-6)。这一地带曾是为巴黎供应物资的"城市后台",包括众多功能类型的工业用地,诸如火车站、铁路、港口、仓储、物流等公共设施,也有大量的厂房。巴黎市政府于1991年起计划有步骤地再开发这片弃置用地,建成融合文化、教育、办公、居住等多功能的、富有吸引力和活力的综合片区。

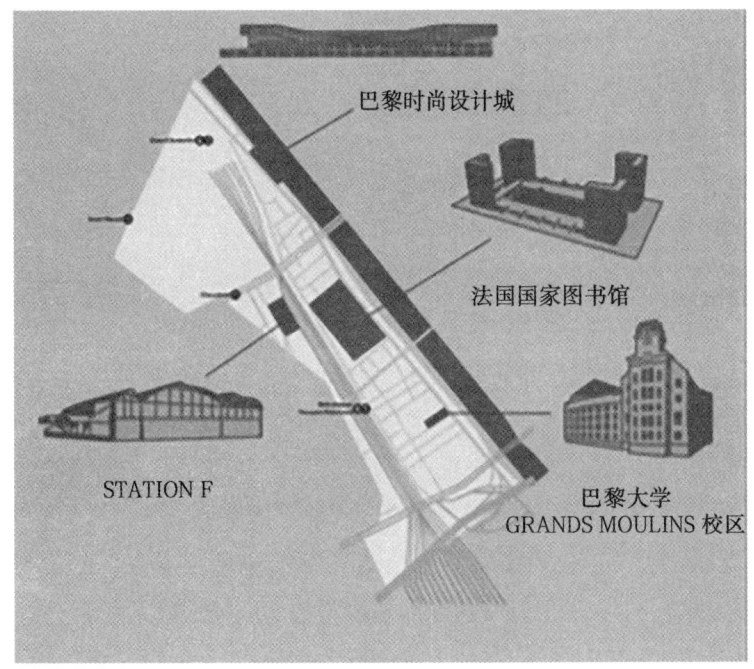

图7-6 左岸文化集聚区

资料来源:巴黎企业发展署。

第一,集聚区是多"锚机构"的集聚区。这些"锚机构"包括法国国家图书馆、时装学院和全球最大的孵化器 Station F。

(1) 法国国家图书馆:知识服务提供者。拥有2 000个座位的普通阅览室和

1500个座位的学者阅览室。除阅览室外,还设有视听室、会议室以及举行各类文化活动用的音乐会、研讨会、展览的设施。此外图书馆也设有餐厅、咖啡厅、专卖店、书店等,为读者提供其他服务。由于法国国家图书馆的藏书是不外借的,必然吸引大量读者和游客进入其中,使得左岸文化集聚区有着稳定的人流量。

(2) 巴黎时尚设计城:时尚文化交流平台。旧的水上交通仓库于2012年被改建成开放式文化中心。这里包括法国时装学院(IFM)、音乐工作室、展览空间、书店等,不仅为时尚爱好者以及专业人士提供时尚文化教育空间,还展示有趣的时尚历史,已然成为新兴设计师的起点平台与名流设计师的展览中心。

(3) 孵化器Station F:扶持时尚科技产业。这是2017年基于老的货运站Halle Freyssinet改建而成的欧洲最大的初创企业园,云集1000多家企业,包括大量的文化创意公司。其空间上分为属性明确的三大区域,①共享区:包含创客工作室(Fablab)、木材和金属车间、快闪商店以及针对初创企业服务和各种合作伙伴的办公室。②创新区:创业公司的集中办公地,可容纳3000个工位,并配备了足够多的小型会议空间。③休闲区:4000平方米面向公众开放,包括四家餐厅和全天候开放的酒吧。整个Station F是由一条中央大道串联起来的。

第二,集聚区吸附一批小型文化机构和支持性设施围拢在周边。①文化娱乐设施,如MK2电影院、塞纳河上的文化游船Batofar、老厂房改造的博物馆Les Frigos等;②联合办公场所,如WeWork;③服务性设施,如Station F开设的创客公寓Flatmates,减少巴黎高房价对创新者的阻碍。

第三,集聚区以巴黎本地时尚产业的资源禀赋为基础,形成了从知识服务到创意培训,再到创业孵化的文化创意产业链。创作者、工匠、小型零售商、初创公司、设计师、回收中心、工作室、学校……都可以在这里找到一个活跃的生态系统和有效的解决方案。也因此吸引更多时尚产业中的企业或平台有意愿进入该集聚区,如2021年1月,致力于可持续时尚产业发展的Plateau Fertile平台正式宣布将入驻此地,带来旗下整个法国纺织价值链300家公司的资源,构建共享设计和原型设计办公室,提供可持续时尚和新生产流程的培训课程、组织关于后碳时尚问题的宣传活动等。

2. 维莱特文化集聚区

位于巴黎第19区的维莱特自20世纪80年代初以来一直在进行城市改造。随着时间的推移,许多开发项目已经实现,成了一个集当代建筑、文化和自然于一体的亲民活力中心。集聚区内有两个充满开放性和创新性的"锚机构"。

一是被誉为"创新的艺术和文化工坊"的 104 文化中心(Le Centquatre),占地约 1000 平方米,在 18 世纪原本是座市立的公共殡仪馆,随着此项服务的民营化而于 2007 年遭弃用。在 20 世纪 90 年代,这附近是巴黎贫穷、治安不良、各国移民与失业者聚集的弱势地区。法国于二战后,开始增加地区性的文化设施馆舍,加上 80 到 90 年代,许多工业设施被废弃,空间被居民或艺术家占据使用,也迫使政府规划时开始思考如何利用闲置空间作为公共使用。在此趋势之下,104 曾在 2008—2010 年被建置为一个非传统的博物馆,意图让弱势群体接触文化,但效果不佳,当地民众并不乐意使用,与在地联结也不深,一年仅吸引 4 万人到访。直到 2010 年曾负责"巴黎不眠夜"等众多重磅文化活动的 José-Manuel Gonçalvès 接手,重新思考将空间的用途设定为"与社区生活相连接"的公共文化中心,"希望让大家知道艺术不是高高在上,而是有疗愈效果、变得更有活力"。[①]

104 文化中心定位是"公共文化合作机构",强调公共性、开放性与合作性,具体做法有四:第一,提供低价和免费文化服务。在 104 的运营经费中,补助与营业收入(付费表演等)各占 50%。表演收费部分,104 以便宜票价薄利多销,并根据节目风格邀请艺术家,有高价的国际艺术家,也有低票价的节目。104 每年也会回馈 20 万到 100 万欧元的收入给弱势民众,同时以一小时一欧元的超低价位租赁空间给需要排练的创作团体。第二,艺术与生活空间混合无界,中心除了设置公共排练、展览、小剧场外,也设计了联合办公室、餐厅,甚至托育所,欢迎有父母陪伴的 0 至 5 岁儿童参与各类游戏与艺术活动(图 7-7)。第三,不对艺术家和观众设限。104 对所有艺术形式开放,表演、音乐、展览、舞蹈、马戏、视觉艺术等各类艺术团体或艺术家均可前来策划演出或排练,热爱艺术的非专业市民也可以使用排练室;同时所有人可以自由移动公共空间内的椅子等摆设;观众也可以自由穿梭、围观艺术家们的排练过程。第四,放低姿态与民为亲。运维方在策划活动时会努力了解附近居民,在服务中尽可能走向民众。闭馆时间到时,104 并不是用广播通知,而是工作人员一一走向民众通知他们,产生更多情感联结。104 也会走出去,与周边学校联动,把演出送到学校去,或者是送到社区里。例如,104 日常为邻近学校的学生开发了 TAP(Temps d'activités périscolaires,

---

[①] 巴黎 104 艺术中心总监 José-Manuel Gonçalvès 谈空间创造. [EB/OL](2018-05-17)[2022-03-24]. https://npac-weiwuying.org/blogs/5afd137f1f0e9d000729f9bf.

课外活动)项目,每周二和周五由艺术家团队入校带领孩子们感受创新艺术、表演艺术和视觉艺术的魅力。每年假期,104都会在Chœur à l'ouvrage基金会的资助下,为附近的儿童活动中心送去表演,同时与第19区区政府合作,为当地学生提供艺术实习机会。

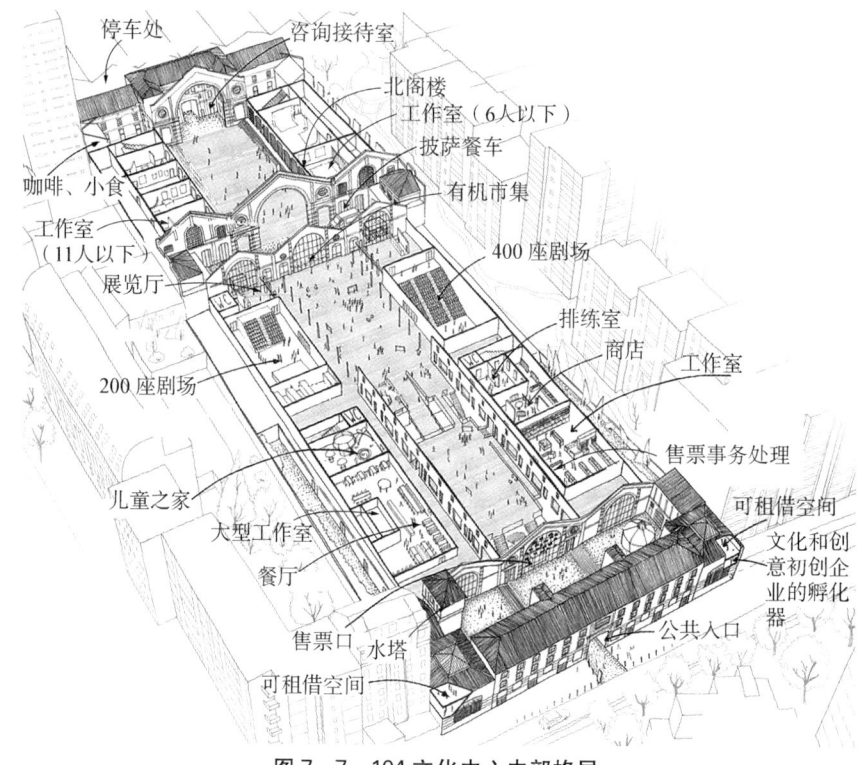

图7-7 104文化中心内部格局

资料来源:104官方网站。

另一个"锚机构"是与104相邻的巴黎最大的文化主题公园——维莱特公园,致力于促进艺术的多样化,鼓励各类艺术创作,同时希望市民能广泛接触到各种表演形式。因此,在0.55平方千米的公园中,设有博物馆、音乐厅、表演舞台、剧院等文化场馆,包括:科学与工业城,欧洲最大的科学博物馆,也是购物中心Vill'Up的所在地,拥有几家电影院;音乐之城,一个带有音乐厅的历史乐器博物馆,包括拥有2400个座位的巴黎爱乐厅、音乐媒体博物馆和巴黎音乐学院;拉维莱特大展厅,占地20000平方米,举办集市、文化活动、播放露天电影的公共文化场所;拉维莱特小乐园,为拥有孩子的家庭设置的公共文化场馆;等等。

维莱特文化集聚区是通过政府力量形成的公共文化场所的集聚区，所有锚型机构都以服务大众为主。集聚区所在的巴黎 19 区是一个人口密度较高的区域，每平方千米有超过 2.75 万居民，而巴黎的平均人口密度是 2.1 万人。[①] 2008年，当地还有 17% 的适龄人口处于失业状态，参与文化生活对这些市民而言并非易事。该集聚区的形成带来了巨大的改变，主要经验可归结为三点：

第一，以开放型文化锚机构吸引相邻居民。为了实现亲民的目标，新建的 104 文化中心将主入口设在了 Curial 路 5 号，这是一个连接街区和学校的入口。104 文化中心和维莱特文化主题公园都采用了免门票入场的方式，仅在部分演出中收费，同时为学生、社区工作者、残障人士等提供了不同程度的资费减免。

第二，艺术享受与日常生活相互融合。该文化集聚区致力于为周边居民打造一个巨大的文化生活场域，业余爱好者和专业人士、表演者和广大市民、成人与儿童都可以毫无阻隔地汇聚于此，文化创作、文化表演和日常生活功能也交融于此。这既有利于艺术创新，也有利于吸引市民、留住市民。

第三，建立合作关系让文化溢出。集聚区致力于通过与附近学校建立合作伙伴关系来吸引年轻观众，通过与巴黎市内其他文化机构的关联来扩大文化活动的溢出效应。

四 文化联动创新

（一）巴黎文化不眠夜

"巴黎不眠夜"（Nuit Blanche）是一个夜间艺术节日，始于 2002 年，每年 10 月的第一个周六的晚 7 点至第二天早 7 点举办。每次设有特定主题，旨在把艺术带出画廊和博物馆、把阅读带出图书馆、把表演带出剧院，让文化艺术氛围浸润整个城市，让每个人都能感受艺术并且欣赏艺术。2019 年市政府对该项目的年度总预算为 250 万欧元，对承办机构的补助约 100 万欧元。城内交通等公共服务通宵营业配合"节事绕城"。

"巴黎不眠夜"主要通过两方面实现全城内文化设施与资源联动：

---

① IAU idF. Lieux culturels et valorisation du territoire-Tome 2 ［EB/OL］（2016-04-01）［2022-03-20］. https://www.institutparisregion.fr/fileadmin/NewEtudes/Etude_1480/Centquatre.pdf.

第一，以城市空间和街道为艺术表演舞台。巴黎的城市空间与街道在"巴黎不眠夜"时完全开放，经由音乐、影像、灯光、装置艺术等手段添加舞台效果，串联起全市40多个博物馆、画廊、历史建筑等文化场馆。具体串联路线据主题和需求而变，如2020年"巴黎不眠夜"围绕塞纳河边的两条线路举行——右岸线从小皇宫到巴黎现代艺术博物馆，左岸线从布德尔博物馆到巴黎大清真寺。每到节日当天，巴黎相关场所及街道都会通过艺术装饰和技术手段，烘托场景氛围。如2019年用巨型花车搭配来自全世界的30个管弦乐队展开游行，带动全城气氛。

第二，邀请艺术家创作主题剧本串联文化场馆。每年聘请不同风格的艺术总监策划不同主题的活动，并根据主题风格邀请国内外不同领域的艺术家，因地制宜地打造能够融合巴黎城市文化风格的展演与互动。如第15届"巴黎不眠夜"活动由巴黎东京宫博物馆馆长Jean de Loisy策划，以被誉为"世上最美印刷品"的《寻爱绮梦》一书为主题，沿塞纳河岸设置37件艺术品，对应书中12章节。受众仿佛是跟随主角波利菲利（Poliphile）展开梦游之旅；在里昂车站邂逅艺术家绘制的漫画《等待普力菲罗》；在市政厅广场欣赏艺术《沉睡》；在艺术桥聆听融合了河水、马达等声的混音表演《流动》；在埃菲尔铁塔广场上与700平方米的巨作《无限睡眠》互动……所有"桥段"围绕主题展开，几十个文化场馆成为演艺空间，走完整条路线大约需要2小时。

巴黎市政府邀请世界各地的现代艺术、城市规划、文化遗产、建筑设计及音乐方面的人才，共同创作并呈现具备声光效果和互动性的户外艺术展和表演。巴黎全年龄段的市民和国内外游客都是"巴黎不眠夜"的受众，每年吸引100万人次参与。他们在街头游弋中也不知不觉成为文化艺术表演中的参与者与创作者。

（二）大巴黎快线文化项目

"大巴黎快线"（Grand Paris Express）是自2015年6月起分阶段推进的一条205千米环绕大巴黎地区（包括巴黎市和近郊三省）的地铁线，实现单一票价，让巴黎市和周边地区融合成一个大都市。为此至少需要新建68个地铁车站，巴黎市和近郊三省的地方政府决定以车站为核心，构建一个个小型的文化集聚地，为此计划改造、新建一批文化设施，令市民从地铁口步行10分钟，就能抵达博物馆、画廊、演出场地、电影院、音乐学院和剧院等（如图7-8）。迄今已有120多家

合作单位、40位建筑师和300位艺术家参与其中。① 项目包括两部分:

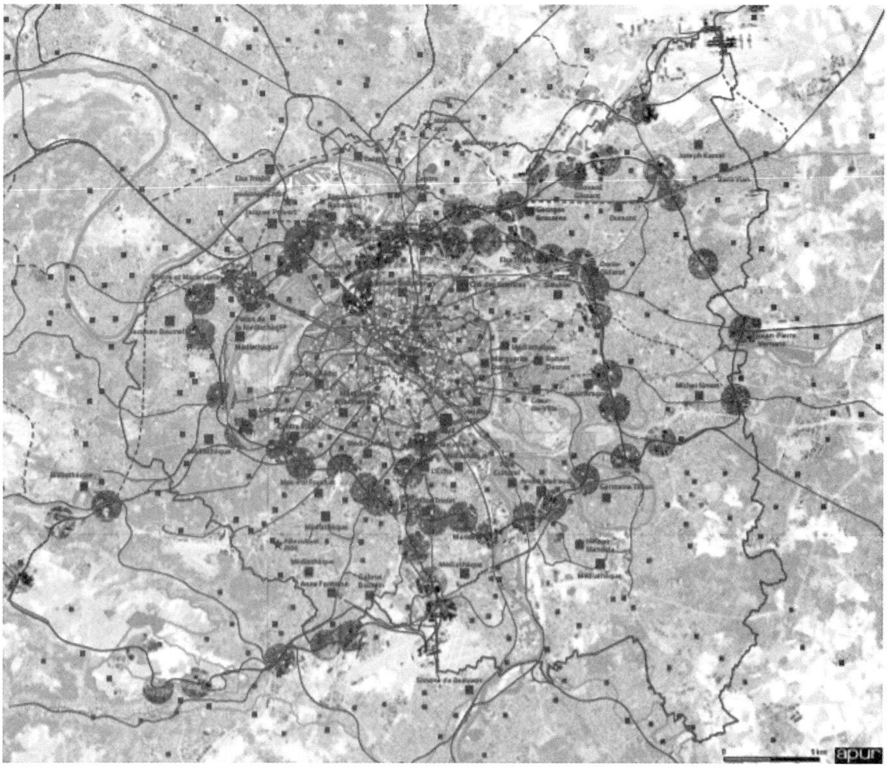

■ 巴黎的各类文化设施
图7-8 大巴黎快线以车站为核心形成若干文化圈
资料来源:巴黎城市规划研究院。
注:圆圈表示以各车站为圆心步行10分钟(约800米半径)的范围。

1. 以车站为场景添置新的艺术装置

在大巴黎兴业银行的策划下,对应68个新车站,艺术家和建筑师将自由组合,协作为每个新车站创作一至多件艺术作品,预计有70多件当代艺术作品随大巴黎快线投入使用而一并映入市民眼帘。除了这些作品外,车站墙壁的外立面上还邀请世界各地的艺术家为其制作大型壁画。这让每位市民都能接触到公共艺术,也能让车站成为一个新的文化目的地。

艺术家们也被邀请在建筑工地周围建立创意项目。同时,在建筑工地举办

---

① Grand Paris Express. La Culture Au Cœur Du Grand Paris Express [EB/OL] (2022-02-24) [2022-04-05]. https://www.culturenouveaumetro.fr/culture-grand-paris-express.

大型艺术活动,让居民广泛参与这一城市发展的新进程中。这些活动包括"城市漫步""共享建筑工地""游览项目"等。例如,2016年大巴黎快线15号线的施工启动仪式上特别举行了"开工派对",60多位艺术家参与表演。丹麦艺术机构Superflex受邀策划了"爱丽丝梦游仙境"主题的文化活动,在建筑工地周围设置了六条"漫游路线",旨在让周边居民参与到大巴黎快线的建设中,同时以新的视角发现城市的艺术之美,并与之形成情感连接。

2. 以车站为核心创建新的文化场所

该项目宣布要在大巴黎快车的车站周围新增大量文化场馆,包括约10个博物馆、20个展览场馆和画廊、40个表演场馆、20个电影院,以及50所音乐、舞蹈或剧院等。所有这些新增场馆与既有设施相加将形成270个左右的文化设施。人们走出车站,只需要步行10分钟,即可抵达这些文化场馆。

大巴黎快车的环路将绘制一条艺术之路,将已经存在的地方和艺术家以及其他被召唤出现的地方组织和艺术家混合在一起。它将被发展成为一个巨大的新型博物馆。这一举措有助于让既有的处于郊区的文化设施得到充分的运用,比如在勒布尔热的航空航天博物馆,此前无法通过公共交通工具抵达,但在大巴黎快线通车后就将改变这一状况,有望增加参观人数。另一方面大巴黎快线也是一个促进新文化设施诞生的机会。例如在朗吉,将有一座美食文化城于2024年建成,包括法国美食文化体验区、培训区、商店等。另有一些法国音乐节的主办方看中了新车站[①],酝酿在车站附近搭建舞台,举行新样式的主题音乐节。

[①] Lamia Barbot. La culture s'étend au-delà du périphérique [EB/OL]（2017-10-18）[2022-03-15]. https://www.lesechos.fr/2017/10/la-culture-setend-au-dela-du-peripherique-178337.

第八章

日 本 东 京

东京有着日本国内重要的文化产业集群,同时也有丰富的历史文化资源,这为东京打造世界级的文化集聚区奠定了基础。东京城市建设总体规划将东京划分为四个区域,其中文化发展的重心主要集中于城市中心区域。而东京的文化发展规划则根据城市中心区域内不同地区的文化资源禀赋与发展特性,赋予了这些地区不同的文化集聚发展主题。在这些地区之中,以"上野文化公园"为核心的上野地区,被赋予了打造能够代表日本的文化教育设施集聚区域这一重任。

一 城市发展概况

东京作为日本经济、政治与文化中心,在全国 47 个都道府县中拥有最多的人口(2021 年为 1398.8 万),是日本当之无愧的核心城市。东京位于日本关东地区,面积约 2 194.05 平方千米,人口密度约 6 380 人/平方千米。整个东京由区部(23 个特别区)和多摩地区(26 个市、西多摩郡 3 町 1 村)以及岛屿地区(2 町 7 村)组成。东京主要区域呈东西狭长分布。

东京是日本经济名副其实的领头羊。东京的名义 GDP 约 107.4 万亿日元(约 9 726.5 亿美元,2018 年),占日本全国的 18.8%;外资企业 2 413 家(2020年),占日本全国的 76.1%,是外资企业进入日本的首选城市;批发零售业全年销售额 199.7 万亿日元(2016 年),占日本全国的 34.3%,代表着日本国内消费的最新风向;贸易进出口额分别为 15.6 万亿日元和 22.3 万亿日元(2020 年),分别占日本全国贸易进出口额的 22.9% 和 35.8%,是日本重要的贸易口岸;2018 年外国游客人数达 1 424 万人,几乎每两个到日本旅游的外国游客中就会有一人到访东京都;在人均收入方面东京也显著高于日本平均水平,2019 年东京都人均收入达 542.1 万日元,是日本人均收入的 1.68 倍。①

从产业构成来看,第三产业是东京主要的产业形态,第三产业 GDP 占整体的 85.1%(2018 年),从业人数占比 83.7%(2017 年)。② 以第三产业为主的经济形态、高水平的人均收入以及对海外游客强烈的吸引力,为东京的文化事业以及文化产业发展提供了基础。

二 城市文化发展

(一) 主要文化法规与规划

1. 主要文化法规——《东京都文化振兴条例》

作为奠定东京文化发展方向、明确政府管理范围的文化发展基本条例,《东京都文化振兴条例》于 1983 年 10 月 7 日开始实施。为了适应文化事业发展的新形势,于 2006 年 12 月 22 日增补部分条款。

现行的《东京都文化振兴条例》共分两章十七条。该条例规定,民众是文化发展的主体,要充分尊重其自主性以及创造性。同时,还从方针上指明了政府机构在文化艺术活动中的"支援者"地位,政府机构应为民众与社会团体参与文化艺术活动、从事艺术文化创作提供必要的保障,而非直接对各团体、个人的文化活动进行干预。条例规定,政府机构应加强对各类文化艺术信息的收集并加以公开,对传统文化加以保护、继承与推广,举办各类营造文化艺术氛围的公众活动,设立文化艺术表彰奖项,开展国际文化艺术交流。政府还应在城市规划与建设过程中加入对文化的考量,如配置公共文化设施、兴建文化交流场所、注重自然景观与历史景观的协调等。另外,条例还着重强调政府机构要为青少年创造体验与参加文化艺术活动的机会,为民众提供进行终身学习的场所。

---

① 東京都産業労働局総務部企画調整課,東京の産業と雇用就業 2020[R]東京都:東京都産業労働局,2020:2—3.
② 東京都産業労働局総務部企画調整課,東京の産業と雇用就業 2021[R]東京都:東京都産業労働局,2021:2—3.

为了更好地指导、发展东京的文化艺术事业,该条例在 2006 年的修订中,新设了"东京艺术文化评议会"这一机构。该机构直接隶属于东京都知事,是东京都知事的文化政策咨询机构,负责进行与文化艺术政策相关的调查,并依据东京都知事的要求提交调查报告,可以说是东京的文化艺术智囊团,对东京的文化艺术政策与施政方向施加着重要的影响。①

2. 文化发展规划——《东京文化战略 2030》

2020 年东京奥运会结束后,2015 年公布的文化发展规划《东京文化愿景》告一段落,加之新冠疫情对全球的深刻影响、可持续社会理念的深入人心以及数字技术的快速发展,东京亟须一份能够反映最新文化动向的文化发展规划来引领城市未来的文化发展方向。

2022 年 3 月公布的《东京文化战略 2030》为东京未来 10 年的发展指明了四大目标:一是强化让民众能够便利地参与艺术文化活动的措施;二是将东京打造成为国内外的艺术中心城市;三是通过新技术探寻新冠疫情下新的文化休闲生活方式;四是为艺术家与艺术团体打造安心的环境,使他们在疫情状态下依旧能够开展艺术活动。围绕以上目标,《东京文化战略 2030》推出了 10 项计划(表 8-1),为推动东京文化艺术发展水平"保驾护航"。

表 8-1 《东京文化战略 2030》中的 10 项计划

计划名称	主要内容
活跃本地文化氛围计划	充分运用公园、车站及商业设施等空间,为居民提供参与文化艺术活动的场所,拉近文化艺术与普通民众的距离,并促使文化艺术成为发展当地经济的催化剂
文化艺术人人参与计划	通过文化艺术推动共生社会的实现。完善都立文化设施的无障碍服务水平,让高龄老人、残疾人、外国人与婴幼儿等人群也能方便地访问。举办亚洲目前唯一的综合国际文化艺术论坛
青少年文化艺术计划	为青少年提供参与高品质文化艺术活动的机会,并增加青少年接触文化艺术活动的渠道
智慧文化计划	将都立设施中约 37 万件文化艺术藏品进行数字化,并利用高新技术方便民众参观鉴赏。在此过程中,积极与民间企业开展各项合作

---

① 東京都文化振興条例.[EB/OL][2022-04-24]. https://www.reiki.metro.tokyo.lg.jp/reiki/reiki_honbun/g101RG00000014.html.

续表

计划名称	主要内容
"艺术即生活"计划	为民众接触包括高雅艺术在内的各类艺术活动提供更多机会。为艺术家提供经济支持
艺术与休闲娱乐计划	支持现场表演艺术等艺术形式的蓬勃发展。与地方政府及民间企业共同推进开发民众喜闻乐见的新娱乐生活方式。吸引更多的国内外游客,提高东京都的城市品牌价值
艺术中心计划	将东京都打造成为具有全球影响力的文化艺术中心城市,构建"东京艺术中心"网络
海外宣传计划	将东京都的文化艺术魅力向全球进行推广。培养具有世界级水准的艺术家。开展国际化的文化艺术节庆活动
艺术家成长计划	有计划、按阶段对青年艺术家进行培养。重点要在美术领域培育一批具有世界级水准的艺术家,在音乐、表演艺术等领域也要对已有一定成绩的艺术家提供支持
提升基础环境计划	跨领域实施人才培养计划。培养一批能够在艺术家、民众与企业之间多方沟通的人才。以艺术系大学与艺术团体为核心打造文化网络。为民众与企业开展的文化公益事业提供支持。降低排练场地的使用收费

资料来源:《东京文化战略2030》概要版,东京都文化生活体育局。

(二) 文化行政管理机构

1. 生活文化体育局

东京的文化事业行政管理职能主要由东京生活文化体育局承担。该局负责的行政管理范围较广,包括东京的文化、推进男女平等、振兴私立学校、消费生活、治安对策以及振兴体育,与民众的日常生活联系密切。该局下辖六个部门,即总务部、都民安全推进部、都民生活部、消费生活部、私学部、文化振兴部,其中文化振兴部专职负责发展东京的文化艺术事业。该部下属两个课室,即企划调整课和文化事业课。企划调整课负责文化振兴政策的策划、协调和实施,对江户东京博物馆等7处都立文化设施的管理、东京历史文化财团以及东京交响乐团的指导和监督。文化事业课负责举办及支持具体的文化艺术活动,以及都民日、东京和平日、名誉都民等节庆及表彰活动。从东京生活文化体育局的文化管理职责来看,该局主要是负责文化艺术政策的实施以及对社会文化事业的支持、指导和监督,直接开展活动的内容并不是很多。

2. 产业劳动局

在文化产业领域，东京产业劳动局承担着协调文化产业发展及统计的职能，例如对中小型文化类企业提供扶持政策，每年公布一次包含内容产业发展现状在内的《东京的产业与雇用就业》报告，以及多次针对东京的文化创意产业开展大规模调查。这些政策与调查数据，为东京的文化创意类企业发展提供了帮助，为企业决策提供了可靠的数据支持。

（三）主要文化产业

内容产业由于具有鲜明的文化传播属性，因此一直是日本政府重点扶持的产业。自2004年《内容促进法》出台后，日本内容产业的发展更是进入了快车道。

《东京的产业与雇用就业2019》的数据显示，在"图像、声音、文字信息制作业"领域（包含电影、电视节目制作及发行、唱片及广播节目制作、报纸发行、出版业等），东京的产业附加值在日本全国的占比达61.8%（2012年），其中视频信息制作与发行占比达76.8%，声音信息制作占比达92.5%，出版占比达76.5%。可以说，东京依靠着各类与内容产业相关的企业与人才的集聚，成为日本内容产业最重要的根据地。

以动画产业为例。帝国数据银行2019年《动画制作产业动向调查》数据显示，2019年日本共有256家动画制作企业，其中总公司位于东京的企业有228家，占日本全国动画制作企业数的近九成。这一数据显示，日本动画产业的主要力量都集中于东京。这一现象也能够通过另一个数据来印证：日本本土电影票房前10位的电影中共有8部为动画片，而这8部动画片的制作公司无一例外都在东京。这些动画片不仅在日本国内掀起了阵阵热潮，也将日本的文化推向了海外，成为东京动画产业强大实力的又一佐证。

三 文化集聚区发展

（一）城市规划中的功能分区

2017年9月公布的《城市建设总体设计——开创东京的未来》，以城市规划的形式为东京今后各分区内的发展重点提供了指引，其中也指出了文化集聚分区的重点发展区域。为了充分发挥东京各个区域不同的历史禀赋与发展特性，提升城市的活力与多样化魅力,这份城市规划将东京分为4大区域,分别是自然环境共生区域、多摩广域据点区域、中枢广域据点区域以及新都市生活创造区域。在这4大区域中嵌入了2个核心板块,分别是国际商务交流板块和多摩创新交流板块。4大区域和2个核心板块的分布和特点如下(图8-1):①

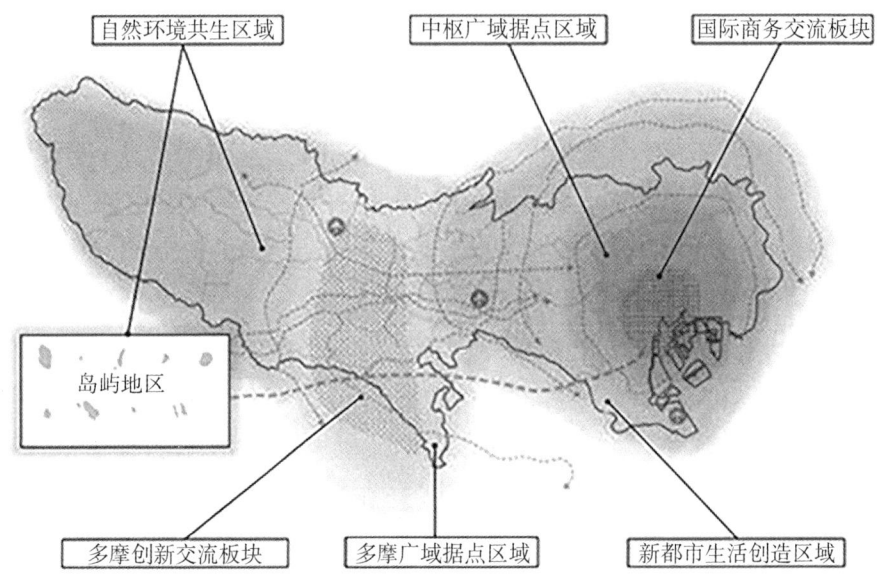

图8-1 《城市建设总体设计》中的4个区域和2个核心板块
资料来源:《城市建设总体设计——开创东京的未来》。

(1) 自然环境共生区域:包括多摩地区西部以及岛屿地区,人口密度较低,森林、海洋等自然条件优越,适合发展观光旅游、体育运动、农林业等产业,也是都市人理想的居住新城。

(2) 多摩广域据点区域:位于东京呈东西走向狭长形的中间地带,是东京所在首都圈的重要交通网络枢纽,通勤便利,吸引着较多上班族在此区域内居住。因此,该区域内重点关注生活服务功能、医疗福祉与看护功能以及社区交流功能,为周围的企业、研究机构等创新机能区域提供后勤支持。

(3) 中枢广域据点区域:主要包括东京中心的23区,由多个城市中心、副中心组成。区域内有高密度的交通网络、数量众多的商业设施与办公楼,是商业与

---

① 東京都都市整備局都市づくり政策部広域調整課.都市づくりのグランドデザイン[R].東京都:東京都都市整備局,2017:34—39.

商务并重的功能区域。在该区域内，还有为数众多的艺术文化及体育设施，历史文化资源也大量集聚于此，与现代化的商业商务设施融合后，更能凸显东京的魅力。

（4）新都市生活创造区域：位于多摩广域据点区域与中枢广域据点区域之间，在重点关注提高居住生活品质的目标下，实现艺术文化、教育、产业、商业等功能的复合，满足居民多元化的生活方式追求。

（5）国际商务交流板块：位于中枢广域据点区域的内部，是东京 23 区的核心区域。国际金融、生命科学等领域的人流、资金流与信息流在此汇集，吸引了众多企业的总部坐落于此。板块内拥有面向外国人士的国际化住宅区、服务型公寓以及具有国际水准的医疗教育机构，为高端人才提供服务。

（6）多摩创新交流板块：位于多摩广域据点区域内部，集聚了一批大学、研究机构与创新型企业，三者形成"创新三螺旋"，将在此诞生更多的科技创新。

（二）文化集聚功能分区

通过《城市建设总体设计——开创东京的未来》中对东京未来发展格局的区域划分，可以发现虽然在多摩地区为提高生活品质进行了一定的文化资源布局，但文化发展的重心仍然主要集中于城市中心区域，即中枢广域据点区域内。此外，由于历史上东京中心城区近现代化发展起步更早，人口密度更高，各类高端资源的集聚相较城市西部地区更为完善，这也导致了大部分的高端文化艺术资源在中心城区的集聚。

1. 文化资源集聚分布的特征

根据 2015 年公布的《东京文化愿景》，东京文化资源集聚分布具有三大特征：一是在上野、六本木、池袋、东京站周边以及涩谷等区域，坐落着数量众多的美术馆、博物馆、画廊、音乐厅、电影院等文化设施；二是既有洋溢着江户下町气息的历史文化街区如神乐坂，也有闻名世界的流行文化发源地如秋叶原和原宿，展现着东京多元化、国际化的文化个性；三是尚待进一步开发且已经拥有多所艺术类大学的多摩地区，未来有望被打造为文化艺术氛围浓厚的区域。

2. 文化资源集聚分布现状

东京拥有丰富、多元且国际化的文化艺术资源，通过东京与中央政府、都内各区市町村、企业、艺术团体、艺术类大学以及非营利机构的通力协作，充分发挥这些文化艺术资源的功能，提升东京的文化艺术魅力。《东京文化愿景》根据不同地区的文化资源禀赋与发展特性,赋予了这些地区不同的文化集聚发展主题(图8-2)。

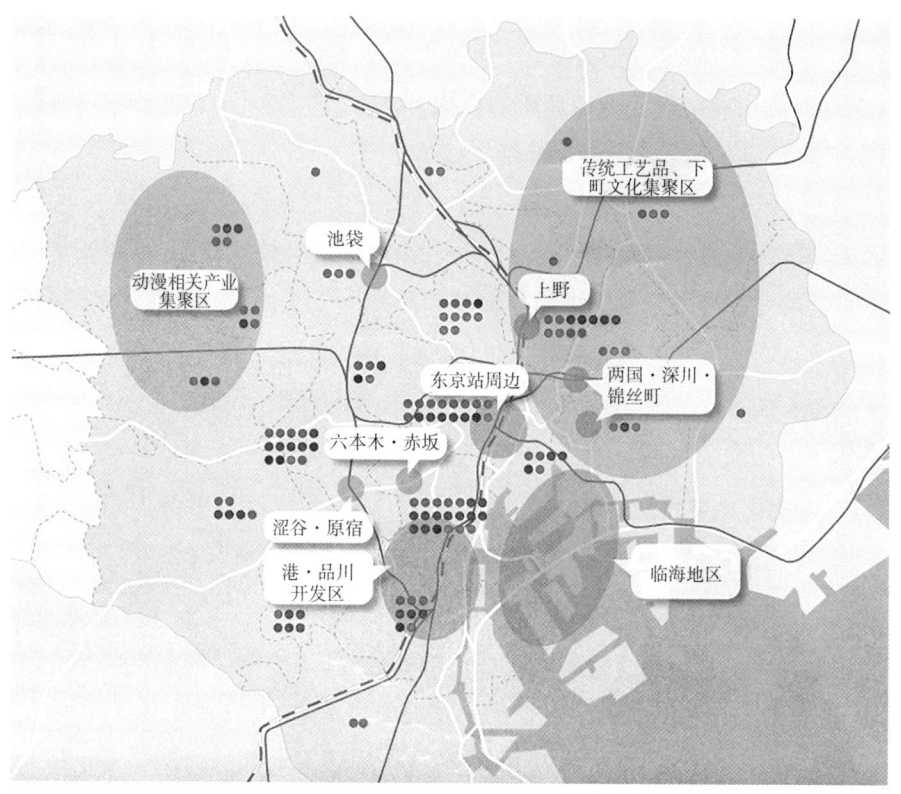

图8-2 东京文化资源集聚分布现状

资料来源:东京文化愿景。

上野地区:以"上野文化公园"为核心,打造能够代表日本的文化教育设施集聚区域;池袋、涩谷、原宿地区:各类时尚元素集聚,传播日本的流行文化;六本木、赤坂、东京站周边:推进多个城市开发项目的同时建设一批文化设施;临海地区(港区、品川地区等):将一批奥运会与残奥会赛场与文化艺术设施融合,打造特色街区;两国、深川、锦丝町地区:以江户东京博物馆与东京现代美术馆为核心,实现历史传统与现代艺术共存的文化艺术街区;多摩、岛屿地区:拥有丰富的乡土艺术及传统文化资源,另有一批艺术类大学坐落于此;区部西北部地区:包括杉并区、练马区、新宿区、中野区、丰岛区在内的东京都区部西北部地区,集聚着一批知名动画制作及相关上下游企业,是日本动画产业的中心。

四 文化集聚区案例

(一) 上野文化公园概况

上野文化公园(Ueno Cultural Park)于2015年正式设立,主体部分位于东京台东区,部分位于文京区与千代田区,是由日本文化厅、东京政府以及台东区政府共同推进建设的重要文化集聚区(图8-3)。该集聚区以上野恩赐公园为主体,占地面积约80万平方米,总建筑面积约18.4万平方米,各设施馆藏总数约400万件。[①] 集聚区及毗邻区域内既有宽永寺、上野东照宫等历史建筑,也有国立西洋美术馆、东京国立博物馆等国家级文化设施,东京艺术大学、国立教育政策研究所等文化艺术类的教育及科研学术机构同样坐落于此,还有不忍池等自然景观。区域内的文化资源具有种类丰富、数量繁多、历史悠久、国际知名等特点。日本政府及东京政府希望将其打造成为日本及东京的文化新名片,展现新时代日本文化的魅力。

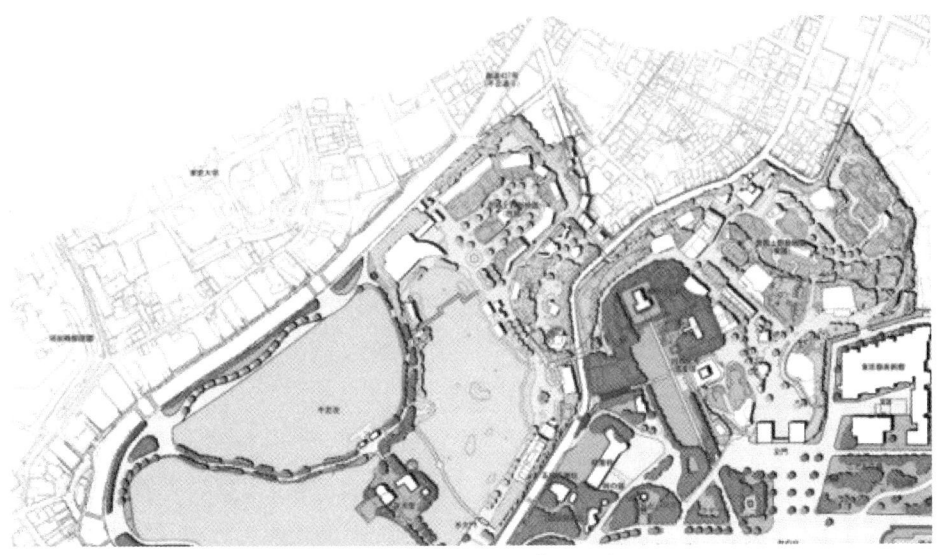

图8-3 上野文化公园范围示意图

资料来源:上野恩赐公园再生基本计划概要。

[①] 東京都生活文化スポーツ局文化振興部企画調整課,東京文化ビジョン[R]東京都:東京都生活文化スポーツ局,2015:26—27.

(二) 上野文化公园发展历程

1924年,日本宫内省将"上野动物园"更名为"上野恩赐公园";1926年,日本首家公立美术馆东京都美术馆落成。二战结束后,上野恩赐公园一片落魄景象。随着战后的重建,新的文化设施开始在这里出现。1954年,国立西洋美术馆建成;1961年,东京文化会馆落成;1972年,上野之森美术馆开馆。进入21世纪后,国际儿童图书馆开馆(2000年)以及国立西洋美术馆入选世界文化遗产(2016年)[①]等事件,进一步巩固了上野地区作为日本文化中心的地位。

2013年是上野文化公园的起始点,其重要的背景是东京申奥成功,日本开始思考如何向世界展示新时代的国家文化魅力。2013年11月,东京艺术大学提出《上野公园艺术文化特区构想》,号召打造全球顶尖的文化集聚区。鉴于上野恩赐公园区域巨大的文化影响力,日本文化厅于当年12月成立了由文化厅长官和东京艺术大学校长共同领衔的"'上野文化公园'新构想推进会议",标志着中央政府的力量开始正式介入这一重要文化集聚区的更新建设。2014年3月,文化厅公布的《文化艺术立国中期计划》中,明确将上野文化公园的每年到访人数列为该计划的重要监测指标。2015年,日本中央政府版的《"上野文化公园"新构想》正式公布,宣告了"上野文化公园"作为日本重要的文化资源集聚区,开始加快整合与建设的步伐。同年,东京政府将推进"上野文化公园"集聚区发展列入《东京文化愿景》。台东区于2019年公布的《台东区都市总体规划》中,将上野恩赐公园及周边区域列为重点建设区域,将大力完善文化集聚区周边的公共设施,提升区域防灾能力,以期通过文化集聚区带动当地的艺术文化氛围及旅游产业发展。

(三) 上野文化公园的集聚区管理体制

上野文化公园的集聚区管理运营体制,可以总结为"一个管理核心,设施各自实施,地方强力外援"。

一个管理核心:为了推动上野文化公园的整合建设,根据《"上野文化公园"新构想》,由上野文化公园内的各文化教育设施、中央及地方政府、民间企业团体等共同组成的"'上野文化公园'新构想实行委员会"于2015年9月成立。以该委员会为核心,通过文化艺术资源的整合运用,将该区域打造成为国际级的文化

---

① 国立西洋美术馆作为包含日本在内的7国共同推荐的17座"勒·柯布西耶系列建筑"之一,于2016年7月入选联合国世界文化遗产。

艺术集聚区。该委员会自成立以来,始终保持15家文化教育设施、8家政府机构以及4家民间企业的组成结构(表8-2)。这样的"阵容",囊括了上野文化公园运营所牵涉的各个方面,足以确保文化集聚区运营的高效与顺畅。

表8-2 上野文化公园新构想实行委员会组成机构

文化教育设施	政府机构	民间企业
东京国立博物馆	文化厅	上野观光联盟
东京艺术大学	国土交通省都市居	JR东日本
国立科学博物馆	东京生活文化体育局	京成电铁
国立西洋美术馆	东京建设局	东京地下铁株式会社
国立国会图书馆国际儿童图书馆	台东区	
东京文化财研究所	千代田区	
日本学士院	文京区	
日本艺术院		
东京都美术馆		
东京都恩赐上野动物园		
东京文化会馆		
上野之森美术馆		
宽永寺		
国立近现代建筑资料馆		
上野学园		

资料来源:上野文化公园官方网站。

设施各自实施:上野文化公园内的各个文化教育设施承担着各自不同的艺术、学术与社会职责,因此需要在上野文化公园新构想实行委员会的方针指导下,根据各自不同的组织形态、内部资源以及所担负的职责,采取自主行动,创造性地完成上野文化公园的集聚区建设目标,达到既保持目标统一,又兼具各自特色的效果。

地方强力外援:上野文化公园新构想实行委员会组织的大型项目,由于需要东京地方政府的配合,因此东京艺术议会(Arts Council Tokyo)参与其中。东京艺术议会是东京文化艺术政策铁三角[①]中负责项目提案与项目实施的机构,在

[①] 东京文化艺术政策铁三角包括东京政府(政策制定、财政支出)、东京艺术文化评议会(政策提案、政策评估)以及东京艺术议会(项目提案、项目实施)。

这一强力外援的支持下,上野文化公园在东京的各个项目才能够顺利开展实施。

(四) 上野文化公园内的文化旅游教育资源

上野文化公园被称为"文化资源的宝库"[①],丰富的文化、旅游和教育资源使得该地区在文化艺术、旅游以及经济增长方面仍有巨大的潜力可以挖掘。目前,在上野文化公园设施及机构共21所,其中包括2所博物馆、1所图书馆、4所美术馆、3所纪念馆、2所资料馆、2所音乐厅、2家艺术类大学、1所学术研究机构、2所荣誉机构[②]、1所动物园和1处寺院(表8-3)。

表8-3 上野文化公园内的文化旅游教育资源

	名称	类型	隶属	文化财级别
1	东京国立博物馆	博物馆	文化厅	
2	国立科学博物馆	博物馆	文化厅	
3	国立西洋美术馆	美术馆	文化厅	世界文化遗产
4	下町风俗资料馆	资料馆	台东区	
5	旧岩崎邸庭园	纪念馆	东京都	国家级重要文化财
6	东京都恩赐上野动物园	动物园	东京都	
7	东京都美术馆	美术馆	东京都	
8	东京艺术大学美术馆	美术馆	文部科学省	
9	东京艺术大学奏乐堂	音乐厅	文部科学省	
10	东京文化会馆	音乐厅	东京都	
11	上野之森美术馆	美术馆	私立	
12	国立国会图书馆国际儿童图书馆	图书馆	国会	
13	国立近现代建筑资料馆	资料馆	文化厅	
14	宽永寺	寺院	—	国家级重要文化财
15	东京艺术大学	艺术院校	文部科学省	
16	东京文化财研究所	研究机构	文化厅	
17	日本学士院	荣誉机构	文部科学省	

---

① アーツカウンシル東京の事業. [EB/OL] [2022-03-22]. https://www.artscouncil-tokyo.jp/ja/what-we-do/support/activity/hub-formation/26854/.
② 日本学士院与日本艺术院分别是为表彰学术界与艺术界有重要功勋的人士所设立,是日本的国家级荣誉机构。

续表

	名称	类型	隶属	文化财级别
18	日本艺术院	荣誉机构	文化厅	
19	上野学园	艺术院校	私立	
20	黑田纪念馆	纪念馆	文化厅	国家级登录有形文化财
21	横山大观纪念馆	纪念馆	私立	国家级名胜史迹、国家级重要文化财

资料来源：作者整理。

综合上野文化公园内的文化旅游教育资源，可以发现以下特点：

一是能级高。21处设施中，由国会、文化厅及文化科学省等国家级机构管理的有12所，由东京政府管理的有4所，两者合计占比76.2%。这些设施都是由国家级财政或东京财政予以保障，因而在预算金额、国内国际地位方面都要高于普通文化设施。此外，21处设施中有世界文化遗产级别的建筑，多处国家级重要文化财、国家级登录有形文化财以及国家级名胜史迹，这些世界级、国家级的重要设施，为上野文化公园打造面向全球的文化传播力提供了物质基础。

二是种类齐。上野文化公园的21处设施中，包含了博物馆、美术馆、图书馆、纪念馆、资料馆、音乐厅、动物园、艺术大学等种类丰富的文化艺术机构，也有近600年历史的古老寺院，可以说涵盖了大部分常见的艺术文化形式。正是如此齐全的种类分布，使得游客不论年龄如何、文化艺术喜好如何，都可以在上野文化公园中找到适合自己参观的文化艺术设施。

三是代表性强。上野文化公园内国家级文化教育设施超过半数，这些国家级设施时常能吸引到全国顶级艺术家乃至世界级艺术家的来访与演出，或是国宝级收藏品的展览。因而，每当顶级艺术家、顶级展品齐聚时，上野文化公园就成了该领域内代表日本最高水准的文化艺术区域。

（五）上野文化公园内的集群互动

1. 集聚区范围内共同举办大型活动

上野文化公园内的集群互动，最显著的特点是集聚区内各设施共同参与举办大型文化艺术活动。这些活动不仅动员了集聚区内各设施的资源，更是将国内外的一流艺术家集聚一堂，每年举办多场面向公众的文化艺术活动，不断增强对文化艺术爱好者以及海内外游客的吸引力,实现上野文化公园在国内外的影响力扩张。

上野文化公园内的协同大型活动共分两类:一类是以展示文化艺术魅力为中心的"艺术活动",如邀请国际上知名艺术家在上野文化公园内举办展览或演出;另一类是以市民参与为主要目的的"市民活动",如举办市民讲座(表8-4)。

表8-4 上野文化公园内主要的协同大型活动举办情况

活动名称	举办时间	活动概要
东京数寄①节 2016	2016.10.21 至 2016.10.23	邀请日本国内外知名艺术家到场,包括讲座、音乐会、研讨会、茶道体验等多个主题活动。活动期间共吸引约32万人到场
上野夜公园	2016.12 至 2017.12	配合各文化设施的夜间开放活动,在公园内多处地点开展灯光秀、音乐会、夜间游园等特色活动
东京数寄节 2017	2017.11.10 至 2017.11.19	活动时间大幅扩展至10天,活动内容更丰富,共吸引约77万人参与
上野巡回音乐会	2018 至今	每年初春时期,在公园内多个文化设施内举办音乐会,活动时间不超过两天
上野建筑之旅	2017.1 至 2017.3	上野文化公园内有多座优秀的近现代建筑,其中国立西洋美术馆更是知名建筑大师勒·柯布西耶的得意作品,入选世界文化遗产。在2个多月的时间里,让观众游客对各个设施有更深入了解
人尽可享的上野	2017.12	多个设施共同参与,通过手语服务、婴儿照顾服务、婴幼儿导览服务、翻译服务等,帮助儿童、残障人士、带婴幼儿的父母以及留学生等人群更好地参观
上野一起来(包容性文化艺术创新传播据点打造计划)	2018年起每年不定时举办	文化厅的年度重点项目,活动范围扩展至上野文化公园周边地区。活动形式包括讲座、研讨会、鉴赏会、展览、演出等
上野艺术之旅	2019.3	在上野文化公园及周边范围内设计3条适合不同人群的观光线路,包括VR历史与世界文化遗产、自行车游览、博物馆与樱花等

资料来源:上野文化公园官方网站。

---

① "数寄"原是茶道用语,指喜好茶道的风雅之人,在此意为喜爱文化艺术的人群。

2. 发行通用入场券

为了充分利用集聚区内资源，方便游客观众参观游玩整个区域，上野文化公园自成立伊始就开始设计域内文化设施及部分周边文化设施通用的门票方案。

在上野文化公园成立的第2年，正式推出了"上野护照（UENO Welcome Passport）"，价格为2 000日元（普通版）和3 000日元（可参观1个特别展览），若参观护照范围内所有设施的话，优惠幅度超50%。在上野护照推出后，除单独购买各设施的门票外，对于有时间遍历上野文化公园内各个设施的游客及文化艺术爱好者而言，能够以优惠价格入场参观，并享受一系列额外优待。上野护照的推出，既方便了有需求的游客，降低参观成本，吸引更多的游客前来，也让持护照参观的游客享受到更优质的服务，进一步提高公园的美誉度。

3. 实施整体化国际化的宣传策略

在上野文化公园设立之前，域内各设施的宣传基本都是各自实施，仅在台东区政府的组织下偶尔会进行共同宣传，但力量有限，且缺乏常设的宣传网站。上野文化公园成立后，打造整体化宣传模式被提上日程，且宣传对象聚焦国际游客。除集聚区成立时立刻上线的官方网站（ueno-bunka.jp）外，在2018年推出UENOYES系列活动后，紧跟着上线了UENOYES主题活动网站。2020年3月，进一步推出专门介绍东京与上野历史文化的"Tokyo Ueno Wonderer"，开辟面向对日本文化感兴趣人群的宣传窗口。

4. 多方共同发力助力国立西洋美术馆申遗成功

日本政府于2007年9月决定参与由法国政府主导的、共有6个国家参与的世界文化遗产申请计划，主题是"勒·柯布西耶的建筑与城市计划"，而位于上野的国立西洋美术馆正是由勒·柯布西耶设计建造的知名建筑之一。①

在日本政府做出决定后，国立西洋美术馆所在的东京台东区积极响应，相继设立"台东区议会国立西洋美术馆本馆世界遗产登录推进议员联盟""台东区国立西洋美术馆世界遗产登录推进会议"以及"国立西洋美术馆世界遗产登录上野地区推进委员会"3个组织，集合区政府、区议会、区域自治组织、商店街、观光协会以及本地居民的力量，共同推进申遗相关事务以及对外宣传活动。最终，国立西洋美术馆于2016年正式入选世界遗产名录，大大提高了此时已经成立的上野

---

① 国立西洋美術館を世界遺産に．[EB/OL] [2022-03-29]. https://www.city.taito.lg.jp/other/sekaiisan/seibi_4touroku.html.

文化公园的文化实力能级与旅游观光吸引力。

5. 各设施职员的协同培训

人才的流动与共同培训是上野文化公园在集聚区范围内开展资源共享与协同的又一主要措施。在人事交流方面，上野文化公园内各个设施已经开始实施研究人员、职员与志愿者的交换流动。而在协作培训方面则是充分利用东京艺术大学的文化艺术教育资源，基于东京艺术大学的"国际艺术资源中心（IRCA）"开展对集聚区内各文化艺术设施的职员培训，培育一批具有国际事业的文化艺术设施管理人才与研究人才，从整体上提升集聚区的专业能力与服务水平。

6. 集聚区范围内的软硬件设施改善

上野文化公园设立之前，集聚区内公共空间的软硬件设施升级与维护缺乏明确的主体，仅靠上野恩赐公园的力量与预算难以支撑为大量吸引国际游客所需的软硬件升级。在文化集聚区设立后，以上野文化公园新构想实行委员会为主体，依托中央政府与东京政府的力量，集聚区及周边区域的软硬件设施升级得以快速开展。

这些措施包括：大幅改善周边的公共出行环境，合理规划周边公共道路；完善公共WIFI系统，改善使用体验；公园内设立更多的休憩与餐饮区域，在各个设施中引入更多的餐饮服务；升级夜间照明系统，完善步行参观动线，增加治安摄像头，打造步行游览的天堂；大幅增加与完善无障碍设施，增加指示牌与英文指引系统，方便特殊人群与外国游客参观游览；在公园内的公共空间、各设施内及公园周边区域设置更多的展示区域，加大对上野文化公园的宣传力度；在各个设施分别制定防灾措施的情况下，增加集聚区的整体防灾计划，进行协同防灾演练，提升上野文化公园的整体安全性。

第九章

新 加 坡

新加坡是一座充满生动活力的"全球城市",也是一座宜居宜业的城市。新加坡制定的艺术和文化景观的蓝图,为新生的文化场景和新兴的文化认同提供了推动力。新加坡推出了复兴城市计划,着力加强城市活力、建设能力和社区外展。与此同时,蓬勃有力的社区文化带动了当地文化集聚区的发展,文化与其周边的住宅、商业、医疗、交通和公共设施间的相互联动,为市民提供近在咫尺的繁华生活;依靠多元化集聚区的吸引力,文化集聚区内的图书馆、博物馆、美术馆、体育馆等公共文化机构得以更大限度地发挥功用。

一 城市发展概况

(一)城市概览

新加坡,也被称为狮城,位于马来半岛南端,赤道以北约 137 千米,占地 728.3 平方千米[①],是东南亚一处气候温润的热带岛屿,由主岛和大约 60 个较小的离岛组成,包括圣淘沙(离岛中最大的岛屿)、乌敏岛、圣约翰岛和姐妹岛等。

---

① Singapore Department of Statistics. Environment [EB/OL]. (2022-01-24) [2022-04-18]. https://www.singstat.gov.sg/find-data/search-by-theme/society/environment/latest-data.

新加坡的人口是多元化的,多数为华人,还有马来人、印度人和欧亚混血人等四大族群,截至2020年人口数达568.58万。① 由于种族的多样性,新加坡至少存在四种官方语言——英语、汉语、马来语和泰米尔语。英语是行政、商业和工业的主要用语,也是学校的主要教学语言。汉语跨越方言障碍,也被大力推广使用,三分之一的学校用普通话授课。马来语被指定为该国的国语,与英语一样,它被广泛用于族群之间的交流,鉴于新加坡和马来西亚之间的密切联系,它发挥着巨大的作用。

新加坡2020年国内生产总值(GDP)3 474.12亿美元。② 新加坡是全球金融中心、世界上人口最稠密的地区之一,因拥有世界级的瀑布城市机场和被列入世界遗产名录的植物园而闻名。新加坡是著名的旅游胜地,气候炎热潮湿,非常干净;而且由于开垦,土地面积不断扩大。新加坡也被称为"即时亚洲",城市规划完善,干净绿色,安全有保障。经过多年的发展,新加坡在许多领域皆有卓越成绩,并因而获得诸多国际荣誉。③

(二)文化发展战略④

在经济和城市发展的同时,新加坡在文化建设和宜居性方面也取得了长足的进步。30多年前,由新加坡前总统和时任副总理王廷昌领导的全国委员会制定了新加坡艺术和文化景观的蓝图。文化和艺术咨询委员会(ACCA)的报告被广泛认为是一个分水岭,为新生的文化场景和新兴的文化认同提供了急需的推动力。随后,复兴城市计划(RCP)在其所有三个阶段均以ACCA的建议为基础,重点是增强活力、建设能力和加强社区外展。ACCA和RCP均强调艺术和文化在国家建设和经济增长中的作用。在新加坡作为一个民族国家的生存能力和成功以及作为艺术和文化市场的更大背景下,这些规划将继续发挥重要作用。自1988年以来,新加坡的文化活力呈指数级增长,活动增加了近20倍。新加坡

---

① Singapore Department of Statistics. Population and Population Structure [EB/OL]. (2022-01-24) [2022-04-18]. https://www.singstat.gov.sg/find-data/search-by-theme/population/population-and-population-structure/latest-data.
② Singapore Department of Statistics. National Accounts [EB/OL]. (2022-01-24)[2022-04-18]. https://www.singstat.gov.sg/find-data/search-by-theme/economy/national-accounts/latest-data.
③ Ministry of Foreign Affairs, Singapore. 新加坡简介[EB/OL]. (2022-06-16)[2022-06-17]. https://www.mfa.gov.sg/Overseas-Mission/Beijing/CN/Beijing-CN/About-Singapore.
④ Ministry of Culture, Community and Youth, Singapore. Cultural Masterplans [EB/OL]. (2022-05-23) [2022-06-17]. https://www.mccy.gov.sg/sector/policies/cultural-masterplans.

观众可以全年选择各种节日、集市、活动,对艺术和文化的需求与时俱进,门票参观人数和博物馆免费参观人数分别增长了3倍和8倍。如今,新加坡国家图书馆、滨海艺术中心(海湾剧院和国家博物馆)等机构已成为家喻户晓的名字和珍贵的城市象征,彰显传统与现代、东方与西方的独特融合。私营部门和社区主导的机构和艺术活动与国家机构和活动一起蓬勃发展。新加坡经常被贴上"亚洲新兴艺术和文化中心"的标签。

2010年3月,新加坡启动艺术与文化战略审查(ACSR),并将新加坡的文化发展规划至2025年。ACSR审查了由私营部门、社区和艺术文化部门领导的现有艺术和文化政策和项目,进行了一系列全面的公众咨询,以对新加坡未来文化发展的建议征求意见。ACSR的报告是战略审查和公众咨询的成果,也是私营部门、社区和艺术文化部门与政府之间合作的象征,将把新加坡文化发展推向下一个高峰。ACSR将新加坡下一阶段的文化发展重点转移到人民和社会上,为未来搭建舞台,在这个未来中,艺术和文化是成为新加坡人的基本组成部分。

1. 艺术与文化战略目标

到2025年,新加坡艺术与文化战略的目标是,成为一个有教养和仁慈的人民的国家,以传统为家,为新加坡身份感到自豪。到2025年,新加坡人每年至少参加一次艺术和文化活动的比例翻一番,从40%翻倍至80%,积极参与艺术和文化活动的新加坡人数比例从20%增加到50%。

2. 艺术与文化战略愿景

新加坡2025年艺术与文化战略愿景包括两部分,同时两个愿景各有对应的战略方向和三项战略支持。

(1) 艺术和文化将成为人们生活中不可或缺的一部分。

各行各业的新加坡人将有机会欣赏和参与艺术和文化,参加演出、展览或读书被视为人们的日常事务。

人们可以轻松参与各种满足不同兴趣的艺术和文化活动。艺术和文化为人们的日常生活增添色彩,从很小年龄的时候开始,且不限于工作、生活、学习和休闲等场所。

重视文化多样性以及将新加坡人团结起来的各种文化。支持文化遗产中传统艺术的持续增长和发展,旨在增加地方感、社区感、归属感和机会感。

对个人而言,将对艺术和文化产生终生兴趣,并认可共同的遗产、社区和国家的集体记忆以及艺术和文化在生活中的普遍性。

大力增加对艺术和文化领域的支持。包括支持蓬勃发展、自我维持的创意社区发展的粉丝、观众、志愿者、赞助商、慈善家和导师。

战略方向：参与

战略支持：将艺术和文化带给每一个人，每个地方，每一天。A) 接触新受众；B) 深化终身参与；C) 激发全国行动。

(2) 文化景观将由优秀的文化机构和产品组成，并由广泛的人才提供支撑。

在努力为艺术和文化提供更广泛的支持和参与的基础上，力求提高各个层面的艺术和文化产品的质量。

拥有世界知名的文化机构和产品，作为民族自豪感的源泉，并受到国内外认可。将成为当地人和游客记忆中的"必看"，以此激励艺术和文化领域人士不断追求卓越。

为专业人员提供高标准的培训、发展和升级空间，提高艺术和娱乐行业以及私人捐助者对专业人员的赞助，激励他们做出贡献，以支持上述标志性的文化机构和产品。

卓越的艺术和文化不受任何一种流派或艺术形式的定义，也不受传统或当代的定义。因此，新加坡将拥抱包容性和文化、流派、标准和实践的多样性，利用内在的张力，例如传统与当代之间、"高雅艺术"之间的张力和流行文化创造独特和创新的作品。

战略方向：卓越

战略支持：构建能力实现卓越。A) 发展文化机构、公司和产品；B) 投资人才，支持职业抱负；C) 携手合作伙伴创造佳绩。

3. ACSR 有关艺术与文化战略建议

ACSR 围绕艺术与文化战略面向不同的主体提供了相关建议（表 9-1）。

表 9-1 ACSR 艺术与文化战略建议一览

人　群	建　议
学生和青年学员	更高质量的艺术和文化课程，作为课外活动（CCA）和课程的一部分； 学校提供更优质的艺术和文化设施； 加强高等教育； 支持继续参与艺术和文化，并过渡到高等教育或放学后的生活； 更多的培训和发展机会，例如奖学金、指导和学徒制； 更多机会加入当地社区艺术和文化团体，在毕业后继续追求他们的兴趣

续表

人 群	建 议
专业人士	参与工作场所的艺术和文化活动的机会； 提供更多艺术与文化的数字平台和信息服务； 鼓励将支持艺术和文化作为企业社会责任的一种形式
家庭工作者	电视和广播中播放更多免费的艺术和文化内容； 更多地获得课程、研讨会和展示爱好和手工艺的机会； 更多机会通过艺术和文化活动进行社交和交流
老年人	艺术和文化元素融入健康和兴趣爱好活动中； 人民协会网络通过更多的艺术和文化活动活跃起来； 社区俱乐部提供更多更好的艺术和文化设施； 与下一代分享个人经历和记忆的机会
社区干部和社区团体	更多的机会去发现、发展和展示社区人才； 组织社区艺术和文化活动方面，给予更大的权力和更多的支持； 展示社区和民族文化上提供更多的支持
兴趣爱好者	更多机会来发展手艺，例如比赛和手工艺品展览会； 家门口规划合适的空间提供练习、表演和展览作品； 提供在全岛范围内寻找志同道合的团体的综合网络
观众	易于了解艺术和文化的访问程序； 方便的线下和在线平台，用于定位艺术和文化内容、活动； 充满活力的公共空间和具有强烈地方特征的文化区； 更高质量的艺术和文化活动、活动和产品
艺术和文化从业者和组织	资金满足专业人士、组织和艺术形式的特定需求； 简化拨款和营业执照申请流程和关键绩效指标； 更多更好的提升能力的机会，例如继续教育和培训指导和学徒制； 为自由职业者和内容创作提供更多支持和创作环境； 全岛范围内提供更多品质专业、价格合理的表演和展览空间
教育工作者和教育机构	为艺术教育者提供更多的曝光和提升能力的机会； 为高等院校学习艺术和文化硬件和软件提供更多资源
赞助人、慈善家和志愿者	扩大税收激励和匹配补助计划，以激励更多的捐赠； 对艺术和文化贡献更大程度的认可
企业	充满活力的艺术和文化市场； 支持文化企业共同发展的举措； 鼓励将商业空间用作画廊的计划

（三）文化管理机构和主要活动平台

1. 文化管理机构

文化、社区和青年部（MCCY）是新加坡的文化管理机构。MCCY力求通过艺术和体育来激励新加坡人,让年轻人参与进来,加强社区纽带,促进捐赠。MCCY致力于建立一个自信和有韧性的新加坡,让充实和敬业的人民生活在一个有凝聚力和关怀的社会中。[①] MCCY下设5个法定委员会和10个机构,负责推动、执行各项政策、倡议和计划。

2. 主要活动平台

新加坡日益活跃的艺术、文化和遗产节目,以及参与的国际节日,使新加坡成为经济中心和文化之都,成为一个有个性和宜居的城市(表9-2)。

表9-2 新加坡艺术、文化和遗产主要活动平台[②]

活动名称	活动内容
邻里艺术(AYN)	由国家艺术委员会发起,将丰富的艺术体验带到民众家门口。民众可享受由知名艺术家和艺术团体在岛上各个空间举办的互动艺术节目
动起来(GTM)	由国家艺术委员会发起的一项全国性舞蹈运动,旨在展示新加坡舞蹈的多样性。除了每年10月的固定活动外,GTM全年举办两次弹性活动,旨在激发新加坡人对舞蹈的兴趣并加深欣赏。GTM也是一个汇集新加坡舞蹈专业人士和爱好者的全国性平台,向不同的观众展示才华和作品
激情艺术(PAssion Arts)	人民协会于2012年发起了激情艺术活动,旨在将艺术和文化带入社区,丰富居民的生活,重新定义新加坡的文化景观。利用基层工作人员和3 000多名志愿者的热情和知识,通过一系列艺术和文化举措吸引了222 000名参与者
银色艺术(Silver Arts)	银色艺术自2012年起由国家艺术委员会组织,倡导老年人在艺术领域继续发挥余热,致力于庆祝和创造老龄化的年度节日。通过艺术家、艺术组织和社区之间的合作,将艺术融入老年人的生活,提高他们的整体幸福感,加强代际间的理解
新加坡艺术周(SAW)	SAW是新加坡一年一度的视觉艺术庆典,在1月份举行,预示新一年的开启。SAW由国家艺术委员会、新加坡旅游局和新加坡经济发展局联合举办,展示新加坡领先艺术。为期9天的视觉艺术庆典在新加坡各地举行,从画廊和博物馆到艺术区和独立艺术空间

---

① Ministry of Culture, Community and Youth, Singapore. OUR AMBITION [EB/OL]. (2019-03-01) [2022-04-18]. https://www.mccy.gov.sg/about-us/our-ambition.
② Ministry of Culture, Community and Youth, Singapore. Key Events and Platforms [EB/OL]. (2021-10-19) [2022-04-18]. https://www.mccy.gov.sg/sector/initiatives/key-events-and-platforms.

续表

活动名称	活动内容
新加坡双年展(SB)	SB成立于2006年,是当代艺术的领先平台,将新加坡的艺术家置于全球范围内,支持与国际艺术界的合作。双年展为当地视觉艺术家、艺术组织和企业提供了新的机会,通过艺术推动更深层次的公众参与,提升了新加坡作为一个生活、工作和娱乐的充满活力的城市的国际形象
新加坡文化遗产节(SHF)	自2004年起,国家遗产委员会的年度活动SHF成为新加坡人聚集在一起庆祝的多元文化的平台。节日期间,新加坡各地的购物中心和旅游目的地举办不同的活动和文化表演,以宣传新加坡的传统文化
新加坡国际艺术节(SIFA)	SIFA是新加坡一年一度的顶级表演艺术节,呈现了跨越戏剧、音乐、舞蹈、电影和视觉艺术的作品。SIFA于1977年首次作为新加坡艺术节推出,历经数次演变,激励了一代又一代的艺术爱好者和从业者
新加坡夜间音乐节(SNF)	自2008年以来每年举办一次的SNF已成为新加坡艺术和遗产带有标志性和备受期待的节日。SNF由该地区的博物馆和合作伙伴提供节目,SNF也为当地艺术家和表演者提供了一个展示才华和作品的平台
新加坡作家节(SWF)	SWF是亚洲著名的文学盛事之一,始于1986年,现在每年举行一次,向新加坡人展示世界主要的文学人才,并聚焦本土的创意人才。SWF也是世界上为数不多的多语种文学节之一
威尼斯双年展	威尼斯双年展于1895年首次举办,是世界上最负盛名的展示当代艺术的非商业平台之一,也是每两年举办一次的当代艺术展览。新加坡自2001年以来连续6轮参展,从2013年第55届中止,展出了14位当地艺术家和7位策展人的作品。新加坡于2015年重返威尼斯双年展

此外,新加坡还有其他许多由各个艺术机构的人才组织的节日和活动,例如"Baybeats""华谊-中国艺术节""Kalaaa Utsavam-印度艺术节""Light to Night""Octoburst!""Pesta Raya-马来艺术节"和"总统青年节"。

(四)文化资助措施

1. 艺术和文化复原力套餐[①]

根据新加坡政府网站2021年预算计划,随着现场表演和其他文化活动逐渐

---

① Ministry of Culture, Community and Youth, Singapore. Forging Forward Together[EB/OL]. [2022-04-18]. https://www.mccy.gov.sg/budget/budget2021.

恢复，艺术和文化复原力套餐（The Arts and Culture Resilience Package，ACRP）将增加 2 000 万美元，以继续支持艺术团体和艺术家，包括自雇人士（SEP）补助金和业务转型基金等新计划，以及 ACRP 运营补助金和场地租用补贴等原计划的扩展投入。

自雇人士（SEP）补助金。鼓励艺术和文化自由职业者之间的合作，每个项目的补助金额达 50 000 美元，以支持希望在项目上相互合作或与其他组织合作的艺术和文化自由职业者。

业务转型基金。支持业务转型工作，以帮助艺术和文化组织变得更加高效和可持续。对公司特定项目最高补助 30 000 美元，多组织项目最高 200 000 美元。

ACRP 运营补助金。推出第二批 ACRP 运营补助金，以帮助主要的艺术和文化组织支付其运营成本。符合条件的组织将于 2021 年 7 月获得 35 000 美元。

场地租用补贴。80％的场地租用补贴将再延长 3 个月，自 2021 年 4 月至 2021 年 6 月。MCCY 将同时扩大符合条件的场地名单。

2. 文化配对基金[①]

MCCY 设立文化配对基金（CMF），为私人现金捐赠寻找匹配的艺术和遗产部门注册的慈善机构，进行配对捐赠。CMF 的设立旨在鼓励民众对艺术和遗产部门的捐赠，创造一个更可持续的艺术和遗产场景，让更多新加坡人参与其中。

CMF 对于受助方有明确规定。只有主要从事和经营艺术和遗产部门的慈善机构，和经慈善事务专员批准接受免税捐赠的公益机构或组织才有资格参加 CMF。CMF 秘书处还可以根据具体情况考虑给予其他开展重要艺术和遗产活动的特殊慈善机构获得 CMF 的资格，以鼓励他们为艺术和遗产部门的利益做出贡献。

CMF 对于资金的使用设置了严格的限制。对于机构收到的前 300 000 新元的配对补助金，资金的使用应符合艺术和遗产慈善机构的规定目标以及慈善机构的治理规定，包括：间接运营成本，如工资、员工培训和发展以及租金成本。对于首个 300 000 新元以上的配套拨款，资金必须用于支持符合文化部门优先事项的项目。

---

① Ministry of Culture, Community and Youth, Singapore. Cultural Matching Fund [EB/OL]. (2021-09-28)[2022-04-18]. https://www.mccy.gov.sg/sector/policies/cultural-matching-fund.

3. 文化慈善①

文化慈善旨在激发人们对艺术和文化更强烈的欣赏，同时通过对新加坡艺术团体提供资金和实物的支持来促进艺术与文化的可持续性发展。除了政府的支持，MCCY鼓励企业和个人为发展新加坡的文化事业做出贡献。

新加坡于1983年设立艺术赞助人奖（POA），旨在表彰为促进新加坡文化和艺术活动提供私人支持的个人和组织。新加坡国家艺术委员会负责管理奖项。

新加坡于2006年发起遗产赞助人奖（POHA），旨在表彰为遗产事业做出贡献的个人和组织的捐赠和贡献。奖项涵盖新加坡的建筑、社区、社会和文化相关的遗产方面的推广和保护。POHA接受各种捐赠，包括现金、实物、艺术品、人工制品和档案材料等。

二 文化功能分区

（一）文化分区总览②

根据新加坡统计局有关文化娱乐的统计数据来看新加坡文化分区情况，新加坡统计局将新加坡的文化娱乐板块细分为文化场所、公共图书馆、艺术、体育、影院、社区兴趣小组、社区文化课程等七个类别进行数据统计。2020年度，新加坡社区俱乐部、居民委员会、居民网络的兴趣小组总数达6895个，参与人数为180128人次；社区俱乐部、居委会等举办的体育和表演艺术课程数达19694个，参与人数为168607人次；可以看出新加坡有效运用居民委员会、居民网络的力量，为民众提供近在身边的文化课程和搭建兴趣小组，提供接受文化的渠道和交流文化的平台，有效扩大了文化在社会生活中覆盖面和普及度。

2019年，新加坡参加艺术和文化活动的人数达到1560万人次，创历史新高；博物馆圆桌（MR）机构（包括50多个公共或私人的博物馆和画廊）的访问量创历史新高，接近960万次，其中国家博物馆（包括NHB博物馆、NGS和SAM

---

① Ministry of Culture, Community and Youth, Singapore. Cultural Philanthropy [EB/OL]. (2019-09-30)[2022-04-18]. https://www.mccy.gov.sg/sector/initiatives/cultural-philanthropy.
② Singapore Department of Statistics. Culture and Recreation [EB/OL]. (2022-01-24)[2022-04-18]. https://www.singstat.gov.sg/find-data/search-by-theme/society/culture-and-recreation/latest-data.

的项目)和遗产机构的参观人数创下近580万游客的新高(表9-3)。①

表9-3　2015—2019年新加坡文化统计数据

数量	2015年	2016年	2017年	2018年	2019年
表演艺术活动门票数/张	1 946 322	1 812 697	1 911 266	2 195 014	1 991 950
艺术和文化活动参加人数/人	9 017 614	9 536 519	11 308 550	11 435 517	13 647 967
博物馆圆桌机构参观人数/人	7 314 619	8 357 178	8 588 120	8 277 999	9 594 098
国家博物馆和遗产机构参观人数/人	3 803 291	5 119 976	5 416 324	5 386 651	5 777 502

资料来源：全国艺术委员会、人民协会、国家文物局、国家图书馆局、新加坡艺术博物馆和新加坡国家美术馆。
注：表演艺术活动门票数包括售出的门票和发行的免费门票。

(二) 地理文化分区②

根据新加坡城市发展局的规划，新加坡主要划分为六大区域，不同区域的发展文化各有侧重。

1. 拥有丰富的历史、文化和遗产的中心文化区

中心区是新加坡充满活力的城市中心，提供广泛的就业机会和商业机会，是全球商业和金融中心的所在地，也是充满活力的7×24小时生活方式目的地。居住地附近不断规划便利设施，令人愉悦的街道和公共空间彰显着新加坡丰富的文化遗产和绿色资产，中心区是城市生活宜居之地。市中心拥有丰富的历史和文化，也是一些著名的建筑和遗产地标的所在地。

2. 融入社区的中央文化区域

中央区域保留花拉公园游泳馆和曾经的拳击馆等熟悉的地标，来保护社区的体育遗产并激励未来的运动员们；运动场所和花拉公园也将整合在一起，以加强社区联系；推出花拉公园社区设计工作坊，鼓励体育和遗产团体以及居民参与进来。翻新后的广惠肇留医院保留了4幢旧医院大楼，设有翻新的文物画廊。

---

① Ministry of Culture, Community and Youth, Singapore. Arts & Heritage statistics and publications [EB/OL]. (2021-01-26) [2022-04-18]. https://www.mccy.gov.sg/about-us/news-and-resources/statistics/2019/jan/arts-heritage-statistics-and-publications.
② Urban Redevelopment Authority, Singapore. Master Plan [EB/OL]. (2022-06-17) [2022-06-17]. https://www.ura.gov.sg/Corporate/Planning/Master-Plan.

武吉知马社区提供全新的一站式综合设施,包括社区俱乐部、室内体育馆和社区图书馆,以提高宜居性。巴耶利巴中心(Paya Lebar Central)计划制定进一步活跃该区域的举措,使社区更具文化特色。Dover 知识区实现了周边商业园区、学术和研究机构的协同效应,共同提供充满活力的综合空间,创造新的工作机会和学习机会,并为新加坡经济增长持续发力。

3. 海滨沿线的东部文化区

东海岸公园附近的海湾社区提供宽敞的步行和自行车道,东海岸公园的一系列社区空间、设施和有趣的选择,使居民享受到更大的便利。淡滨尼区域南部也为居民创造了新的社区设施、绿地和新的综合开发项目。

4. 宜居包容的东北文化区

伦多山和罗弄泉社区都拥有新的公园为社区服务。榜鹅坊被设计为一个绿色遗产庄园,1.5 千米的遗产步道是其亮点之一。榜鹅市镇的综合社区中心,设有区域图书馆、商店、社区俱乐部、儿童保育中心和健康服务中心,与高架桥下的线性绿地连接,让居民可以步行到地区体育中心。

5. 热闹的北部文化区

绿意盎然、商机充沛的北地区将开发更多的一站式中心,建设热闹的新社区,满足居民各种生活、工作和娱乐选择。武吉坎贝拉拥有翠绿的公园式环境,包括游泳池和室内体育馆等设施。娱乐与社区中心克兰芝为当地的赛马场注入更多的康乐活动和社区空间,双溪布洛湿地保护区和万礼野生动物园吸引了许多家庭的到来。

6. 制造业中心的西部文化区

西部地区是新加坡最大的制造业中心。裕廊湖区规划了一个互补的休闲和娱乐集群,完美利用了该地区独特的湖滨和花园环境。裕廊创新区打造制造商、技术提供商、研究人员和教育机构的绿色生态系统。

三 文化集聚区建设

新加坡致力于建设宜居的社区环境,重视社区的开发和融合,对于公共图书馆的布局和功能也更多地思考与不同行业、社区环境的进一步融合。淡滨尼区域图书馆与其所在综合社区中心就达到了完美的融合,在文化集聚区内更大程度地发挥着图书馆功用,吸引着更多的人流量。

1. 建设需求

(1) 区域规划层面[①]。淡滨尼位于新加坡东部地区,人口众多,是当地一个成熟的区域市镇中心,有一系列的设施满足就业、文化、购物和休闲的需求。根据淡滨尼市镇规划和新加坡多个政府机构共同的努力方向,淡滨尼正被打造成为新加坡东部地区的一大文化集聚区(图9-1)。目前,淡滨尼还正在开发更多令人期待的项目,例如新的住宅、公园和配套设施。根据规划,淡滨尼旨在为居民建造宜居的居住环境并且自给自足,商店、医疗设施、学校、社区设施、文化机构和公园都由有效的交通网络联结,如滨海市区地铁线、跨岛线、巴士转换站等,居民可以通行无阻。

根据淡滨尼区域规划,鼓励图书馆进一步与社区合作,扩大社区合作的空间,提供更多体验性学习活动,例如专用的制造者空间和智能工作中心,以及探讨社区对图书馆某一部分或层面的拥有权。淡滨尼区域图书馆(TRL)与其他机构合作,提供相关资源来支持体验和学习,如整合社区学习空间,与伙伴机构合作在图书馆内开设烹饪室、兴趣小组和室内幼儿操场;此外,设有面向社区的志愿者平台、展览空间、作品展示平台等。

(2) 图书馆层面。根据新加坡国家图书馆局(NLB)制定的2015—2030年图书馆总体规划——"未来的图书馆计划",振兴新加坡的27个公共图书馆网络,以应对当前新加坡图书馆正面临着的特殊局面。位于购物中心的小型公共图书馆正变得越来越受欢迎和过度拥挤,而独立建筑中的大型图书馆则出现用户减少和使用率降低的情况;此外,图书馆用户的习惯和期望也随着时代的变化而变化。"总体规划"的主要战略之一是使新加坡的流行图书馆拥有更加便捷的场所,措施包括:翻新和增加位于购物中心内的图书馆空间;交通不便地点的独栋图书馆迁移到主要交通枢纽或购物中心以吸引人流。新加坡东部地区的淡滨尼区域图书馆就属于总体规划内就地整修或迁移的六个公共图书馆之一。作为基础设施的补充计划,总体规划的第二个战略是发展一个强有力的服务框架,为不同年龄组提供服务,从幼儿早期识字到老年人服务。

[①] Urban Redevelopment Authority, Singapore. Draft Master Plan 2019, What to Look out for in Tampines [EB/OL]. (2022-06-17) [2022-06-17]. https://www.ura.gov.sg/Corporate/Planning/Master-Plan.

第九章 新 加 坡

图 9-1 淡滨尼区域规划图

随着地理位置优越的大面积的新建图书馆的出现,淡滨尼区域图书馆(TRL)逐渐被看成是一个位于不太方便的位置的规模较小的地区图书馆。2015年,随着"未来图书馆总体规划"的发布,TRL 于 2017 年被迁移到一个新的综合社区中心,即淡滨尼中心。此举使 TRL 的面积从 6 208 平方米增加至 12 600 平方米,同时加强各项服务,并引入了创新的方法来吸引社区。

2. 充满活力的文化集聚区[①]

(1) 集聚区组成。淡滨尼区域文化集聚区的名称为"Our Tampines Hub"(OTH),2017 年推出,是新加坡第一个综合社区和生活方式中心,位于淡滨尼市中心便于访问的交通枢纽,附近有沿市中心线的 3 个地铁交通站节点。OTH 占地 5.7 万平方米,拥有单层 12 万平方米的建筑面积以及累积 23.2 万平方米的建筑面积。OTH 汇集了多家机构并提供全面的服务和设施,是一个真正可持续发展的社区。OTH 代表了一种以社区为中心的发展新模式,通过有意义的参与来鼓励充分的社区意识,通过多种体验丰富市民生活并赋予他们对枢纽的所有权,从而为社区建立强大的身份认同。OTH 汇集的一系列社区设施和服务,包括公共服务中心、社区中心、游泳池、足球场、可容纳 5 000 人的体育场、400 个座位的艺术剧院,以及一个带有餐厅和娱乐场所的零售商场,是社区居民充满活力的集聚区。

OTH 也是淡滨尼区域图书馆的最佳落户点。TRL 共有五层楼,是社区学习和协作的纽带,不同年龄的居民都可以在图书馆内寻找到舒适的阅读和学习环境。图书馆的一大特色是四个空中花园,人们可以在这里享受户外阅读。图书馆 20% 的面积,即 1 700 平方米的空间提供给了社区和商业伙伴,包括两个烹饪工作室、一间利益集团会议室、一个遗产画廊和一个室内儿童游乐场,社区和商业伙伴的服务纳入图书馆空间,让图书馆能够为读者提供全新的、多样化的体会和经验。

(2) 集聚区遵循的原则。OTH 文化集聚区的开发遵循三个原则:以居民为中心、优化资源和基础设施以及通过鼓励居民参与提高社区所有权意识。

作为以居民为中心的开发项目,参与式设计过程的 5 个"E"原则从一开始就被采用,确保将社区纳入设计过程。参与(Engage):通过社交媒体、焦点小组和街区聚会,为利益相关者和居民之间创造双向交流的机会;丰富(Enrich):加强项目团队和社区之间的信息交流,以便更好地管理短期不便,从而为社区带来长期利益;同理心(Empathy):对社区的愿望保持敏感,优先考虑集体的需求和

[①] Catherine Lau. Libraries of the Future: A Singapore Case Study [M] Ines Miersch-Süß. Libraries and Their Architecture in the 21st Century. DE Gruyter GmbH,2020:30-46.

愿望；赋权(Empower)：规模发展的长期维持依靠参与其中的居民产生主人翁意识；评估(Evaluate)：不断评估和与居民的互动以确保不断完善 OTH 的可持续发展。

OTH 倡导生态可持续性，不遗余力地优化资源和减少浪费。OTH 拥有环境解决方案和功能的闭环系统，即太阳能电池板、集水、储存和过滤设备、灌溉功能、绿色墙壁、自然通风、电动停车场和充电站、由生态消化中心支持的综合餐厨垃圾管理系统，将餐厨垃圾转化为 3 种副产品，即非饮用水、液态植物养分和有机肥料，供中心使用并与社区共享。

淡滨尼慈善运动(TKM)是新加坡慈善运动的一个分支，专注于建立一种对邻居和环境慈善的社区文化。OTH 通过志愿者在其运营的各个方面促进淡滨尼居民加强慈善意识，目标是让所有居民对建设良好的社区文化产生责任感，鼓励每一个人为创造一种对彼此和对环境更友善、更亲切的文化做出贡献。

(3) 独特的联锁结构。OTH 在建筑上被设计成环块，其社区空间被设计成连锁结构。例如，社区中心位于建筑第二层的 TRL 入口处附近，这种空间的连锁设计有利于鼓励社区合作伙伴间的合作，并使人们有多样、全面的学习体验。又如，烹饪工作室位于图书馆的第二层，与图书馆烘焙和烹饪方面的图书和电子出版物相联结，这种相关空间的连锁鼓励烹饪工作室的学生去图书馆探索烹饪知识。这类动手学习空间与图书馆融合还有很多，如触觉学习的创客空间与图书馆激发新思想和创新的馆藏在一起。通过这些连锁的空间，创造一个空间和另一个空间之间的视觉对话和接触，图书馆用户可以从视觉上意识到他们可以利用的其他空间。

(4) 集聚区发展模式[①]。作为新加坡文化、体育、休闲、娱乐一体化社区和时尚生活中心的先驱，OTH 从设计、建造到运营，始终贯彻了以人为本的合心生态(Hub Ecology)设计理念。从最开始的概念性策划到最终的落成，12 个政府部门代表、商业代表和不同年龄段的居民都紧密参与了各阶段的设计工作，真正实现了为民而建、与民共建的初衷，大大增强了淡滨尼社区的凝聚力。OTH 整合了其他利益相关者的设施，即国家图书馆委员会(NLB)、卫生部(MOH)、东北社区发展委员会(NE CDC)、社会和家庭服务部(MSF)、住房发展委员会

---

① People's Association，Singapore. Our Tampines Hub [EB/OL]. (2020-09-04) [2022-04-18]. https://www.pa.gov.sg/our-network/our-tampines-hub.

(HDB)、国家遗产委员会(NHB)、国家艺术委员会(NAC)等,致力于更好地为淡滨尼居民和居住在新加坡东部的人民服务,以满足新加坡人民不断提高的期望。

四 创新工作案例

1. 艺术复兴城市计划[①]

2000年起,新加坡坚持实施"文艺复兴城市"计划,旨在通过发展文化推动城市由工业经济向知识经济跨越。通过"文艺复兴城市"计划,进一步提高了新加坡文化艺术的国际认知度,增强了新加坡文化艺术领域的活力,提高了人们的艺术与文化的需求与欣赏水平。

2000年,新加坡推出第一阶段的"文艺复兴城市"计划,该阶段的主题是"艺术的'全球城市'",旨在通过艺术与文化建设培育新加坡的就业活力和生活魅力,并使计划惠及每个新加坡公民的知识学习,为国家文化的基础性发展提供支撑,核心内容是要把新加坡打造成为地区的文化、设计和传媒中心,以适应国家在新世纪由工业经济向知识经济转变的文化艺术需求。2005年,新加坡开始实施第二阶段的"文艺复兴城市"计划,增加资助金额,重点放在政府和企业界合作,将文化艺术作为新加坡在国际上进行整体形象推广的重要组成部分;在伦敦举办新加坡文化节,2006年起开办艺术展——新加坡双年展。2011年,新加坡"文艺复兴城市"计划进入第三阶段的中期,重点关注三个关键领域,即特色内容、动态生态系统和社区参与,并努力通过这一计划推动新加坡"文化艺术'全球城市'"的建设。

2. 志愿者计划[②]

国家艺术委员会(NAC)推出艺术志愿者计划,鼓励艺术志愿者利用他们的技能提升艺术体验,NAC为艺术志愿者们的前台工作、活动运营和艺人管理等方面提供专业支持。艺术志愿者可以联络官或展览向导的身份,丰富参观者的体验,并通过宣传和外展工作来倡导艺术。各种艺术活动或大型艺术节都有艺

[①] 林兰,索名一. 新加坡"文艺复兴城市"战略15年回顾[M]//国际城市发展报告(2017):丝路城市走廊——构筑"一带一路"战略主通道. 社会科学出版社,2017:219—227.

[②] Ministry of Culture, Community and Youth, Singapore. Volunteerism[EB/OL]. (2019-09-30)[2022-04-18]. https://www.mccy.gov.sg/sector/initiatives/volunteerism.

术志愿者的参与。

国家遗产委员会(NHB)的讲解员和志愿者是博物馆和遗产机构的灵魂,他们将新加坡的文物背后的故事变为现实。讲解员和志愿者主要由热衷于分享新加坡历史和遗产的私人组织和个人组成。博物馆之友和博物馆志愿者等私人组织是 NHB 的长期支持者,提供普通话的导游、解说。志愿者和讲解员的数量在不断增长,NHB 每两到三年招聘一次讲解员。

3. Kaya 故事[①]

在 MCCY 的官网有一个专门开辟的网页栏目,称为"Kaya",汇集了新加坡文化、遗产、艺术、社区、体育、青年等领域的故事,展示新加坡文化的多样性,振奋每一个新加坡人。这些故事虽然不会解决基本问题,但代表了新加坡人所生活着的多面社会。Kaya 故事通过专题报道、照片散文和纪录片,讲述了社区贡献、运动员成就、青春热血、多元文化遗产,呈现了新加坡城市的新面貌,在文化和社区、遗产和未来、前人和后人之间架起了一座桥梁。

---

① Ministry of Culture, Community and Youth, Singapore. Kaya [EB/OL]. (2022-05-11) [2022-06-17]. https://www.mccy.gov.sg/kaya.

第十章

中　国　香　港

香港是经济发展密集、交通发达、艺术和文化资产丰富的"全球城市"。近年来,特区政府积极投资于艺术文化、体育康乐、文物保护、环境保育、市区更新等多个领域,逐年增加对于发展公共文化服务体系和推广文化艺术的拨款数额。目前,西九文化区已发展成为香港著名文化地标,维港两岸的海滨长廊也已落成,市民可享受到富有创意和趣味的优质公共空间。文化集聚区正成为充满活力,适合工作、商贸、居住、创意及休闲娱乐的热门地点。

一　城市发展概况

(一) 城市概况

香港从小渔村变为充满活力的亚洲国际大都会,现已是中国最国际化和最开放的城市之一。香港是我国对外开放的窗口,凭借其国际一流的营商环境与改革创新精神,跻身于"全球城市"行列。

香港除了经济的发达外,还是一个重视艺术文化发展的城市。如今,人们越来越认识到文化创意产业的重要性和它带给城市的新机遇。香港独特的文化扎根于中国传统,受到西方文化的影响变得更加丰富多元。香港致力于建设一个开放、自由、多元的文化体系,文化管理机构紧凑、职责分明、管理细致深入。在这样一个系统里,特区政府不断加大公共文化投入、完善公共文化设施、扩大公共文化参与,并策划推广公共文化活动,以建成真正意义上的中外文化艺术交流中心和宜居城市。

(二)文化管理机构

中国香港特别行政区政府民政事务局负责制定和统筹在康乐、体育、文化和文物方面的政策。康文署是民政事务局辖下的执行部门,负责具体实施和推进后者制定的文化政策。

康文署负责保护香港的文化遗产、美化环境,以及加强体育、文化及小区团体之间的协作,筹办展览、体育活动及文化表演节目。[①] 康文署的主要业务部门有康乐事务部和文化事务部。

康乐事务部与香港 18 个行政区区议会紧密合作,规划和发展康乐体育新设施,确保各区新建的设施满足居民的需求。[②] 文化事务部负责策划及管理文体场馆,推广和举办文博展览、文化艺术展会,开展文物修护工作,管理音乐事务处和城市售票网点。[③] 文化事务部拥有 257 位来自各个行业专家的顾问,就文化艺术和文博活动等事宜提供意见。

香港艺发局是民政事务局辖下的另一个非政府部门的公营机构,协助政府制定文化政策,全方位发展香港艺术。此外,民政事务局还下设不同层次的决策咨询机构和委员会,运作各类文化资助项目,使决策更加科学民主。

(三)文化资助措施

香港特区政府提供的文化艺术资助主要可分为两大类:政府直接拨款和文化艺术基金。

政府拨款分为工程拨款和经常拨款两种。工程拨款主要用于香港的文化艺术基建发展,为演艺团体提供演出场地和设施,为艺术团体和艺术家提供创作空间和从事艺术活动的场所。香港特区政府 2018 年预留 200 亿港元用于在未来十年改善和发展文化设施,包括兴建新界东文化中心和文物修复资源中心,另外

---

① 香港特别行政区政府 政府新闻处.香港 2020 第二十章 康乐体育和文化艺术[EB/OL].(2021-08-02)[2022-03-07]. https://www.yearbook.gov.hk/2020/sc/pdf/SC20.pdf.
② 香港特别行政区政府康文署.康乐及文化事务署 2019—2020 年报[EB/OL].(2021-10-12)[2022-03-18]https://www.lcsd.gov.hk/dept/annualrpt/2019-20/sc/leisure-services/introduction.
③ 香港特别行政区政府康文署.组织架构[EB/OL].(2022-03-22)[2022-04-02]https://www.lcsd.gov.hk/sc/aboutlcsd/orgchart/organisation.html#LSB.

拨款41.7亿港元给康文署兴建东九文化中心。① 经常拨款的资助对象一般是优秀且具有影响力的艺术团体、艺术家、文化机构和平台。这类拨款的目的是加强香港的文化软实力和提升本地文艺界的能力。2019—2020年,政府为艺术团体预留约54.5亿港元,用作资助艺术团体、艺术教育和推广,以及行政费用。②

文化艺术基金由政府注资作为种子基金,利用基金的投资回报资助文化艺术的长远发展。民政事务局每年从各类文化艺术基金中拨款,支持由艺发局、康文署、决策咨询机构和委员会等辖下法定机构推行的资助计划。这类基金的资助对象是有潜质的中小艺团和艺术工作者,旨在发展发掘和培育艺术人才、推广艺术教育和拓展观众,鼓励社会和企业赞助文化艺术。2010年,立法会财务委员会批准向艺术及体育发展基金(艺术部分)投资15亿港元,作为种子基金。2011年,民政局推出"艺能发展资助计划",每年从该基金的艺术部分发放约3000万港元,资助由艺发局提出或推广的艺术文化项目或活动,2020年,该计划共拨款4000万港元,为13个项目提供资助。③ 属于这类基金的还有粤剧发展基金、香港赛马会音乐及舞蹈信托基金、卫奕信勋爵文物信托等。

此外,为应对新冠疫情,香港特区政府成立"防疫抗疫基金",目前基金资助活动已开展到第六轮。2020年3月起,民政事务局在该基金下推出"艺术文化界资助计划""艺文界支持计划"和"游乐场所牌照持有人资助计划"等一系列资助措施,以帮助艺术文化工作者、演艺团体和休闲娱乐场所渡过疫情难关。

(四) 文化产业概况

目前,香港文创产业正逐步实现跨地区发展。发展焦点从本土扩展到内地,以使文创资源和人才在大湾区内互通共享,以应对挑战和机遇,扩大香港文创产业在全国的影响力。《粤港澳大湾区发展规划纲要》提出要完善区大湾区内公共文化服务体系和文化创意产业体系,培育文化人才,打造文化精品,繁荣文化市

---

① 香港特别行政区政府 政府新闻处.香港2020第二十章 康乐体育和文化艺术[EB/OL].(2021-08-02)[2022-03-07].https://www.yearbook.gov.hk/2020/sc/pdf/SC20.pdf.
② 香港特别行政区行政长官办公室.行政长官2021年施政报告 第六章 建设宜居城市[EB/OL].(2021-08-02)[2022-03-07].https://www.policyaddress.gov.hk/2021/chi/pdf/supplement_6.pdf.
③ 香港特别行政区政府民政事务局.艺术及体育发展基金(艺术部分)[EB/OL].(2016-08-03)[2022-03-10].https://www.hab.gov.hk/chs/policy_responsibilities/arts_culture_recreation_and_sport/artsportion.htm.

场,丰富居民文化生活。① 香港贸易发展局助力企业拓展大湾区市场,通过举办香港国际影视展、香港影视娱乐博览将香港的音乐、电影及电视作品打入大湾区,推动区内的软实力互通;举行大型博览会、设置"香港设计廊"网络零售平台,为企业和分销、经销商进行商务配对,将文化产品打进区内市场。

二 文化功能分区

(一) 文化发展区域格局

2020年,香港文化艺术行业共有38 420家机构单位,359 710名从业人员。② 丰富的艺术和文化资产分布在各个行政区,构成了香港市民的文化生活网络。按文化功能分区,可以将香港的城市文化空间分成生态文化空间、教育文化空间、历史文化空间、商业文化空间等。

1. 生态文化空间

香港的公共绿地面积占比达到40%③,分为开放空间、郊野公园、海岸公园、限制地区、绿带、地质公园和具有特殊科学价值地点等不同类别。开放空间位于城市建成区,其中的公共绿地包括城市公园、动植物公园和街区广场等。截至2022年2月,香港城区内共有113个城市公园和动植物公园。④ 新界是公园数量最多的地方(60个),香港岛和九龙的公园数量各自约为新界的一半。港岛的中西区公园分布最密集,其次是沙田和西贡,列第3位的是湾仔和屯门。

这样一个公共绿地紧贴城市的分布状态增加了市民与绿地的互动。香港的公园注重建立人与自然的和谐相处关系,努力实现把香港建成宜居城市的愿景。除了一般的公园和动植物公园外,香港还拥有众多宠物公园和宠物共享公园,遍

---

① 国际交流与合作局(港澳台办公室). 粤港澳大湾区文化和旅游发展规划. [EB/OL]. (2020-12-24) [2022-04-25]. http://zwgk.mct.gov.cn/zfxxgkml/ghjh/202012/P020201231518402967699.pdf.
② 香港特别行政区政府 政府统计处. 表E010:按行业大类及区议会分区划分的机构单位数目及就业人数(公务员除外) [EB/OL]. (2022-04-14) [2022-04-20]. https://www.censtatd.gov.hk/sc/EIndexbySubject.html?pcode=D5250007&scode=452.
③ BOP Consulting. World Cities Culture Report 2018 [EB/OL]. (2018-11-16) [2022-03-05]. http://www.worldcitiescultureforum.com/assets/others/181108_WCCR_2018_Low_Res.pdf.
④ 香港特别行政区政府地政总署. 香港地理数据站 公园及动植物公园[EB/OL]. [2022-04-20]. https://geodata.gov.hk/gs/view-dataset?uuid=5901dbab-6f89-4c41-8eec-e1f8ea9a7966&l=zh-Hant-HK&sidx=0.

布18个行政区。康文署按实际情况需要,在公园中设宠物厕所等基本配套设施。此外,香港在公园设计中,把文化艺术融入城市生态环境,将两者有机结合。香港单车公园和添马公园设有露天剧场,可供举办康体活动和表演。牛棚艺术公园由前马头角牲畜检疫站改建而成,现在用作康乐和推广社区文化艺术活动的场地,成为以文化和艺术为主题的市民公共休憩空间。

2. 教育文化空间

截至2021年12月,香港的高等教育院校(包括不同校区和附属学院)共有121处。[①] 香港岛北部和九龙是高等教育资源最密集的区域,新界的院校分布则较为零散。香港特区政府大力鼓励和推动学校与艺术团体或艺术家建立合作,致力于将艺术带入校园,推广艺术教育,培养观众群。香港的艺术教育覆盖各个年龄段的学生,康文署观众拓展办事处每年开展"学校艺术教育计划"。该计划下分五个子计划,面向学龄前儿童到大学生等各个年龄段,包括针对幼儿园和中小学的"学校文化日计划""学校演艺实践计划""初小校园艺术计划",为高中生设计的"高中生艺术新体验计划"和面向大学生的"大专生艺术通识计划"。

3. 历史文化空间

香港有着独特的历史背景,作为一个中西文化的交汇点,拥有众多历史古迹和保护建筑。香港共有129处法定古迹(图10-1)。[②] 香港岛和新界古迹数量最多,其次是九龙。港岛中西区古迹分布最为密集,油尖旺集中了九龙全岛近三分之二的古迹。另外,香港还有1444幢历史建筑,其中173幢为一级历史建筑,340幢为二级历史建筑,519幢为三级历史建筑(剩余的建筑不予评级)。[③]

4. 商业文化空间

位于维港都会区的中西区/油尖旺地区是香港的第一大商贸枢纽,寸土寸金的中西区是香港的商业金融中心。香港地政总署开发的"地理资讯地图"显示,中环和其周边区域内银行、商场、贸易中心/公司等主要商贸金融机构密集分布,

---

① 香港特别行政区政府地政总署. 香港地理数据站 高等教育院校[EB/OL]. [2022-04-20]. https://geodata.gov.hk/gs/view-dataset?uuid=f0a2212a-61bf-454f-b40f-d2acddd56ebe&l=zh-Hant-HK&sidx=0/..

② 古物古迹办事处. 香港法定古迹文物地点[EB/OL]. (2022-05-20)[2022-03-28]. https://www.amo.gov.hk/sc/historic-buildings/monuments/index.html.

③ 古物咨询委员会. 1444幢历史建筑及新项目的评估结果[EB/OL]. (2022-09-01)[2022-09-15]. https://www.aab.gov.hk/sc/historic-buildings/results-of-the-assessment/index.html#new.

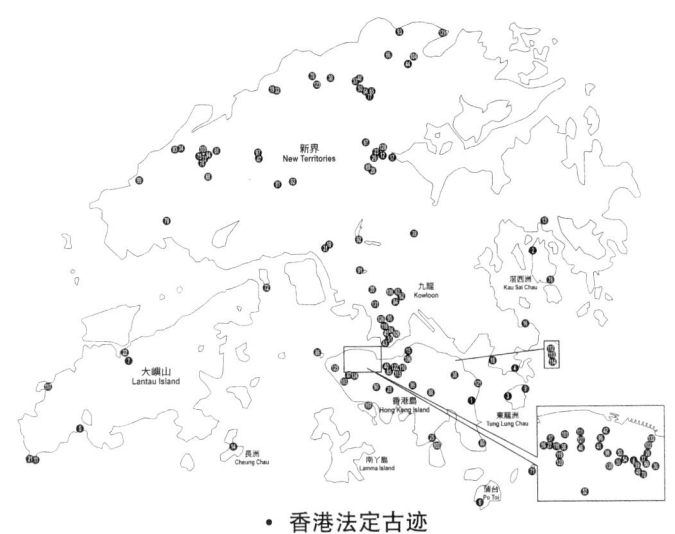

- 香港法定古迹

图 10‑1　香港法定古迹(截至 2022 年 5 月 20 日)分布示意图

油尖旺的银行和商场数量较多,东九龙和新界西北部则主要发挥贸易功能。①

(二)文化集聚区案例

分析香港四类文化空间的分布特征,发现中西区/油尖旺区域文化资源密集、基础文化设施完善、历史遗存集中、地理位置优越,商贸枢纽与文化空间重叠,具备文化集聚区的理想条件和环境。

面积约 7 平方千米的油尖旺拥有西九文化区和尖沙咀海滨文化区两个文化集聚区。油尖旺文创行业资源丰富,2020 年这一地区文创行业有 4 410 个单位,占总数超过十分之一。② 随着两大文化集聚区的建成与发展,油尖旺逐渐成为香港重要的文化、教育和康乐中心。

1. 西九文化区

(1) 空间布局。西九文化区位于香港西九龙填海区南端,坐落于维多利亚港,交通便利,临近港铁九龙站和专线小巴,占地 40 万平方米,拥有 2.3 万平方米的公共休憩空间,是香港的旗舰文化区。西九文化区拥有美术馆、博物馆、公园和一系列世界级的表演艺术场所,正发展为世界级综合文化艺术区。

---

① 香港特别行政区政府地政总署. 地理资讯地图[EB/OL]. [2022‑04‑20]. https://www.map.gov.hk/gm/map/.
② 香港特别行政区政府　政府统计处. 表 E010:按行业大类及区议会分区划分的机构单位数目及就业人数(公务员除外)[EB/OL]. (2022‑04‑14)[2022‑04‑20]. https://www.censtatd.gov.hk/sc/EIndexbySubject.html?pcode=D5250007&scode=452.

西九文化区在规划设计上空间布局紧凑丰富,文化区内集中了多个艺术文化设施和场馆,规模不大,互相紧邻,联系紧密。目前,西九文化区正由规划建设阶段迈入营运阶段,已投入运营的五个主要场地包括:戏曲中心、艺术公园、自由空间、沿海滨长廊和M+博物馆。另外,演艺综合剧场和香港故宫文化博物馆等其他主要设施,将会在未来数年相继完成建设。

(2) 组织架构。西九文化区有统一的管理机构,这使得文化区内的场地使用、活动开展等能够较好地统筹协调。2008年,香港特区政府成立法定机构西九文化区管理局(简称"西九管理局"),负责拓展西九计划,立法会制定《西九文化区管理局条例》(简称《条例》)。《条例》第601章明确了西九文化区管理局的管治架构,管治架构由董事局、委员会、附属公司及咨询会组成,每个机构的成员中均有来自康文署、民政事务局或发展局的公职人员代表(图10-2)。①

董事局负责规划、发展和运维文化区内的艺术文化设施。下设七个委员会,分别为行政委员会、审计委员会、发展委员会、表演艺术委员会、薪酬委员会、投资委员会和公私营合作项目委员会。委员会由不同行业的专家和代表组成,负责就特定范畴向董事局提出建议。行政委员负责督导管理层的工作,包括整体发展计划、信息及通讯科技策略、公共关系及市场推广、机构管治、设施营运及业务发展的规划、风险管理等,还负责协调管理其他委员会。②

另两个与西九文化区的业务发展和运营联系最为密切的是发展委员会和表演艺术委员会。发展委员会负责规划、发展及落实艺术文化及基建设施的相关事宜,监督西九文化区的项目规划和发展。表演艺术委员会由来自各界的成员组成,包括艺术、商业、法律及学术界人士,为推行西九计划提出建议。

(3) 运作模式。香港特区政府对西九文化区的财政支持力度非常大,政府向立法会财务委员会申请拨款用于西九文化区的基础建设。2008年,特区政府一次性拨款216亿港元,用于建设和发展西九文化区,进一步促进艺术文化发展、满足市民日益增长的文化需求,以及提升香港的国际艺术文化枢纽的地位。政府拨款之外,西九管理局与故宫博物院开展合作项目,由香港赛马会慈善信托基金捐助35亿港元,用于建设香港故宫文化博物馆。

---

① 西九文化区. 管理局组织架构 [EB/OL]. [2022-03-20]. https://www.westkowloon.hk/sc/organisation.
② 西九文化区. 行政委员会 [EB/OL]. [2022-03-20]. https://www.westkowloon.hk/sc/executive-committee.

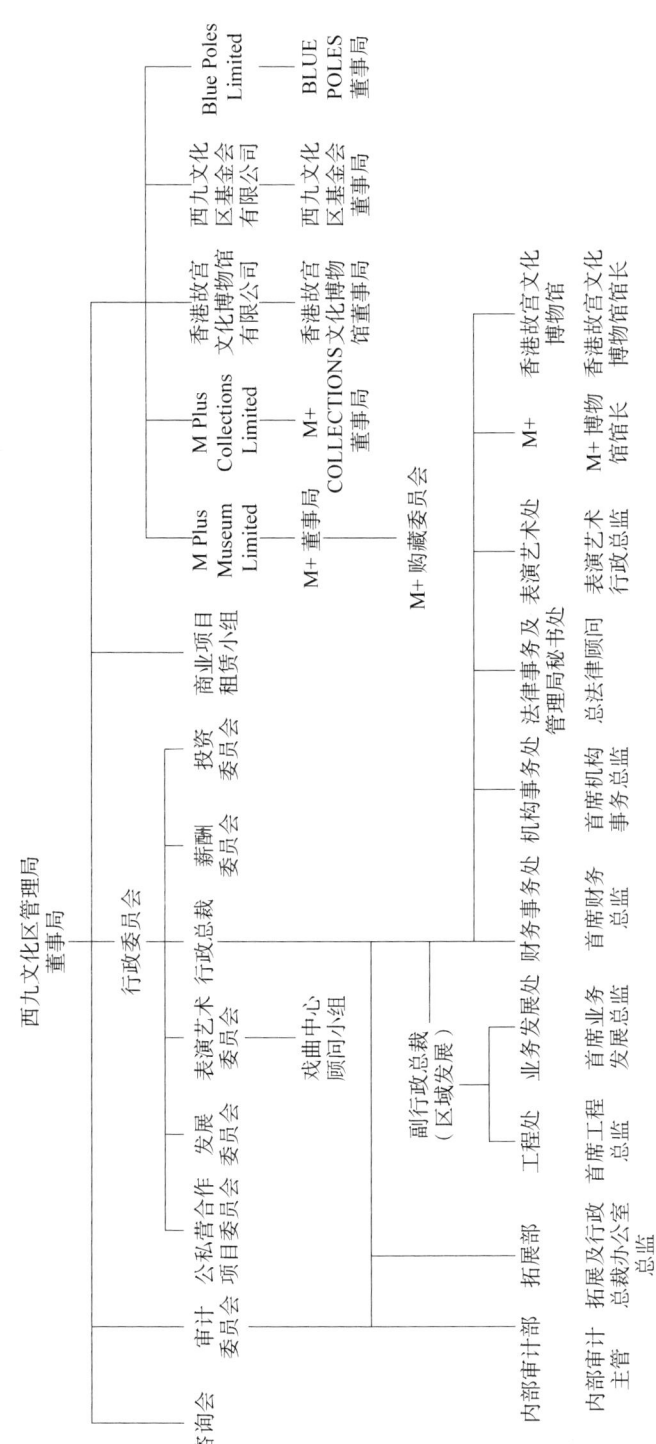

图10-2 西九管理局组织架构

西九管理局精心策划，培育市场。西九管理局与艺术团体、教育机构和社区合作，促进文化交流，丰富市民文化生活；提供展示平台与合作机会，培育本地人才和促进艺术、创意和设计产业的有机发展；以21世纪亚洲为创作背景，制作、展示并推广表演艺术，将西九文化区建设成全球表演艺术中心。2020年，西九文化区共举办表演艺术项目和活动四百余场，观众人次61.69万。[①]

（4）主要建设项目

西九文化区的文化设施以博物馆、戏曲馆为代表，主要展示视觉艺术和表演艺术。

戏曲中心以保存、推广及发展戏曲艺术为目标，拥有一座可容纳一千余人的大剧院，上演中外顶级剧团的作品、地方剧种和先锋创作，此外还举办艺术教育活动、展览、免费音乐会。M+博物馆于2021年11月投入使用，是亚洲首家全球性当代视觉文化博物馆，主要收藏20—21世纪视觉艺术作品。M+博物馆共有超过七千八百件系列藏品，四万七千余件单独藏品；线下教育活动参与人数七十余人，线上观众23.92万人，另有五万五千八百余人参与其他M+网上活动。[②]

香港故宫文化博物馆于2022年7月3日正式对外开放。博物馆坐落于西九文化区的西端，占地1.3万平方米，总建筑面积3万平方米，分为九个展厅，设有故宫学堂、演讲厅、多媒体设施、互动装置及餐饮休憩空间。目前，博物馆已收藏千余件永久藏品，包括金银器、瓷器、书画和家具等。香港故宫文化博物馆利用先进的策展手法，展出故宫博物院及其他世界重要文化机构的珍藏，致力于提高大众对中国艺术文化的研究欣赏能力，并与世界各地文化机构合作，实践发展香港成为中外文化艺术交流中心的使命。

演艺综合剧场计划于2024年落成，南临海滨，北朝艺术广场。建成后将有三个不同容量的剧场，分别是演艺剧场、中型剧场和小剧场，另外还设有多个排练场地和一个驻区艺团中心。剧场内上演香港本土和国际优秀舞蹈和戏剧节目，作为一个顶级表演艺术场地，能吸引香港和海外的舞蹈团体和艺术家前来，开拓舞蹈艺术领域的合作。

---

① 西九文化区管理局.西九文化区管理局2020/21周年报告[EB/OL].(2021-08-26)[2022-04-18]. https://www.fe.westkowloon.hk/sc/annual-report-20202021.

② 西九文化区管理局.西九文化区管理局2020/21周年报告[EB/OL].(2021-08-26)[2022-04-18]. https://www.fe.westkowloon.hk/sc/annual-report-20202021.

2. 尖沙咀海滨文化区

(1) 空间布局。尖沙咀海滨文化区始建于20世纪70至80年代,位于油尖旺区南部,南靠维多利亚港,集休闲娱乐和公共文化服务于一体。沙尖咀海滨文化区空间设置紧凑,集中了包括香港文化中心、香港艺术馆、香港太空馆和梳士巴利花园等在内的沙尖咀文化建筑群,周边有各种类型和档次的酒店,占地面积约52 000平方米。不同于仍在建设中的西九文化区,沙尖咀海滨文化区内的所有设施场地均已投入使用(图10-3)。① 香港文化中心位于集聚区的西端,香港太空馆和香港艺术馆位于中部,东端是梳士巴利花园,另外还有四片场地可供出租。海滨步道环绕文化区,游客可在欣赏维港夜景的同时,沿途参观星光大道。

(2) 管治架构。不同于西九文化区,尖沙咀海滨文化区没有特别设置统一的集中管理机构。尖沙咀海滨文化区的各个文化艺术场馆均由康文署管辖,由康文署下设的具体管理机构进行运营管理,设施之间的公共绿地空间和海滨用地主要由香港旅游事务署和海滨事务委员会负责管理。

康文署下设博物馆咨询委员会,负责为香港艺术馆和香港太空馆等博物馆进行品牌形象定位,制定业务发展、市场推广、社区参与等宣传策略,制定措施以提高公共博物馆运作效率。另外,康文署还委任博物馆专家顾问,为辖下博物馆在艺术、历史、科学和电影等领域,尤其在收购藏品方面,提供专业意见。

香港文化中心由康文署文化事务部演艺科港九文化事务组管辖,港九文化事务组设一位总经理,另外下设三位高级经理分管:场地管理、市场推广、广场及海滨管理。油尖旺区议会协同香港旅游事务署和海滨事务委员会负责为尖沙咀海滨文化区规划公共绿地空间;统筹海滨用地规划;管理营运海港范围内的硬件设施;推动旅游配套设施建设。

(3) 主要建设项目。香港文化中心是香港的顶级演艺场馆,于1989年启用,占地5.2万平方米。文化中心有三个主要表演场地,音乐厅、大剧院和剧场,用于各类音乐、舞蹈和戏剧表演。除了主要舞台外,还设有展厅、练习室、排演室、会议室、餐厅和礼品店,提供多元化服务。2018—2019年,香港文化中心表演场数为667场,其中音乐厅、大剧院及剧场的入场人次为58.4万。②

---

① 香港特别行政区政府康文署. 香港文化中心位置[EB/OL]. (2014-11-06)[2022-04-18]. https://www.lcsd.gov.hk/sc/hkcc/aboutus/location.html.
② 香港特别行政区政府康文署. 统计数字报告[EB/OL]. (2022-02-25)[2022-03-19]. https://www.lcsd.gov.hk/sc/aboutlcsd/ppr/statistics/cultural.html.

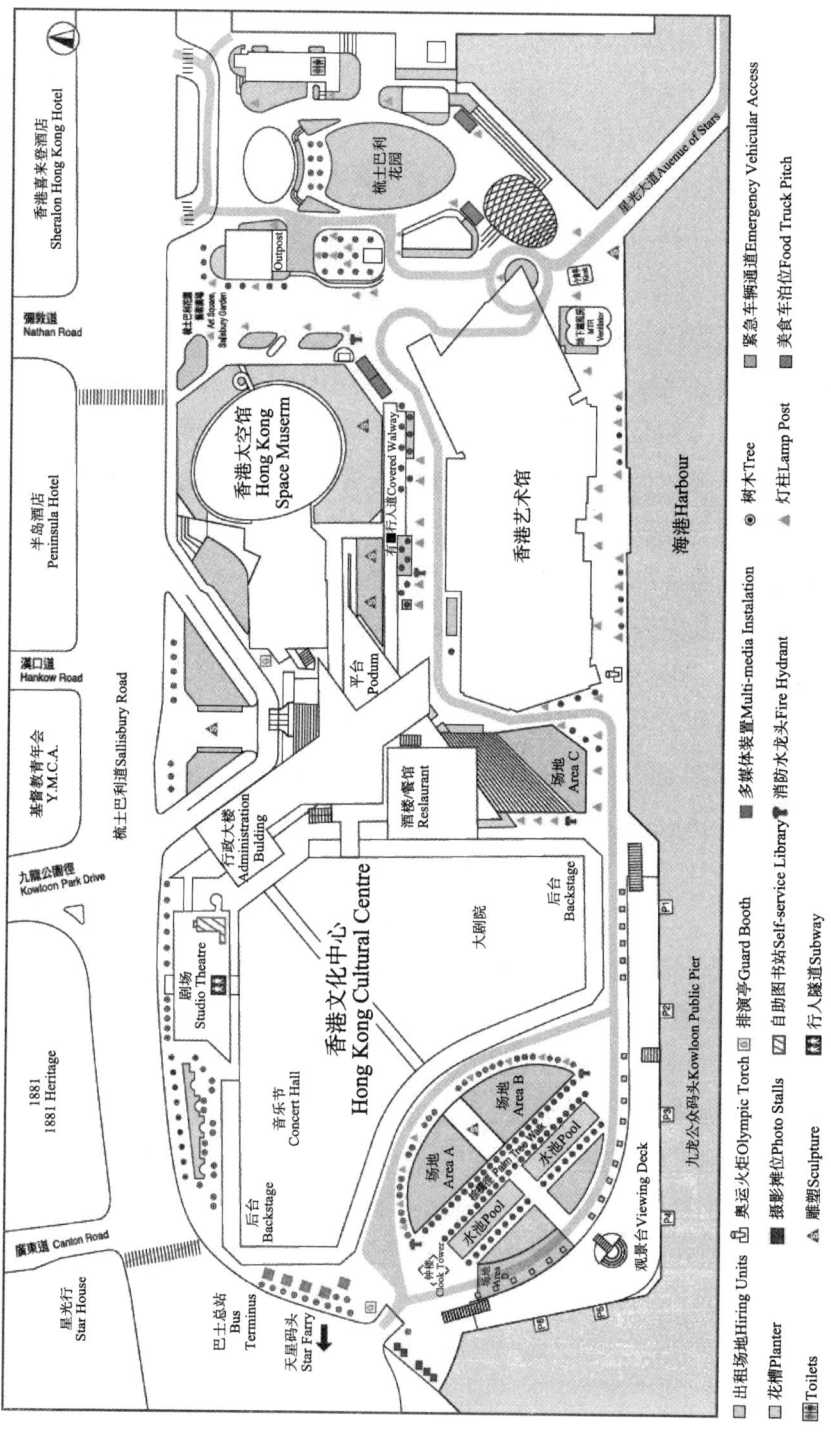

图 10-3 尖沙咀海滨文化区空间分布

香港艺术馆成立于1962年,是香港第一所公营美术馆,拥有超过17 000件馆藏艺术珍品,包括中国书画、古代文物珍品、外销艺术和香港现当代艺术。艺术馆举办各类珍品特展、艺术教育活动和节目,以提升观众的艺术欣赏能力,提高本艺术家的知名度。2019年,艺术馆经过翻修后重新开放,展览空间共增加约百分之四十,展览馆由7个增至12个[1],2020年艺术馆参观人次达23.8万。[2]

香港太空馆于1980起向公众开放,其独特的蛋形外壳使它成为著名地标之一。太空馆分为东西两翼,面积约1 600平方米,设置约100件展品。该馆定期举办亲子观星活动,利用数码天象投影系统播放天象节目和国外天象电影。截至2020年5月,太空馆的展览和天象厅节目吸引约90 000人入场,另有超过16 000人参与其教育和推广活动。[3]

梳士巴利花园处于尖沙咀海滨文化区的核心地带,毗邻香港艺术馆、香港太空馆和星光大道,由多位国际和本地设计师共同设计,是一个集艺术、花园和海滨于一体的公共空间,是市民日常休憩和休闲娱乐的好去处。花园面积3.65万平方米,设有椭圆形大草坪、环形小径、活动平台和绿化外墙等。花园艺术广场上陈列了香港艺术家创作的雕塑作品和艺术装置。此外,花园还用作举办音乐表演、户外文化和康乐活动的场地。

三 文化基础设施

(一) 基础公共服务设施

香港的基础公共服务设施非常充足,分布均衡,遍布港岛九龙新界各处,可以满足市民日常所需。除了图书馆外,重要的基础公共服务设施还包括社区健身设施、社区中心和以养老院、青少年活动中心为代表的福利服务单位等。

健步径由康文署康乐事务部负责管理营运。为了鼓励市民强身健体,康文

---

[1] 香港特别行政区行政长官办公室.行政长官2021年施政报告 第六章 建设宜居城市[EB/OL]. (2021-08-02)[2022-03-07]. https://www.policyaddress.gov.hk/2021/chi/pdf/supplement_6.pdf.
[2] 香港特别行政区政府 政府新闻处.香港2020第二十章 康乐体育和文化艺术[EB/OL]. (2021-08-02)[2022-03-07]. https://www.yearbook.gov.hk/2020/sc/pdf/SC20.pdf.
[3] 香港特别行政区政府 政府新闻处.香港2020第二十章 康乐体育和文化艺术[EB/OL]. (2021-08-02)[2022-03-07]. https://www.yearbook.gov.hk/2020/sc/pdf/SC20.pdf.

署在全港18区设立了34条步行径和一百余个推荐慢跑地点。① 步行径提供体能和能量消耗的信息供使用者参考。

全港目前共有70间社区会堂和37间社区中心,由民政事务总署负责管理。② 地方团体可租用提供礼堂、会议室等设施,居民可参与表演活动、投票和居民大会。

福利服务单位由社会福利署管理或拨款,服务内容丰富多样,涵盖社会保障、家庭及儿童社会福利服务、医务社会服务、康复服务、安老服务、青少年服务、违法者矫正社会工作。

(二) 消费文化设施

香港的商业文化空间非常发达,康文署营运多种消费文娱设施,包括游乐场、剧院、艺术中心、体育馆等。康文署除了管理全港16个表演场地外,还筹办举办各类文娱节目,包括文化节、国际艺术节和艺术教育活动,借以推广表演及视觉艺术,提高市民对艺术的兴趣和鉴赏能力。虽然受新冠疫情影响,所有表演场数及入场人次较往年相比均明显下跌,但是2020—2021年度仍有8个场馆的利用率比上一年度有所增加或持平。

四 创新工作案例

香港努力增加大众接触文化遗产和艺术的机会,改变市民的文化观念,提高艺术素养。通过打破艺术场馆的地理空间界限,香港在更大范围内让文化资源和服务惠及各人群,营造全民参与的文化氛围。

(一) XCHANGE:盛食当灶

将环保和文化艺术相结合,启动"XCHANGE:盛食当灶",借助艺术来减少城市巨大的食物浪费量。盛食当灶是社区艺术空间"油街实现"的创新项目。"油街实现"即前香港皇家游艇会会所,位于油街12号,是"油街实现"的粤语谐音。"油街实现"把活动室变成开放厨房和小区生活空间,以创新角度切入日常

---

① 香港特别行政区政府康文署.健步径[EB/OL].(2022-02-25)[2022-07-15].https://www.lcsd.gov.hk/sc/fitnesswalking/#1.
② 香港特别行政区政府民政事务总署.公共服务设施[EB/OL].(2022-02-25)[2022-07-15].https://www.had.gov.hk/chs/public_services/community.htm.

生活,通过食物交换和分享,让社区居民认识到食物浪费的严重性,促使人们减少浪费,树立可持续发展的理念。该项目下分四个子项目:交换厨房、周末靓汤、一时入席和生活肌本。"交换厨房"鼓励公众将家中剩余的新鲜蔬果食材、有效期内的罐头及包装食品带到"油街实现"交换饮料或汤品。从社区招募的食物搬运工每周都会从附近的食品市场收集剩余的食物。收集得来的食材用于"周末靓汤"和"一时入席",由厨师烹饪成汤品、甜点或午餐,分享给参与者和其他需要的人,用餐期间有当地音乐家进行器乐和歌唱表演。"生活肌本"的参加者可与当地健身组织一起收集社区内的剩余食材,然后一起活动。

(二)西九文化区艺术家旅舍

西九文化区管理局开展香港艺术家旅舍驻留项目,旅舍毗邻位于艺术广场的演艺综合剧场,将以公私营合作形式运营,预期在2023年之前落成。旅舍可为驻场艺术家提供更多创作和生活空间,并在他们与社区之间建立联系,在艺术家和观众之间创造更多相遇和互动的机会。未来,艺术家旅舍将成为西九文化区现有艺术场馆的配套设施,供艺术家和赞助人入住,为他们提供互相交流学习的独特机会。旅舍提供工作坊和公共空间,供艺术家进行创作和表演,艺术家可在规定的时间段内以优惠的价格入住,并获得创作赞助。

(三)赛马会"艺术馆出动!"教育外展计划

香港康文署主办的赛马会"艺术馆出动!"教育外展计划以艺术教育专车的形式运行,由香港艺术馆负责设计,受香港赛马会慈善信托基金赞助。专车驶进校园与社区,发挥流动艺术馆的功能。该计划于2015年启动,于2018年7月结束,共开展了3期。专车总共探访了包括偏远地区在内的200多间学校,服务超过16万名学生及市民,项目Facebook主页拥有超过25万名关注者。[1] 三期活动结束后,香港艺术馆推出教育外展网上学习资源,用户可以登录艺术馆的官网点击访问流动艺术馆。

---

[1] BOP Consulting. World Cities Culture Report 2018 [EB/OL]. (2018-11-16) [2022-03-05]. http://www.worldcitiescultureforum.com/assets/others/181108_WCCR_2018_Low_Res.pdf.

第三篇 上海实践

上海是一座令人幸福的文化之城。上海认真学习贯彻习近平总书记重要讲话精神和党中央决策部署，坚持中国特色社会主义文化发展道路，全力打响"上海文化"品牌，城市精神和城市品格不断彰显，文化软实力显著增强，社会主义国际文化大都市基本建成。上海已经基本打造出"中心城区10分钟、郊区15分钟的公共文化服务圈"，在全国率先基本建成现代公共文化服务体系，高质量打造了一批城市文化集聚区和城市文化新地标，通过塑造"家门口的文化客厅""最美公共文化空间"，让文化更好地服务广大市民、让广大市民成为城市文化的主人，持续不断地厚植人民城市的文化内涵与底蕴。

"上海实践"篇由五个部分组成。第一部分总体分析上海文化发展基本情况，从公共文化服务体系、文化设施布局、文化创意产业、文化与旅游融合、文化数字化建设等角度总结发展特点。第二部分全面梳理研究上海文化发展战略与政策保障，包括文化发展顶层设计、公共文化服务政策特点、新冠疫情期间文化领域纾困解难政策措施等。第三部分从上海文化发展空间整体格局、区域特征入手，对博物馆、图书馆、文化馆、美术馆等主要文化设施布局状况展开分析。第四部分以"演艺大世界-环人民广场剧场群"和浦东花木文化集聚区作为文化集聚实例，研究其功能定位、集聚规模、资源汇聚、业态融合、典型设施等。第五部分结合国内外发展环境，提出上海文化发展和集聚建设的若干建议。

第十一章

上海文化发展概况

上海坚持"人民城市人民建、人民城市为人民"重要理念,积极回应和满足人民对美好生活的更高期待,全力推进公共文化服务高质量发展,在国内率先基本建成现代公共文化服务体系;加快标志性引领性文化设施建设,基本建成布局合理、功能完善的公共文化设施体系;培育新型文化业态,挖掘开发文化资源,不断健全文化创意产业体系;全面推进城市数字化转型,聚焦文化服务和场馆的数字化改造和智慧化升级,助力城市软实力提升和具有世界影响力的社会主义现代化国际大都市建设。

一 公共文化服务体系建设

上海在全国最早系统布局,深耕基层公共文化服务,在国内率先基本建成以"服务目标均等化、供给主体多元化、运行机制专业化、公共服务效能化、管理体系制度化"为特征的现代公共文化服务体系,不断完善"中心城区10分钟、郊区15分钟的公共文化服务圈"。[①]

"市、区、街镇、居村"四级公共文化网络已经形成。各类优质文化资源下沉

[①] 上海市社会主义国际文化大都市建设"十四五"规划[EB/OL]. (2021-09-02)[2022-03-12]. https://www.shanghai.gov.cn/nw12344/20210902/167294c60727444f8ac1d84b65fbbb70.html.

到基层,针对人群居住结构特点、自然村分散等情况,上海各区积极推动建设介于街镇、村居中间的3.5级"邻里中心、街区中心",设置村居4.5级"客堂间、睦邻点"等基层服务点。在商圈、楼宇、交通枢纽、公园绿地、滨江水岸等公共空间,与社会机构共建提供公益性文化服务的城市书房、智慧图书馆、望江驿等新型公共空间,补充了四级设施网络,实现城市公共文化资源的优化整合与融合发展。针对老年人、未成年人、残疾人、外来务工人员、生活困难群众等重点群体的公共文化服务需求,用好各类文化阵地、基层服务点等设施场所,在全市陆续开展了"五一""十一""同在阳光下"农民工假日电影放映,"青青夏禾知行明德"青少年暑期活动,"社区阳光院线"电影放映和老年优惠观影等有针对性的公共文化活动。

市、区、街镇三级投入保障和四级服务配送机制基本形成。上海已形成全市统一的公共文化内容配送平台,不断提升服务的精准化,加强供需对接,滚动更新公共文化服务供给主体、供给内容,大力推行菜单式、订单式服务,推动各类公共文化场馆延时、错时开放,深入实施"适老化"改造和"无障碍"建设,加强流动文化服务,促进公共文化服务惠及各类人群。如徐汇区公共文化配送中心探索出政府引导、需求引领、社会力量参与、数据化管理的公共文化配送模式,促进供需对接、提供精准服务;金山区着眼基层公共文化服务效能提升,积极创新公共文化资源配送机制,健全"三级配送、四级覆盖、五级延伸"体系。

公共文化服务运行管理社会化、专业化加快发展。公共文化建设主体从单一的政府主体向丰富的多元主体转型,社会力量参与公共文化服务建设,全市90%以上社区文化活动中心委托企业、社会组织、群众文艺团队等各类主体参与整体运行或部分项目管理,丰富了公共文化的服务样式。

长三角公共文化联动更加活跃。浦东新区公共文化产品服务采购大会集聚长三角文化资源,探索长三角城市群的文化协同发展机制,创新长三角地区公共文化供需对接模式,金山、松江、青浦等区积极开展各类长三角公共文化交流活动。上海图书馆牵手苏浙皖三省图书馆开展长三角地区阅读马拉松大赛;上海少年儿童图书馆发起成立长三角少儿阅读联盟;浦东新区群众艺术馆发起成立长三角城市文化馆联盟。

公共文化服务体系顶层设计持续巩固。出台一系列地方性法规和指导性文件,2012年出台全国首部面向基层的公共文化地方性法规《上海市社区公共文化服务规定》;2015年发布"上海市基本公共文化服务实施标准(2016—2020)",

提出到 2020 年上海要率先建成现代公共文化服务体系；2016 年出台关于加强基层综合性文化中心建设的指导意见，旨在打通公共文化服务的"最后一公里"；《上海市公共文化服务保障与促进条例》于 2021 年 1 月 1 日正式实施，从法制层面保障市民享受基本公共文化服务的权益；2021 年 12 月《上海关于推进公共文化服务高质量发展的意见》助推公共文化服务均等化、标准化、数字化、品质化水平提升。

二 文化设施布局优化

作为经济发达程度高、文化需求多元的现代化国际大都市，上海积极建设、拓展和更新文化设施，朝着布局均衡、内涵充实的整体目标发展，2020 年上海人均公共文化设施建筑面积从"十二五"末的 0.15 平方米增加到 0.2 平方米，广大市民成为文化设施建设与服务的受益者。

红色文化地标保护取得成效。作为中国共产党的诞生地，上海大力做好红色文化资源的整体保护利用，弘扬伟大建党精神，推动红色基因融入城市血脉，彰显党的诞生地和中国革命文化源头的历史地位。中国共产党第一次全国代表大会纪念馆于 2019 年开工建设、2021 年建成并对外开放。纪念馆紧邻中共一大会址，以中共一大会址、瞻仰宣誓大厅、新馆展示厅为主要展示空间，展陈设计以初心使命贯穿全篇，充分体现中共一大会址是中国共产党人的初心始发地和精神家园。持续发掘保护重要红色旧址遗址，全市已梳理出 612 处重点旧址、遗址、纪念设施类红色资源[①]，中国共产党发起组成立地(《新青年》编辑部)旧址、中共中央政治局机关旧址(1928—1931 年)展陈开放，中共中央军委机关旧址纪念馆建成开放，中共二大会址纪念馆、中共四大纪念馆、顾正红纪念馆等纪念设施得到提升。

文化设施空间布局不断优化均衡。上海深化文化资源统筹和配置，促进文化设施均衡发展，浦西人民广场地区、浦东花木地区两大文化核心功能区基本形成，一批重要文化设施建成开放，2016 年刘海粟美术馆新馆、上海国际舞蹈中心对外开放，2017 年世博会博物馆、上海市历史博物馆新馆投入运行，2019 年程十

---

① 上海实施"党的诞生地"红色文化传承弘扬工程，助力城市软实力建设[EB/OL]. (2021-12-31)[2022-03-12]. https://export.shobserver.com/baijiahao/html/437408.html.

发美术馆、九棵树未来艺术中心启动运行,上海马戏城主剧场、上海话剧艺术中心、上海音乐厅、美琪大戏院舞台等修葺一新,上海图书馆东馆、上海博物馆东馆、上海大歌剧院等重大项目取得进展。

文化设施内涵功能持续提升。上海文化设施建设布局不仅仅是空间上的从无到有,更是对于新时代人民群众精神文化需求的积极回应,坐落于浦东新区的上海图书馆东馆和上海博物馆东馆面积不但较老馆大幅增加,其内涵功能也都进行了升级换代。上海图书馆东馆打造以人为中心的新一代图书馆,提供面向大众的多元化、主题化、体验型的公共阅读服务和集知识学习、创新激励、文化交流、生活休闲于一体的公共文化空间服务。上海博物馆东馆打破封闭式的展览方式,围绕中国古代艺术这条主线,增强海派文化、江南文化特色,以此丰富完善公共文化服务及教育体验功能。位于世博文化公园上海大歌剧院将成为中国第一座集演出交流、创制排演、艺术教育等于一体,兼顾歌剧艺术交流、历史展示、理论研究等功能的剧院;程十发美术馆是一座集创作研究与收藏展示为一体的国家重点现代美术馆,也是海派美术传承和发展的重要平台,兼具收藏保管、学术研究、作品展陈、教育推广、文化交流、公共服务功能。

三 文化创意产业能级提升

文化创意产业已成为上海的支柱产业之一,文化资源优势转化为产业优势、提升产业核心竞争力齐头并进。2019年底,文化创意产业占全市GDP比重达到13%[①],2020年虽然受新冠疫情的影响,但文化创意产业仍然实现了20404.48亿元的总产出。[②]

产业核心领域地位提升。全球影视创制中心、亚洲演艺之都、全球电竞之都、全球动漫游戏原创中心、国际设计之都、国际时尚之都、国际重要艺术品交易中心等建设成效显著,资金、土地、人才等资源聚集效应明显;成为全国举办各类艺术博览会数量最多、影响力最大的城市之一;"演艺大世界"成为国内密度最高

---

① 十大任务出炉!上海未来五年文化发展将这样发力[EB/OL].(2021-09-03)[2022-03-14].https://wenhui.whb.cn/third/baidu/202109/03/422346.html.
② 上海文创产业逆势上扬[EB/OL].(2021-04-01)[2022-03-14].http://www.why.cn/epaper/webphone/qnb/html/2021-04/01/content_117159.html.

的剧场群,全国80%以上的电竞企业、俱乐部、战队和直播平台集中在上海。[①]

文创园区能级持续提高。2020年末,全市有列入统计系统的文化创意产业示范基地17家,其中,国家级文化产业示范基地(企业类)2家、国家文化产业示范基地(项目类)11家、省级文化产业示范基地4家[②];全市认定149家市级园区(含25家示范园区)、16家示范楼宇和28家示范空间。上海文化创意产业的发展与工业布局调整、保护历史建筑结合,与区域功能特色结合,产业园区涉及工业设计、室内设计、建筑设计、广告设计、服装设计、游戏软件、动漫艺术、网络媒体、时尚艺术、影视制作、品牌发布、工艺品制作等多种产业门类,兴起了"8号桥""莫干山路50号创意园(M50)""越界创意园""800秀""田子坊"等一批文化创意产业园区,环同济创意设计集聚区、上海虹桥时尚创意产业集聚区、国家数字出版基地、国家音乐产业基地、金山国家绿色创意印刷示范园区、松江影视产业集聚区等园区已产生规模集聚效应。

政策措施不断完善。2017年出台《关于加快本市文化创意产业创新发展的若干意见》(简称"文创50条")系统化地推动上海文化创意产业创新发展,对影视、演艺、动漫、网络文化、创意设计、出版、艺术品交易、文化装备等8个重点领域提供政策保障;2018年底,上海确立全市发展的重点产业,文化创意产业位列八大重点产业之一;2019年《关于促进上海电子竞技产业健康发展的若干意见》将"文创50条"提出的"全球电竞之都"的目标细化落实,推动上海电子竞技产业有序健康发展;2020年上海市文化创意产业促进会成立,进一步健全文化创意产业协调沟通机制和专业服务体系。2018年上海文创金融服务平台启动服务,满足不同阶段、不同类型文创企业金融需求,新冠疫情期间"文金惠"文创金融服务方案(2022版)全力帮助小微文创企业缓解融资困难。

四 文化与旅游融合发展

上海积极推进文化与旅游融合高质量发展,以文塑旅、以旅彰文,将红色资源、都市资源转化为文旅资源,打造精品文旅项目,持续丰富文旅消费供给,用高

[①] 提升城市文化软实力,上海在线文化产业动能强劲[EB/OL].(2021-05-14)[2022-03-14]. https://wenhui.whb.cn/third/baidu/202105/14/404589.html.
[②] 2020年上海市文化统计年报主要统计指标[EB/OL].(2021-10-22)[2022-03-16]. http://whlyj.sh.gov.cn/tjzl/20211022/253720b30cda47b4b45ae70bb20ed0c4.html.

品质文旅供给引领、创造消费新需求。

守护传承红色文化根脉。紧扣庆祝中国共产党成立100周年,聚焦红色文化,以文旅深度融合促进红色文化的传承弘扬,为加快建成建党历史资源高地、建党精神研究高地、建党故事传播高地,全力打响文化品牌,充分挖掘红色资源,讲好红色故事,2021年首次公布两批上海市革命文物名录,共计250处不可移动革命文物和3 415件(套)可移动革命文物①;繁荣红色文艺创作,实施"党的诞生地"文艺创作工程;推动"一馆五址"完成建设保护;发布《上海红色文化地图(2021版)》,集中呈现五四运动至上海解放时期379处(包括革命旧址195处、革命遗址83处和纪念设施101处)红色文化资源。

增强海派文化、江南文化魅力。推进"建筑可阅读"升级到以"数字转型"为特征的3.0版,通过官方微信小程序、"建筑可阅读"专线巴士等,打造场景沉浸式阅读建筑、感知海派城市文化,向公众发布"建筑可阅读,城市微旅行"十佳线路推荐,形成了一江一河、城区微更新等广受关注的城市文旅主题;结合上海城市更新,持续推进"生活秀带""人文水岸""艺术商圈""城市书房"等"家门口好去处"建设,营造出一批小而精美、主客共享的海派文旅休闲空间。松江、嘉定、青浦、金山、奉贤等区分别推出了"建筑览胜之旅""江南园林之旅""诗画朱家角""枫泾江南文化之旅""人文艺术之旅"等江南文化线路;枫泾镇、朱家角镇等15个古镇联手打造古镇文旅业态提升示范样板,建设都市旅游休闲度假目的地、传统文化传承发展基地和江南文化活态博物馆。

重大文化节展活动影响力不断扩大。上海市民文化节成为市民群众参与文化活动的大舞台、社会力量参与文化活动的重要平台,2021年上海市民文化节举办活动5万余项,惠及2 000多万市民(人次)②,以"永远跟党走"为主题,组织开展160余项重点主题展演展示活动,全市各级各类公共文化设施和机构举办了千余场群文活动;推出"市民美育行动计划",分三年打造1 000门、5 000课时的美育课程。上海国际电影节成为亚太地区最具影响力的国际电影盛会,第24届上海国际电影节以线下电影市场和线上"云市场"双平台模式,吸引了海内外45个国家和地区、线上线下、459家展商和专业机构的参与,成为2021年全球如

---

① 赓续红色血脉!上海最新公布第二批革命文物名录[EB/OL].(2021-06-30)[2022-03-16].https://wenhui.whb.cn/third/baidu/202106/30/411997.html.
② 上海市民文化节官网[EB/OL].http://www.shsmwhj.org.cn/.

期举办且参与人数最多的国际 A 类电影节。中国国际数码互动娱乐展览会（ChinaJoy）成为亚洲第一、世界三大数码互动娱乐展会之一,覆盖数字娱乐全产业链。

文化消费新业态快速发展。推动文化元素融入商业业态,展览、演出、节庆等文化项目与商圈、商街、商场联手,形成一批品牌化文商联动项目,推动文化旅游夜间消费,出台《关于上海推动夜间经济发展的指导意见》,打造一批地标性夜生活集聚区,引进培育沉浸式话剧、音乐剧、歌舞剧等夜间文化艺术项目,开发了浦江夜游、博物馆夜游等多元化都市夜游项目；"上海艺术商圈"持续扩容,围绕"国际范""上海味""时尚潮"三个特点,为静安大悦城、大宁国际商业广场、嘉定西云楼等商场策划露天音乐节、即兴喜剧表演、夜间集市等活动；发布首批夜间文旅产品上海城市通票（Shanghai Pass）,100 多家文化旅游企业上榜；博物馆、美术馆、剧场等文化场馆和设施,有机融入旅游产品和线路,首批 14 家博物馆逐步探索夜间开放长效机制。

五　文化数字化持续升级

结合城市数字化转型,上海不断推动文化数字化转型和智慧化升级,在全国率先探索公共文化云平台,汇聚全市优质文化资源,各区和主要文化机构发挥信息技术在公共文化建设中的作用,满足受众多样化文化需求。

文化上海云建设已见成效。在推进公共文化服务数字化建设过程中,建成了全国第一个省级区域全覆盖的文化数字化服务平台"文化上海云"。整合场馆资源、活动资源、内容资源,面向市民提供如活动预约、场馆预订等一站式公共文化服务,开设了公共文化服务"云上直播"功能,举办"云上市民文化节""云上博物馆日""云上影视文化节""国际艺术节艺术天空""云上群星奖"等线上品牌服务,打造更加开放、全天候的活动模式,扩大覆盖面和影响力,让不同年龄、不同职业、不同兴趣爱好的市民群众利用碎片化时间体验服务。自 2016 年至 2021 年,文化上海云累计平台用户数近 740 万人,累计场馆总量近 6 000 家,月均服务 600 万人次。[①]

---

① 渗透街道社区！申城公共文化空间新的打开方式［EB/OL］.（2021-12-31）［2022-04-06］. https：//wenhui.whb.cn/third/baidu/202112/13/438714.html.

文化服务加快数字化、智慧化进程。各区以公共文化服务效能为导向,开展文化场馆、服务平台智慧化建设,如静安"智"文化服务平台首创"精定位"公共数字文化服务管理模式,依靠大数据分析,为个人定制专属文化服务;杨浦区图书馆积极探索"图书馆＋互联网＋信用"新模式,在全市公共图书馆中率先打造新型借阅服务"书界O2O"图书网借平台。

文化机构加强智慧场馆、数字服务建设。上海博物馆投入运用国内首创、全面基于数据的博物馆数字化管理平台,推出"上博邀您云看展"专题,整合18个三维展览、25个远程教育、3个网上展览、5个珍品介绍等数字资源;上海首个数字孪生博物馆系统在上海市历史博物馆(上海革命历史博物馆)上线,突破传统展品上网、"云"上观展等模式,通过人工智能和大数据手段,赋能场馆管理和观展服务水平;上海图书馆丰富馆藏资源线上服务功能,强化移动数字阅读,开辟微阅读服务,持续更新微阅读、微讲座等;中华艺术宫发布"轻阅读"微信,以语音形式开展线上艺术讲座等。

第十二章

上海文化发展战略

上海不断健全文化政策体系,坚持正确文化导向,丰富文化建设内涵,探索文化创新路径,通过一系列制度性保障进一步地改善和优化促进国际大都市文化发展的条件和环境。上海文化政策既有全面系统的顶层战略设计,如《中共上海市委关于厚植城市精神彰显城市品格全面提升上海城市软实力的意见》《上海市国民经济和社会发展第十四个五年规划和二〇三五年远景目标纲要》《上海市社会主义国际文化大都市建设"十四五"规划》《全力打响"上海文化"品牌 深化建设社会主义国际文化大都市三年行动计划(2021—2023年)》,也有关乎公共文化服务发展与保障的《上海市基本公共服务"十四五"规划》《上海市公共文化服务保障与促进条例》《上海市关于推进公共文化服务高质量发展的意见》,更有对文化产业、文旅融合深化发展的具体谋篇布局,如《上海市"十四五"时期深化世界著名旅游城市建设规划》《上海国际旅游度假区发展"十四五"规划》《上海在线新文旅发展行动方案(2020—2022年)》等等。

一 文化发展总体规划

上海文化发展顶层规划立足更好地服务人民群众日益增长的多样化、品质化、个性化文化需求,以推动高质量文化发展、引领高品质文化生活、优化高水平文化供给、实现高效能文化治理为目标导向,重点突出了更加开放包容、更富创新活力、更显人文关怀、更具时代魅力、更具世界影响力的社会主义国际文化大都市的建设内核(表12-1)。

《中共上海市委关于厚植城市精神彰显城市品格全面提升上海城市软实力的意见》突出了着力提升文化建设品位,塑造城市软实力的神韵魅力这一重要任务,提出必须紧紧围绕大力提升文化软实力,锚定建设具有世界影响力的社会主义国际文化大都市的目标,坚持不忘本来、吸收外来、面向未来,在做强"码头"、激活"源头"、勇立"潮头"中打响"上海文化"品牌,使红色文化、海派文化、江南文化在交相辉映中激发创造活力,在世界文化交融激荡中绽放独特光彩,打造更富独特魅力的人文之城。

《上海市国民经济和社会发展第十四个五年规划和二〇三五年远景目标纲要》明确了弘扬城市精神和城市品格,提升国际文化大都市软实力,突出繁荣发展社会主义先进文化、推进公共文化服务高质量发展、构筑异彩纷呈的城市文化空间、扩大上海文化品牌影响力、提升文化旅游体育产业能级等重点任务举措。

《上海市社会主义国际文化大都市建设"十四五"规划》充分反映了人民群众对于精神文化生活的新期待、新愿景,为新时代文艺繁荣、文化发展指明了方向,为未来一段时期上海文化发展改革提供路线图和任务举措。从发展总体目标看,提出到2025年,城市文化创造力、传播力、影响力持续提升,市民文化参与感、获得感、幸福感不断增强,传承优秀传统文化、吸收世界文化精华、彰显都市文化精彩、发展社会主义先进文化的城市文化特质,加快建设成为更加开放包容、更富创新活力、更显人文关怀、更具时代魅力、更有世界影响力的社会主义国际文化大都市。

表12-1 上海文化发展重要政策规划

	文件名称	发布机构	发布/实施时间
总体战略	《中共上海市委关于厚植城市精神彰显城市品格全面提升上海城市软实力的意见》	中共上海市委	2021年6月
	《上海市国民经济和社会发展第十四个五年规划和二〇三五年远景目标纲要》	上海市人民政府	2021年1月

续表

	文件名称	发布机构	发布/实施时间
总体战略	《上海市社会主义国际文化大都市建设"十四五"规划》	中共上海市委宣传部、上海市文化和旅游局	2021年9月
	《全力打响"上海文化"品牌 深化建设社会主义国际文化大都市三年行动计划(2021—2023年)》	上海市人民政府	2021年7月
公共文化服务	《上海市基本公共服务"十四五"规划》	上海市人民政府	2021年5月
	《上海市公共文化服务保障与促进条例》	上海市人民代表大会常务委员会	2021年1月
	《上海市关于推进公共文化服务高质量发展的意见》	中共上海市委宣传部、上海市文化和旅游局、上海市发展和改革委员会、上海市财政局	2021年12月
文化产业、文旅融合发展	《上海市"十四五"时期深化世界著名旅游城市建设规划》	上海市人民政府办公厅	2021年6月
	《上海在线新文旅发展行动方案(2020—2022年)》	上海市文化和旅游局	2020年8月
	《上海市全面推进城市数字化转型"十四五"规划》	上海市人民政府办公厅	2021年10月
	《上海国际旅游度假区发展"十四五"规划》	浦东新区人民政府	2021年9月
文化资源建设与保护	《上海市红色资源传承弘扬和保护利用条例》	上海市人民代表大会常务委员会	2021年5月

较"十三五"发展规划,新一轮规划有了进一步深化和明确,强调从文化品牌标识度、城市精神品格、文化生活、文化竞争力、文化交流中心地位等五个方面实现发展目标(表12-2)。

表 12-2　上海文化"十三五""十四五"规划发展目标比较

		《上海市社会主义国际文化大都市建设"十四五"规划》	《上海市"十三五"时期文化改革发展规划》
文化传承保护	文化品牌标识度更加彰显	红色文化、海派文化、江南文化资源持续用好用活,红色文化立心铸魂基石作用进一步夯实,海派文化开放包容窗口作用进一步凸显,江南文化传承创新示范作用进一步提升,全力擦亮"上海文化"品牌,打造文化品牌高地	构建中华优秀传统文化传承体系,文化遗产得以全面保护和有效传承,上海文化特色和城市精神内涵进一步彰显
文化精神品格	城市精神品格更加鲜明	社会主义核心价值观深入人心,市民文化素质和城市文明程度全面提升,新时代文明实践中心高质量建设,志愿服务力量不断增强,向上、向善、向美力量持续凝聚,更好构筑人们诗意栖居的精神家园	继续推进社会主义核心价值体系建设,中国梦和社会主义核心价值观更加深入人心,市民文明素质和城市文明程度全面提高
公共文化服务与设施	文化生活更加多彩	重大文化设施规划布局均衡完善,公共文化服务体系日益完备,文化产品供给和文化活动质量持续提升,市民文化需求有效满足,市民文化参与度、满意度显著提高,文化引领品质生活,生发更强人文关怀、更暖民生温度,持续建好幸福人文之城	基本建成布局合理、功能完善的公共文化设施体系,重大功能性文化设施建设形成新格局,基层公共文化设施网络得以完善。率先建成现代公共文化服务体系,标准化、均等化水平稳步提高,市民基本文化权益得到更好保障,公共文化服务体制机制改革创新达到新水平
文化产业与市场	文化竞争力更加强劲	文化创新创造活力持续迸发,文化产品创作生产提质增效,原创文化精品不断涌现。文化领域数字化转型深度实施,文化资源要素配置能力显著增强,文化市场体系日益健全,文化跨界融合发展不断深入,文化市场主体更趋活跃,基本建成具有国际影响力的文化创意产业中心	大力完善文化产品创作生产体系,网络文化健康发展,社会精神文化生活丰富多彩。健全现代文化产业体系和文化市场体系,产业结构优化升级,文化市场规范有序,文化创意产业成为重要支柱产业。全面深化文化体制改革,管理体制和运行机制不断健全,文化法治建设深入推进

续表

	《上海市社会主义国际文化大都市建设"十四五"规划》	《上海市"十三五"时期文化改革发展规划》
文化交流汇聚	文化交流中心地位更加凸显	中外文化精品荟萃首发,重大文化节展赛事影响力不断扩大,"上海主场"文化交流平台持续升级,文化"码头"地位坚实稳固。国际传播能力建设不断加强,城市形象推广成效显著,文化"走出去"实力不断增强	逐步建立现代传播体系,传统媒体与新兴媒体融合发展,社会舆论积极向上。持续扩大文化交流合作,文化"走出去"步伐加快,上海文化的全国辐射和世界影响持续扩大

二 公共文化服务发展政策

上海深化公共文化服务高质量发展先行区建设,相关政策体现出四个特点:一是目标深化上,打造更高质量、更有效率、更加公平、更可持续的公共文化服务体系,着力提升公共文化服务均等化、标准化、数字化、品质化水平;二是机制突破上,深化公共文化服务体制机制改革,扩大社会参与,形成开放多元、充满活力的公共文化服务供给;三是扩大公共文化空间覆盖面,通过加快标志性重大文化设施建设因地制宜推动基层公共文化设施优化布局,推进城市公共空间的文化"微更新",形成公共文化空间新格局、新特色和新品位;四是方法创新上,促进公共文化服务积极引入数字技术、智能工具,与旅游等文化产业相融合,建立协同共进的公共文化发展格局。

相关政策反映出通过完善公共文化服务制度、建设改造公共文化空间与设施、推进公共文化资源开发与共建共享、加快公共文化数字化建设与智慧化转型、促进公共文化服务文旅融合、挖掘公共文化新业态等任务举措,积极构建与具有世界影响力的社会主义现代化国际大都市相匹配的现代公共文化服务体系(表12-3)。

表12-3 上海公共文化服务发展政策与主要任务

	主要任务	政策名称
公共文化空间与设施建设	促进公共文化服务体系社会化、专业化发展,深入实施建筑可阅读、街区可漫步、滨水可游憩,大力推进文化场馆、体	《中共上海市委关于厚植城市精神彰显城市品格全面提升上海城市软实力的意见》

续表一

	主要任务	政策名称
公共文化空间与设施建设	育设施、公园绿地等向社会开放,培育打造市民可亲近、可参与、可展示的文化新空间和休闲好去处,让人们拥有诗意栖居、浪漫生活的美好家园	《中共上海市委关于厚植城市精神彰显城市品格全面提升上海城市软实力的意见》
	加快建成标志性的重大文化设施。继续打造"东西一轴、南北一带"的文化设施空间布局,形成一批文化新地标。高起点布局五个新城文化设施,构建新城"环湖公共文化服务圈"。建设"一江一河"沿岸"生活秀带",打造黄浦江"世界会客厅"	《上海市关于推进公共文化服务高质量发展的意见》
	实施基层公共文化设施更新与提升计划,通过空间共享、内容迭代、科技赋能、服务升级,全面提升特色、品质和效能,打造基层公共文化设施新典范	《上海市关于推进公共文化服务高质量发展的意见》
	支持城市公共空间的文化"微更新"改造,提升空间文化内涵。推出一批"家门口的好去处",打造一批适合休憩、交流、活动的新型公共空间	《上海市关于推进公共文化服务高质量发展的意见》
	激发城市公共空间文化活力,进一步提升现有文化场馆、文化设施的使用效能	《上海市社会主义国际文化大都市建设"十四五"规划》
	拓展公共文化服务新空间,建好"家门口的文化客厅"	《全力打响"上海文化"品牌 深化建设社会主义国际文化大都市三年行动计划(2021—2023年)》
	鼓励建设综合性文化体育类设施,完善基层公共文化服务网络,建好家门口的文化客厅和休闲运动好去处	《上海市国民经济和社会发展第十四个五年规划和二〇三五年远景目标纲要》
	加快推进"东西延伸、南北推进"的重大文化设施布局,建成上海图书馆东馆等	《上海市国民经济和社会发展第十四个五年规划和二〇三五年远景目标纲要》
	构筑异彩纷呈的城市文化空间,推动文化元素为各类城市空间赋能,凸显文化地标独特魅力,激活公共空间文化活力,提升历史文化风貌新体验,打造公共文化运动新空间、"打卡地"	《上海市国民经济和社会发展第十四个五年规划和二〇三五年远景目标纲要》

续表二

	主要任务	政策名称
公共文化空间与设施建设	优化完善立体均衡的公共文化体育设施布局,促进公共文化产品更丰富、配送更精准,提升文化惠民的供给水平和服务效能	《上海市国民经济和社会发展第十四个五年规划和二〇三五年远景目标纲要》
	各级人民政府应当加强高品质公共文化空间建设,打造红色文化、海派文化、江南文化地标;支持依托文化地标的区域优势和特点,举办高水平的公共文化活动	《上海市公共文化服务保障与促进条例》
公共文化资源开发与共建共享	鼓励图书馆将所有或者保管的红色资源,向社会开放或者公布	《上海市红色资源传承弘扬和保护利用条例》
	鼓励图书馆研究整理和开发利用馆藏或者收藏的红色资源,开展专题展览、公益讲座、媒体宣传、阅读推广等传承弘扬活动	《上海市红色资源传承弘扬和保护利用条例》
	鼓励图书馆对红色资源中的重要档案、文献、手稿、声像资料和实物等进行征集、收购	《上海市红色资源传承弘扬和保护利用条例》
	推动长三角区域各类档案馆、博物馆、纪念馆、美术馆、图书馆以及其他红色资源收藏单位组建合作联盟,开展巡展联展,加强馆际资源协作开发	《上海市红色资源传承弘扬和保护利用条例》
	建立全民艺术普及资源库,优化文化配送,加强供需对接,鼓励社会力量广泛参与,增加公共文化内容供给的精准性和有效性,不断提升基本公共文化服务品质	《上海市基本公共服务"十四五"规划》
	用好用活红色文化、海派文化、江南文化资源,增强文博场馆的国际国内协同合作,加强文物古籍的保护、研究和利用,做强"建筑可阅读"服务体系,不断提升公共文化资源供给能力	《上海市关于推进公共文化服务高质量发展的意见》
	加强对文化数字资源的挖掘和再开发、再利用。重点推进微视(音)频、微阅读、艺术慕课等适应移动互联环境使用的数字资源建设	《上海市关于推进公共文化服务高质量发展的意见》

续表三

	主要任务	政策名称
公共文化数字化建设、智慧化转型	推动文化、旅游与数字科技深度融合。推进文化设施数字化更新,实施基层公共文化设施"更新计划",不断提升公共文化服务智慧化水平,提高数字公共文化产品和服务品质,拓展公共文化服务应用场景	《上海市国民经济和社会发展第十四个五年规划和二〇三五年远景目标纲要》
	实施公共文化服务数字赋能专项行动,将现代数字技术应用于公共文化服务体系建设,深度构建线上线下融合互动、立体覆盖的数字公共文化服务体系	《上海市社会主义国际文化大都市建设"十四五"规划》
	实施基层公共文化设施"更新计划",打造"有声图书馆"等智慧服务新空间	《上海市社会主义国际文化大都市建设"十四五"规划》
	推动全市文化场馆逐步实现智慧管理、智慧服务和智慧展示,完善图书馆馆藏资源线上阅读功能,强化移动数字阅读服务	《上海市社会主义国际文化大都市建设"十四五"规划》
	打通各级公共文化数字平台,打造数字公共文化资源库群,完善上海市公共文化服务资源精准供给体系	《上海市社会主义国际文化大都市建设"十四五"规划》
	推动公共文化服务数字化转型,实施公共文化服务"数字赋能行动",打造公共文化资源库群,丰富数字化供给。推动公共文化场馆"无接触服务",倡导公共文化服务"数字无障碍"	《全力打响"上海文化"品牌 深化建设社会主义国际文化大都市三年行动计划(2021—2023年)》
	深化文化大数据体系建设,推进文化资源数字化,建设红色文化资源信息应用平台,提升"文化上海云"服务能级,推动媒体深度融合发展。推动文旅数字化服务整体布局、一体建设,以文旅智能中枢"文旅通"为载体,推动文旅"两网"一体融合。建设"随申码·文旅"公共服务平台,实现全市范围内的"一码畅游"。加快图书馆、博物馆、文化馆、美术馆等文旅场馆数字化改造	《上海市全面推进城市数字化转型"十四五"规划》
	图书馆、文化馆、博物馆(纪念馆)、美术馆、科技馆等公共文化设施的管理单位应当通过信息化、数字化、智能化等技	《上海市公共文化服务保障与促进条例》

续表四

	主要任务	政策名称
公共文化数字化建设、智慧化转型	术手段,加强公共文化数字产品内容原创研发,拓展公共文化服务应用场景,提高公共文化数字产品品质	《上海市公共文化服务保障与促进条例》
	提升文旅场馆的智慧化水平,促进云计算、大数据、人工智能等新一代信息技术、智能技术在文旅场馆的应用,实现在线预约、实时客流监测、入馆无感通行等功能	《上海在线新文旅发展行动方案(2020—2022年)》
	加强公共文化数字资源建设,完善图书馆馆藏资源线上阅读功能	《上海在线新文旅发展行动方案(2020—2022年)》
	鼓励各类文旅场馆、创业园区研发"云展览""云赏艺""云公教""云文创"等具有行业特色、场馆特性的全景在线产品,打造丰富、集中、便利、高效的沉浸式文旅服务互动体验。升级上海"公共文化产品线上文采会"平台	《上海在线新文旅发展行动方案(2020—2022年)》
	推进公共文化设施数字化更新,加强文旅资源智能终端的布局和运用,推出一批便捷、友好的应用服务场景,打造内容丰富、服务智能、管理高效的智慧场馆。推动线上数字场馆建设,推进"互联网+文化活动",丰富数字阅读、云展演、智慧导览、网络直播、沉浸式互动体验等服务样式,提升活动品质与吸引力	《上海市关于推进公共文化服务高质量发展的意见》
公共文化服务文旅融合	健全文化文物单位文创产品开发激励机制,建好"海上文创"平台	《全力打响"上海文化"品牌 深化建设社会主义国际文化大都市三年行动计划(2021—2023年)》
	加快文创产业数字化转型,全面提升文创产业数字化、网络化、智能化发展水平	《全力打响"上海文化"品牌 深化建设社会主义国际文化大都市三年行动计划(2021—2023年)》
	符合国家规定的公共图书馆、文化馆、国有博物馆(纪念馆)、国有美术馆、科技馆等公共文化设施的管理单位可以开展文化创意产品开发,取得的收入按照规定纳入本单位预算统一管理,用于加强公共文化服务、继续投入文化创意产品开发或者对符合规定的人员予以激励	《上海市公共文化服务保障与促进条例》

续表五

	主要任务	政策名称
公共文化服务文旅融合	深化文化和旅游公共服务功能融合，开辟更好地服务人民美好生活的、主客共享的文旅服务场景	《上海市关于推进公共文化服务高质量发展的意见》
公共文化业态创新	鼓励博物馆、美术馆、体育馆等公共文化体育设施提供夜间服务	《上海市国民经济和社会发展第十四个五年规划和二〇三五年远景目标纲要》
	加快发展新型文化业态和文化消费模式，促进传统文化与新兴文化交融创新，不断丰富文化产品内容，优化文化服务品质	《上海市社会主义国际文化大都市建设"十四五"规划》
	丰富夜间经济文化内涵，鼓励博物馆、美术馆、社区文化活动中心等公共文化设施提供夜间文化服务	《上海市社会主义国际文化大都市建设"十四五"规划》
	鼓励博物馆、美术馆、社区文化活动中心等公共文化设施错时、延时和夜间开放	《上海市基本公共服务"十四五"规划》
	深化文教结合，鼓励公共文化场馆、文艺院团等与学校合作设计美育课程，开展学生艺术实践活动	《上海市关于推进公共文化服务高质量发展的意见》
公共文化服务基本保障	提升公共文化服务治理水平，创新社会力量参与公共文化服务的制度设计，完善公共文化服务绩效评价机制，健全公共文化机构法人治理结构	《全力打响"上海文化"品牌 深化建设社会主义国际文化大都市三年行动计划（2021—2023年）》
	深化公共文化服务供给侧改革，针对特殊人群需求，提供无障碍阅读、无障碍观影、流动文化服务等便捷化服务	《全力打响"上海文化"品牌 深化建设社会主义国际文化大都市三年行动计划（2021—2023年）》
	完善公共文化服务标准化建设，推动基层公共文化设施更新提升，深化社区公共文化设施专业化社会化改革	《上海市基本公共服务"十四五"规划》
	完善公共图书馆、文化馆总分馆制，深化互联互通和共建共享，推动优质公共文化服务资源向基层倾斜和延伸	《上海市基本公共服务"十四五"规划》
	各级人民政府应当健全群众性文化活动机制，支持开展全民阅读、全民普法、全民健身、全民科普和艺术普及、优秀传统文化传承等活动	《上海市公共文化服务保障与促进条例》

三 新冠疫情期间文化政策措施

新冠疫情期间针对文化市场不同主体的诉求和建议，上海制订形成助企纾困政策举措，如 2020 年发布《全力支持服务本市文化企业疫情防控平稳健康发展的若干政策措施》、2022 年出台《全力支持本市文化企业抗击疫情健康发展的若干政策措施》，既体现了抓紧抓实疫情防控工作，坚决筑牢疫情防控屏障的根本要求，又反映出精准发力、突出重点，帮助文化行业和企业渡过难关，缓解燃眉之急，提振文化发展信心，增强文化韧性活力的政策目标（表 12-4）。

表 12-4 新冠疫情期间上海扶持文化企业主要政策措施

	主要措施	政策名称
全面贯彻落实本市疫情防控政策措施	协调落实本市相关政策措施； 全面落实暂时退还旅游服务质量保证金和补贴文化事业建设费； 协调落实减免企业房屋租金	《全力支持服务本市文化企业疫情防控平稳健康发展的若干政策措施》
强化文化政策扶持力度	突出重点文艺创作选题； 强化主题出版引领作用； 精准实施影院补贴政策； 帮扶重点电影企业和项目； 加大文创企业支持力度	
加快推进文化金融服务	降低文化企业融资成本； 创新文化金融服务产品	
培育支持新技术新业态发展	深化文化科技融合发展； 探索文化消费新业态	
全面减轻文化企业负担	推动落实本市助企纾困政策； 继续减征文化事业建设费； 协调落实房屋租金减免政策	《全力支持本市文化企业抗击疫情健康发展的若干政策措施》
调整优化文化领域扶持资金	加强对重点文艺项目创作指导和支持力度； 加大对困难文化企业财政资金扶持力度； 酌情容缺受理申报材料； 调整上海文化发展基金会项目受理； 调整上海文创扶持资金项目管理	

续表

	主要措施	政策名称
创新文化金融服务供给	降低文化企业融资成本； 畅通文化金融服务渠道； 创新文化金融服务产品	《全力支持本市文化企业抗击疫情健康发展的若干政策措施》
持续优化营商服务环境	有序推动文化企业恢复生产经营； 实施版权保护服务公益计划； 鼓励文化企业创新实践； 发挥各区主阵地作用； 凝聚文化领域社会组织力量	

《全力支持服务本市文化企业疫情防控平稳健康发展的若干政策措施》一是重点强化文化政策扶持力度，加大文创企业支持力度；二是利用加快推进文化金融服务，降低文化企业融资成本；三是实施新技术新业态培育支持，支持高成长创新型中小文化企业。《全力支持本市文化企业抗击疫情健康发展的若干政策措施》针对疫情形势变化，通过继续减征文化事业建设费、房屋租金减免政策、困难文化企业财政资金扶持等举措全面减轻文化企业负担；以降低文化企业融资成本、拓展文化金融服务渠道等方式创新文化金融服务；通过实施版权保护服务公益计划、推动文化企业恢复生产经营等手段进一步优化营商服务环境。

第十三章

上海文化发展空间布局

上海城市文化设施空间布局不断优化均衡,黄浦江两岸东西策应,浦西人民广场地区、浦东花木地区两大文化核心功能区基本形成,苏州河沿岸积极打造开放共享的生态文化空间,作为独立综合性节点的五大新城加速城市公共空间的文化形象打造,重大文化设施建设持续推进,上海博物馆东馆、上海图书馆东馆、上海大歌剧院等重大在建项目进展顺利,上海国际舞蹈中心、上海市历史博物馆、程十发美术馆、九棵树未来艺术中心等重要文化设施建成开放,为人民不断增长的精神需求打开了物理新空间、服务新变化,提升了城市的人文温度。

一 上海城市文化空间总体布局

上海通过优化城市空间总体格局,持续完善中央活动区、黄浦江和苏州河沿岸地区、城市副中心和新城的文化空间布局。

主城区(包括外环线以内区域的中心城,以及虹桥、川沙、宝山、闵行等主城片区)综合功能不断升级,突出中央活动区(包括小陆家嘴、外滩、人民广场、南京路、淮海中路、西藏中路、四川北路、豫园商城、上海不夜城、世博-前滩-徐汇滨江地区、徐家汇、衡山路-复兴路地区、中山公园、虹桥开发区、苏河湾、北外滩、杨浦滨江内环以内、张杨路等区域)核心功能,通过提升和集聚高能级、高品质文化活动,扩大城市吸引力和人文魅力,以文化内涵和差异化体验赋能商圈建设,推动商旅文体联动;举办多功能多样化全时段活动,发展后街经济和夜间经济,延伸休闲消费新时段,提升各类演出和公众活动频率和强度;在商业商务载体中融入特色居住功能和活力开放空间,挖掘中央活动区集聚的城市历史文化价值,整街区打造衡复等历史风貌区,增加更多特色产业功能和多样化公共空间。

黄浦江、苏州河("一江一河")沿岸分别打造"国际大都市发展能级的集中展示区"和"特大城市宜居生活的典型示范区"[①],提供更多公共休闲空间。黄浦江沿岸文化通过整合场馆和活动空间,保护和活化外滩、北外滩、杨浦滨江、民生码头等沿江历史、文化和工业遗产,增加驿站、红色书屋等文体、商业和休憩设施,由"工业锈带"向"生活秀带""发展绣带"转变。苏州河沿岸地区侧重城市更新、生态修复和历史文化等功能重塑,营造更多开放共享的生态文化空间。

真如、江湾-五角场、张江、金桥等城市副中心的商业、休闲、文体等公共服务设施通过提供高品质的公共服务,增加公共活动空间,强化该地区的文化综合服务与特色功能。松江、奉贤、嘉定、青浦、南汇五大新城作为独立综合性节点,承接主城核心功能,完善公共服务配套,丰富文旅资源。

三 五大新城文化空间布局

松江、奉贤、嘉定、青浦、南汇五大新城致力于优质均衡、公平高效、便利可及、保障多元的公共服务体系发展,挖掘演绎新城文化主题,吸引汇聚文化资源,提升城市公共空间的文化形象(表13-1)。

表13-1 五大新城文化发展布局

新城	主要举措
松江新城	打响"上海之根、人文松江"文化品牌,深入挖掘人文历史,建设一批体现"书香之域、书画之城、文博之府、影视之都"特色的展示馆、陈列馆、体验基地,打造3~5个艺术家驻留集聚区; 建设松江博物馆新馆和中国文物交流中心上海展览基地,推动文旅场馆智能化升级,培育壮大在线文旅新业态,提升文旅服务数字化水平; 推进上海科技影都和科技影都核心区"一路一湖"(玉阳大道、华阳湖)建设,打造顶尖影视摄制产业集群,成为全球影视创制中心的重要承载地、上海文化大都市的影视特色功能区、松江科创文创双轮驱动、产城深度融合的示范区

---

① 上海市人民政府新闻办公室,上海市统计局.上海概览2021[M].上海:人民出版社,2021.

续表

新城	主要举措
奉贤新城	发掘"贤美文化"时代内涵,建设文化创意之都,促进文化与其他功能的融合提升发展; 以九棵树未来艺术中心为核心,布局建设言子书院、"海之花"市民活动中心等一批文化设施,引入形式多样的文化创意功能和文化研究机构; 举办上海国际音乐周、灯光秀、花海美妆音乐嘉年华、东方美谷国际花展,办好东方美谷艺术节; 加快文化创意产业发展,打造南上海文化创意产业集聚区
青浦新城	推进长三角演艺中心、青浦美术馆、江南文化研究院等标志性公共文化设施建设; 实施文体设施更新与提升计划,鼓励既有民间博物馆、音乐厅等经营性文体活动场所面向公众开放; 探索文体场馆所有权与经营权分离,各类市场主体因地制宜利用工业厂房、商业用房、仓储用房等既有建筑及屋顶、地下室等空间建设改造文体设施,扩大多类型服务供给
嘉定新城	推进国家公共文化服务体系示范区建设,打响"汽车文旅、魅力之城"文化品牌; 扩大上海汽车文化节、嘉定旅游节、孔子文化节、马陆葡萄节等品牌活动的影响力,举办上海市民文化节中华传统文化传承系列赛事; 放大保利大剧院、嘉定图书馆等知名文化场馆辐射效应,引入上海交响乐团等市级院团、世界顶级院团开展巡演
南汇新城	引导基层社区开展自发性的文化活动,丰富基层群众文化生活; 全面推进文化设施网络建设,规划建设市级及地区级图书馆、剧场等文化设施项目,鼓励和引导社会力量参与文艺生产和公益性文化活动; 试点跨境艺术品保税交易,拓展创意文化、文物艺术品交易等创新业态; 推动文创产业载体建设,打造国际文化创意港和以高科技影视摄制基地为主的文化产业集聚区

按照独立的综合性节点城市的功能定位,到2025年,五大新城常住人口总规模将达到360万左右,基本形成独立的城市功能,在长三角网络中初步具备综合性节点城市的地位;社区级公共服务设施15分钟步行可达覆盖率85%以上,常住人口人均公共文化设施建筑面积0.25平方米,每年举办市级以上文旅活动和体育赛事5次以上,市级国有文艺院团占新城公共文化专题配送比例30%。[①]

---

① 《关于本市"十四五"加快推进新城规划建设工作的实施意见》[EB/OL].(2021-02-23)[2022-04-16]. https://www.shanghai.gov.cn/202106zfwj/20210324/1271ddec16d3475b98606d4a81d85c66.html.

一方面,深入挖掘嘉定新城汽车文旅、青浦新城江南水乡、松江新城上海之根、奉贤新城东方美谷、南汇新城未来之城的文化基因,通过整合自然和人文资源,吸引文化人才和机构集聚,汇聚特色公共服务资源;另一方面,聚焦新城群众文化需求,健全现代公共文化服务体系,完善公共文体服务网络,加强公共文化服务基础设施建设,推动社区文化活动中心更新,进一步提升基层公共文化服务能力。

三 "两轴一廊、双核多点"文化空间布局

上海文化设施建设向充实内涵、均衡整体布局的目标继续发展,按照打造标志性和文化核心功能的城市文化发展主脉络,逐步形成"两轴一廊、双核多点"的城市文化空间发展新格局。"两轴一廊"即东西、南北两轴及苏州河沿岸都市文化景观长廊,"双核多点"中的"双核"分别是人民广场文化核心功能区和浦东花木地区文化核心功能区,两者东西呼应,辐射更多市民群体和区域。

东西向的城市文化发展横轴得到延伸,沿"朱家角—虹桥商务区—静安寺—人民广场—外滩—陆家嘴—花木地区—上海国际旅游度假区—浦东空港地区",轴线中段文化资源集聚辐射作用得到进一步加强,在东段浦东空港、张江地区,西段朱家角、虹桥商务区导入文化设施和文化特色项目。南北向城市文化发展纵轴获得塑造,沿"宝山滨江地区—杨浦滨江地区—北外滩—外滩—陆家嘴—世博地区—徐汇滨江地区—闵行滨江地区",以世博地区文博区建设为重点,发挥徐汇滨江西岸文化走廊带动效应,建设上海大歌剧院、上海轻音乐团、上海越剧院等黄浦江沿岸功能性文化设施项目。通过挖掘和开发苏州河沿岸都市文化景观长廊,规划、保护、利用沿岸文化遗存和景观资源,打造体现历史人文积淀和中西文化交融的文化景观廊带,也带动了苏州河整体开发和多元提升。"双核"中的"一核"上海人民广场文化核心功能区不断完善,上海大剧院、上海音乐厅及周边演艺剧场群等形成集聚融合;"另一核"浦东花木地区文化核心功能区在上海科技馆、上海东方艺术中心等已有文化设施基础上,上海博物馆东馆、上海图书馆东馆等地标性重大文化设施或加紧建设,或进入开放试运行。此外,世博文化公园、上海大歌剧院、上海轻音乐团、上海越

剧院等黄浦江沿岸功能性文化设施串接起滨江文化轴,程十发美术馆、上海少年儿童图书馆新馆、上海宛平戏曲中心、上海沪剧院等加速多点状文化功能布局。

四 主要文化设施空间布局

上海文化设施种类齐全,总量位于全国前列。[①] 2020年末,全市列入统计系统的公共文化设施机构数384个,其中,公共图书馆23个,群众艺术馆、文化馆24个,文化站218个,博物馆107个,美术馆12个。艺术表演场馆和艺术展览机构方面,2020年末列入统计系统的电影放映单位374家,其中影剧院342家;艺术表演场馆61个,其中剧院41个,书场、曲艺场1个;全市艺术表演场馆的观众座席数123 414个。

集聚效应上,与国外相比,上海拥有公共图书馆377个,超过伦敦、纽约、巴黎等城市,仅次于东京[②];上海已备案博物馆158家,每百万人拥有博物馆6.6座,高于全国每百万人4.1座[③];根据上海市文化旅游局《2021年上海市美术馆名录》显示,上海美术馆数量达到96家,成为国内拥有美术馆最多的城市,对标伦敦南岸、巴黎左岸等地区,徐汇滨江、外滩沿岸等美术馆集群已经形成;根据国家电影局统计数据显示,2021年上海电影院数(387家)、IMAX+杜比影院(43家)数量均排名第一,领先国内其他城市。

公共图书馆领域,2020年末列入统计系统的全市公共图书馆23个(市级2个、区级21个),其中少儿图书馆4个(市级1个、区级3个),图书总藏量8 091.75万册/件。全年组织各类讲座876次,参加人数7万人次。

根据《上海市公共图书馆阅读报告2020》数据显示,截至2020年底,上海市中心图书馆服务网点数达到380个,"一卡通"服务体系成员包括总馆1家,市级公共成员馆1家,区级公共成员馆21家,街道(乡镇)成员馆216家,其他成员馆

---

① 提升城市文化软实力,上海在线文化产业动能强劲[EB/OL].(2021-05-14)[2022-04-18].https://wenhui.whb.cn/third/baidu/202105/14/404589.html.
② 曲蕴,王晓樱,施雯,等.大都市公共图书馆:经验与上海特色[M].上海:上海科学技术文献出版社,2022.
③ 钱益汇,袁广阔,赵古山,等.博物馆蓝皮书:中国博物馆发展报告(2019~2020)[M].北京:社会科学文献出版社,2021.

15家,总计254家机构。

表13-2 2020年上海市公共图书馆统计情况①

		合计	市级	区级
机构数/个		23	2	21
从业人员/人		2 112	864	1 248
总藏量/万册·件		8 091.75	5 834.65	2 257.10
阅览座位/个		23 643	2 149	21 494
书刊文献外借情况	人次/万人次	169.22	39.68	129.54
	册数/万册·次	785.75	181.48	604.27
组织各类讲座次数/次		876	72	804

博物馆领域,2021年上海拥有已备案博物馆158家,其中国家级博物馆29家,以上海常住人口2 400万计,每15万人拥有一座博物馆。2020年末列入统计系统的博物馆馆内藏品量达到208.66万件/套,展览活动888个,参观人次1 235.93万人次(表13-3)。

表13-3 2020年上海市博物馆统计情况②

类别	馆内藏品实际数量/件·套	展览活动/个	参观人次/万人次
总计	2 086 603	888	1 235.93
综合性	48 015	102	19.13
历史类	381 238	222	73.43
艺术类	1 025 809	73	11.55
自然科技类	307 335	39	64.01
其他	324 206	452	52.29

---

① 2021年上海统计年鉴。
② 钱益汇,袁广阔,赵古山,等.博物馆蓝皮书:中国博物馆发展报告(2019～2020)[M].北京:社会科学文献出版社,2021.

第十三章　上海文化发展空间布局

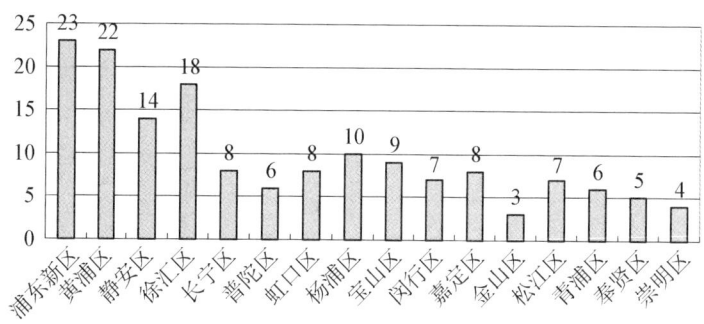

图 13-1　上海市博物馆区域分布

表 13-4　上海市国家级博物馆

博物馆等级	博物馆名称
国家一级博物馆	上海博物馆
	上海鲁迅纪念馆
	中共一大会址纪念馆
	上海科技馆
	陈云纪念馆
	上海中国航海博物馆
	上海市龙华烈士纪念馆
国家二级博物馆	上海孙中山故居纪念馆
	嘉定博物馆
	上海市松江区博物馆
	青浦区博物馆
	上海公安博物馆
	上海市历史博物馆(上海革命历史博物馆)
	上海宋庆龄故居纪念馆
	上海世博会博物馆
	上海交通大学钱学森图书馆
	上海儿童博物馆
	上海淞沪抗战纪念馆
	上海大学博物馆
	上海航空科普馆

续表

博物馆等级	博物馆名称
国家三级博物馆	上海韬奋纪念馆
	上海市银行博物馆
	上海市闵行区博物馆（张充仁纪念馆）
	上海市金山区博物馆
	上海工艺美术博物馆
	浦东新区南汇博物馆
	上海纺织博物馆
	宋庆龄生平事迹陈列馆
	上海土山湾博物馆

美术馆领域，2021年上海市美术馆名录数量达到96家，其中，国有美术馆25家、非国有美术馆71家，基本实现上海全域覆盖。2021年全市美术馆共举办950项展览，观众参观人次621万。[①] 徐汇滨江的美术馆大道上分布着油罐艺术中心、西岸美术馆、余德耀美术馆、龙美术馆西岸馆，外滩沿岸拥有外滩美术馆、久事美术馆、久事艺术中心、久事艺术沙龙、东一美术馆等。与国外重要艺术机构密切合作，如西岸美术馆与蓬皮杜中心的五年展陈合作项目、浦东美术馆与英国泰特现代美术馆"3+1+2"合作等。

群众艺术馆、文化馆领域，2020年末列入统计系统的群众艺术馆、文化馆24个（市级1个、区级23个），218个文化站（乡镇文化站107个，街道文化站111个），全市群众艺术馆、文化馆文化服务惠及人数430.45万人次；2020年文化站文化服务惠及人数839.10万人次。上海市群众艺术馆已打造出了上海市民文化节、上海市公共文化配送、上海市群文新人新作展评展演等具有全国影响力的文化品牌，新冠疫情期间，群众艺术馆通过线上公共文化资源整合，汇聚云培训、云演出、云展览和云故事四大类约百项文艺内容。

---

① 同比增长58.3%！2021年上海96家美术馆共举办950场展览[EB/OL].(2022-01-24)[2022-04-26]. http://whlyj.sh.gov.cn/yshd/20220124/be144c65b99244a68f845975e1a4cb52.html.

表 13-5　2020 年上海市群众艺术馆、文化馆(站)统计情况[①]

	合计	群众艺术馆	文化馆	文化站
单位数/个	242	1	23	218
文艺活动/次	40 235	20	4 936	35 279
理论研讨和讲座/次	711	18	693	
举办训练班/次	35 415	40	8 971	29 404
举办展览个数/个	3 393	20	340	3 033

[①] 钱益汇,袁广阔,赵古山,等.博物馆蓝皮书:中国博物馆发展报告(2019～2020)[M].北京:社会科学文献出版社,2021.

第十四章

上海文化集聚区建设实例

上海积极推进市区两级文化集聚区和重要文化设施建设，着力破解文化设施发展不平衡不充分的瓶颈。其中，"演艺大世界-环人民广场剧场群"和浦东花木文化集聚区让浦江两岸的城市文化空间发展新格局逐渐形成，承载着百年"戏码头"历史，"演艺大世界-环人民广场剧场群"隆重亮相，作为一个"老中青"齐聚的演艺大家庭，新场馆不断涌现的同时，具有深厚历史积淀的老场馆也被激活，融入了新时代上海文化发展的新蓝图。上海图书馆东馆、上海博物馆东馆与周边的东方艺术中心、上海科技馆一起，形成浦东花木文化集聚区，组成了新型文化服务体验空间，映衬了浦东不仅是创新的热土，也是文化的热土。

一 演艺大世界-环人民广场剧场群

（一）区域概况

人民广场经过历次改造，已经成为融行政、文化、交通、商业于一体的园林式广场，是上海最为重要的地标区域之一。所处的黄浦区是上海的商业大区，拥有南京东路、淮海中路两条著名商业街，是全市首批国际消费城市示范区、国际时尚之都示范区；拥有外滩、豫园、南京路步行街、人民广场、新天地、田子坊等一批城市名片和经典文化、商业地标，以及上海旅游节开幕大巡游、豫园新春民俗艺术灯会、新天地跨年迎新等经典活动；上海博物馆、上海大剧院、上海音乐厅、文化广场等全市标志性文化设施在此集聚。

（二）功能定位

2018年11月1日，演艺大世界-环人民广场剧场群名称正式发布。① 剧场群是以上海市人民广场为核心区域，辐射整个黄浦区乃至上海市中心城区的演艺集聚和产业发展区，定位为上海建设亚洲演艺之都主力军、上海国际文化大都市的核心引领区，传统艺术的传承创新地、国际戏剧的展示交流地、原创剧目的孵化展演地、演艺跨界融合的示范引领地，通过传扬经典海派文化，凸显区域演艺特质，打造各类剧场、剧团、剧种协同联动、融合发展的氛围，成为演出资源最集中、演出规模最大、产业链最完整的世界级演艺集聚区之一。

（三）集聚规模

截至2021年底，演艺大世界-环人民广场剧场群拥有19个专业剧场、36个演艺新空间和46个展演空间，形成了人民广场活力中心以及外滩、创意码头、世博滨江、新天地、复兴路集群的"一中心、五集群"发展格局，其中，人民广场周边1.5平方千米范围内的核心区，是全国规模最大、密度最高的剧场群②，预计到2025年，演艺大世界-环人民广场剧场群的剧场、演艺新空间总数达到80家，各类展演活动年场次达到3万场（表14-1）。③

表14-1 演艺大世界-环人民广场剧场群

集群	名称	类型
人民广场演艺活力中心	黄浦剧场	剧场
	仙乐斯木偶剧场	剧场
	上海新光影艺苑	剧场
	上海共舞台	剧场
	上海中国大戏院	剧场

---

① 郭颖.上海将打造世界级演艺集聚区[N].青年报，2018-11-02.
② 上海，一座"全年有戏"的城市[EB/OL].[2022-01-20]. https://m.gmw.cn/baijia/2022/01/20/35459624.html.
③ 黄浦区文化和旅游发展"十四五"规划[EB/OL].（2021-06-30）[2022-02-18]. https://www.shhuangpu.gov.cn/zw/009001/009001033/009001033002/009001033002004/20210706/5cde1e0f-e1c6-4233-913e-56d20075a01d.html.

续表一

集群	名称	类型
	上海大剧院大剧场	剧场
	上海大剧院中剧场	剧场
	上海大剧院小剧场	剧场
	凯迪拉克·上海音乐厅	剧场
	上海音乐厅广场	展演空间
	上海天蟾逸夫舞台	剧场
	上海人民大舞台	剧场
	星空间1号	演艺新空间、展演空间
	星空间2号	演艺新空间、展演空间
	上海扬子精品酒店	演艺新空间、展演空间
	上海机遇中心	演艺新空间、展演空间
	上海地铁音乐角	演艺新空间、展演空间
	桥小礼堂	演艺新空间、展演空间
	上海世贸广场	演艺新空间、展演空间
	第一百货商业中心	演艺新空间、展演空间
	衍庆里时尚艺术空间	演艺新空间、展演空间
	上海长江剧场	剧场
	上海大世界	演艺新空间、展演空间
创意码头集群	创邑SPACE老码头一期演绎空间	演艺新空间、展演空间
	香港名都	演艺新空间、展演空间
	相爷府 五星古茶楼	演艺新空间、展演空间
	海上梨园	剧场
	湖心亭茶楼	演艺新空间、展演空间
	水上大舞台	演艺新空间、展演空间
	豫上海剧院	展演空间
复兴路集群	上海市卢湾体育中心	剧场
	上汽·上海文化广场	剧场
	上汽·上海文化广场 户外舞台	演艺新空间、展演空间

续表二

集群	名称	类型
	上海兰心大戏院	剧场
	上海文化广场 WE 剧场	演艺新空间、展演空间
	白玉兰剧场	剧场
	雅庐书场	剧场
	MAO Livehouse 上海	演艺新空间、展演空间
	288 Livehouse 思南店	演艺新空间、展演空间
	思南公馆	演艺新空间、展演空间
	上海巴黎春天淮海店	展演空间
	淮海 755	展演空间
	爵士上海俱乐部	演艺新空间、展演空间
	俞振飞昆曲厅	演艺新空间、展演空间
	大隐精舍	演艺新空间、展演空间
新天地集群	chi K11 美术馆	演艺新空间、展演空间
	大上海时代广场	展演空间
	拉法耶艺术设计中心	演艺新空间、展演空间
	Social House	演艺新空间、展演空间
	上海新天地	展演空间
	香港广场	演艺新空间、展演空间
世博滨江集群	上海儿童艺术剧场	剧场
	上海儿童艺术剧场户外广场	演艺新空间、展演空间
	上海当代艺术博物馆	演艺新空间、展演空间
	黄浦滨江公共空间	展演空间
	上海三山会馆	展演空间
	黄浦绿地缤纷城	展演空间
	新邻生活站	展演空间
	Lueone 凯德晶萃广场	演艺新空间、展演空间
外滩集群	林肯爵士乐上海中心	演艺新空间、展演空间
	新天安堂	演艺新空间、展演空间

续表三

集群	名称	类型
	读者书店	演艺新空间、展演空间
	益丰外滩源	演艺新空间、展演空间
	新天安堂广场	演艺新空间、展演空间
	上海和平饭店有限公司	演艺新空间、展演空间

从剧场特点看，上海大剧院是综合性剧场，上海文化广场以音乐剧为主打，中国大戏院是以综合戏剧演出为主的中型专业剧场，转型升级为世界名团名剧的中国首演地，长江剧场则是戏曲人探索创新的实验场，黄浦剧场、长江剧场等一批沪上老牌剧场依然活跃，后者为新编导、新创意提供实验性、先锋性舞台，白玉兰剧场聚焦舞台艺术排练中心，天蟾逸夫舞台和大世界已升级成为全市首批地方戏曲展演中心。

（四）资源汇聚

演艺大世界-环人民广场剧场群内的展演类型从专业剧场的大舞台到各大展演空间的驻场秀，汇聚了戏剧（含歌剧、舞剧）、戏曲、音乐剧、音乐会等各个门类的艺术表演形式，覆盖了话剧、音乐剧、舞蹈芭蕾、儿童亲子、戏曲、相声、脱口秀、音乐会、演唱会等。驻场演出已成为剧场群的"金字招牌"，形成了多戏频繁轮演、新剧短期试演、驻场长期展演等组合模式，如上海戏曲艺术中心在2021—2022年演出季期间，平均1.2天上演一场戏曲演出，"星空间"形成涵盖《阿波罗尼亚》《桑塔露琪亚》等环境式驻场演出的聚落群。通过实施"黄浦首演"计划，吸引国内外知名院团和艺术家将原创作品的全球首演、国内首演、上海首演落户上海，如上海文化广场引进《巴黎圣母院》《摇滚红与黑》等世界一流剧目。集聚更多群众喜爱的名家大师、名团名剧，如名导陈薪伊将个人工作室落户人民大舞台。

演艺大世界-环人民广场剧场群内的品牌活动既包括上海国际音乐剧节、上海国际戏剧邀请展、上海国际喜剧节、中国（上海）小剧场戏曲展演、思南赏艺会、表演艺术新天地、百年大世界沉浸式展演秀，上海城市草坪音乐会、思南赏艺会、"艺•树"计划等国际性、专业性的活动品牌，也有诸如大世界演艺夜市、乐游演艺大世界、剧场大探秘等特色活动品牌。大世界演艺夜市依托大世界的黄金地段优势和百年特色建筑,在各楼层上演多种创新实验剧目,设置演艺文创产品、网红饮品甜品等配套市集,打造以多空间演艺群为特色的夜游产品。乐游演艺大世界围绕上海大剧院、上汽·上海文化广场、凯迪拉克·上海音乐厅、上海中国大戏院等演艺场馆和多家演艺大世界服务中心,组成了11项"行走演艺圈"地铁打卡任务。剧场大探秘路线通过和主创人员的交流,让观众对演出的剧情、舞美、舞台设置等有了深入了解。

(五)业态融合

演艺大世界-环人民广场剧场群在业态融合上持续发力,剧场与其他业态相结合,发展新兴文化消费业态,实现商旅文联动。例如,上海大剧院把剧场功能从演出经营为主,拓展到兼具时尚发布、艺术展览、休闲娱乐等多种功能,将地下车库改造成了当代视觉艺术场,新增剧院艺术馆,剧院长廊也随着新剧目的亮相推出各类展览;中国大戏院和杏花楼、邵万生展开合作,推出一系列具有剧院特色和剧目特色的伴手礼;大光明集团为更好地发挥和中国大戏院、黄浦剧场的联动效应,成立了大光明演艺经纪公司,探索形成运作更加市场化、管理更加集约化、招商更加一体化的管理机制,推进集团电影放映、剧场演艺与商业、旅游、科创、金融、教育的创新融合。

演艺大世界-环人民广场剧场群打破文化与旅游边界,将演出剧目融入旅游景点、商业设施、城市空间,如机遇星球·IP MALL依托商业体,打造了"剧情化·酒吧街""主题化·美食街""沉浸式·娱乐街"等沉浸式驻场演出空间群落;"上海艺术商圈——艺蕴黄浦""表演艺术新天地""思南城市空间"等开发主题自助游、亲子游线路,推进演出、餐饮、住宿、商业零售及各类休闲娱乐活动跨界融合,通过举办城市草坪音乐会、思南赏艺会、思南城市空间艺术节等节展和时尚活动,为原创作品、新人力作提供展示平台。

(六)运作特点

演艺大世界-环人民广场剧场群的政府引导、市场主导、主体推进、专业运作的运作模式已经成型,确立了演艺大世界服务中心为枢纽,演艺大世界联盟、演艺大世界在线演艺联盟实体化运作,大世界演艺资源交易平台的演艺撮合功能的运作流程,统筹演出资源、演出推广、票务营销等资源,体现集聚功能,凸显联动效应。

为了进一步支持演艺行业高质量发展,政府给予政策引导和扶持,《上海市社会主义国际文化大都市建设"十四五"规划》提出加快打造亚洲演艺之都,加强剧场群核心功能承载区建设,鼓励商业综合体引进创新演艺项目,支持和鼓励社会资本新建、改建剧场和演艺新空间,做大做强各具特色的驻场品牌,鼓励发展具有文化旅游特色的演艺产品,加快形成演艺产业集聚效应。《关于加快本市文化创意产业创新发展的若干意见》[1]提出推动全市演艺创作从"高原"走向"高峰",盘活现有演出剧场资源,做大做强各具特色的驻场品牌,鼓励发展具有文化旅游特色的演艺产品;全面推广"上海艺术商圈"合作模式,鼓励商业综合体引进创新演艺项目;支持和鼓励社会资本新建、改建剧场和演艺空间开展重大题材艺术创作生产,打造上海优秀演艺作品的都市经典版和国际国内巡演版;鼓励国有演艺机构引入社会资源,组建混合所有制演艺联合体。《黄浦区文化和旅游产业发展专项资金管理办法》[2]提出"十四五"期间对包括演艺在内的文旅产业择优采取资金奖励、房租补贴、配套资助、项目补贴等多种资助方式,对在本区首演、首秀的国内外精品演艺剧目及驻场演出项目,对在本区首演并进行国内外巡演的项目,给予一定的资金奖励;对开展的原创剧目孵化、制作、演出项目,对在本区举办专业品牌节展、论坛等演艺活动项目,按项目总投资额的一定比例给予项目补贴;对在本区建设专业剧场项目,按项目建设总投资额的一定比例给予项目补贴;给予云演艺、沉浸式体验等在线文旅项目按项目总投资额的一定比例给予补贴。2021年发布的《演艺大世界品牌使用规范(意见征求稿)》对演艺大世界的品牌名称、品牌标识的内容、使用要求、法律责任等进行了明确,为推动演艺大世界品牌活动建设发展提供了基本保障。

演艺大世界-环人民广场剧场群在大世界开设了服务中心旗舰店,形成覆盖黄浦区域内外滩、十六铺、豫园等旅游咨询服务中心及服务站点的三级服务网络:第一级为服务中心,具有宣传展示、推广发布、互动体验、惠民票务等综合服务功能;第二级为服务站,具有宣传展示及惠民票务服务功能;第三级为服务点,具有相关宣传及票务等基础功能。

演艺大世界联盟、演艺大世界在线演艺联盟落实日常服务,搭建管理服务平

---

[1] 关于加快本市文化创意产业创新发展的若干意见[EB/OL].(2017-12-14)[2022-02-23]. https://www.thepaper.cn/newsDetail_forward_1906055.
[2] 黄浦区文化和旅游产业发展专项资金管理办法[EB/OL].(2021-09-22)[2022-02-23]. https://www.shhuangpu.gov.cn/zw/009002/009002015/009002015004/009002015004002/20210926/7826f26e-5db0-461b-824c-c628715d5dd8.html.

台;举办沙龙活动,搭建交流合作平台;推动资源匹配,搭建项目对接平台;举办重大活动,打造专项赛事,如演艺大世界文创品设计大赛、短视频大赛等。

演艺大世界在线演艺联盟涵盖在线演艺的内容机构、演出剧场、技术设备、互联网平台、文化投资机构等,整合国内外在线演艺的优质资源、项目和企业。

大世界演艺资源交易平台形成了"大世界展演空间+智能交易大厅+中央管理平台"三位一体架构,实现了线上引流、现场展演、线下对接的演艺资源集聚交易功能,开通了演艺节目、演艺项目、演艺空间、商务演出等服务板块。其中,智能交易大厅内,多媒体互动展陈与专业交易模式"一键切换";中央管理平台上,大数据精准对接,可实现供需"智能撮合",平台使用者可以根据自身需要,选择各种节目,寻找演出空间,还可以向智能语音系统报出节目类型、时长、预算等需求,由平台智能撮合成一台内容丰富的演出单,并进行节目更换等深化调整。

三 浦东花木文化集聚区

(一)区域概况

浦东新区经过三十多年的开发开放,已建成为一座功能集聚、要素齐全、设施先进的现代化新城,"十三五"时期公共文化服务设施面积达到144.82万平方米,人均超过0.25平方米[①],公共文化设施网络体系不断完善。区内花木文化集聚区兼具政府行政管理和文化设施中心双重功能,上海市出入境管理局、上海市银保监局、上海市证监局、浦东新区人民政府、浦东新区人民法院、浦东新区人民检察院、浦东新区行政服务中心等市区级行政管理机构坐落于此,上海市中心区域最大的城市生态公园世纪公园、科技文化中心、文博中心、演艺中心等设施为市民群众带来科技、文化、艺术与休闲享受。

(二)功能定位

《上海市"十三五"时期文化改革发展规划》明确提出,优化和提升包括花木地区在内的东西向城市文化发展轴,发挥轴线中段文化资源集聚辐射作用,经过五年发展建设,花木地区文化核心功能已基本形成。"十四五"时期,花木文化集聚区将立足城市文化中轴(东西向)发展布局,以重大文化设施为载体的文化活

---

① 《浦东新区建设国际文化大都市核心承载区"十四五"规划》[EB/OL].(2021-11-08)[2022-05-19]. https://www.pudong.gov.cn/azt_fzgh/20220106/422976.html.

力中心建设为目标定位,进一步优化文化设施和文化空间布局,形成更多城市文化地标。

（三）集聚规模

花木文化集聚区内的文化设施类型和数量丰富,已汇集公共图书馆、博物馆、群众文化馆、美术馆、档案馆、展览馆、剧场等文化设施26个、旅游景点5个。从集聚密度看,以浦东新区人民政府为圆点,1千米范围内的核心区文化设施6个、旅游景点1个;1~5千米范围内的拓展区文化设施20个、旅游景点5个。其中,核心区成为承担历史文化传承、科普艺术教育、重大文化活动、国内外文化交流等城市文化重要功能最为集聚的区域,上海博物馆东馆、上海图书馆东馆、上海科技馆、东方艺术中心、浦东新区展览馆、浦东新区档案馆等重大文化地标集群效应已经显现,新建的上海博物馆东馆、上海图书馆东馆与已有的上海科技馆、东方艺术中心、浦东展览馆形成"五星环抱"空间格局(表14-2)。

表14-2 花木文化集聚区主要文化设施

类型	核心区(1千米范围内)	拓展区(1~5千米范围)
公共图书馆	上海图书馆东馆	浦东图书馆
博物馆	上海博物馆东馆 上海科技馆	历道证券博物馆 上海震旦博物馆 上海观复博物馆
群众文化馆		浦东文化馆 浦东新区群艺馆
美术馆	蕙风美术馆	浦东美术馆 王狮美术馆 上海河洛美术馆 上海有恒博物馆 吴昌硕纪念馆 云间美术馆 上海艺仓美术馆 龙美术馆 喜玛拉雅艺术中心·美术馆
档案馆		上海市档案馆新馆
展览馆	浦东展览馆	
剧场	东方艺术中心	1862时尚艺术中心 浦东新舞台 兰馨·悦立方小剧场 喜玛拉雅艺术中心·大观舞台

续表

类型	核心区(1千米范围内)	拓展区(1～5千米范围)
旅游景点	世纪公园	上海海洋水族馆 东方明珠广播电视塔 金茂大厦 上海环球金融中心 上海中心

(四) 资源汇聚

从地理位置看,浦东的花木文化集聚区与浦西的演艺大世界-环人民广场剧场群遥相呼应,旨在提供更多更优质的文化服务,辐射更多市民群体的文化生活。

设施功能迭代方面,花木文化集聚区拔地兴起的上海博物馆东馆、上海图书馆东馆是市委、市政府着眼国际文化大都市建设做出的重大决策,也是构建"两轴一廊、双核多点"城市文化空间发展新格局的重要举措。建筑造型上,上海博物馆东馆建筑主体呈矩形体块,其中又嵌入圆形的旋转坡道,体现出方和圆的结合,也与上海博物馆"天圆地方"相映衬,上海图书馆东馆建筑外观好似一块精心雕琢的玉石,内部风格简约自然,感受温润亲和,气势博大开放;建筑体量上,上海博物馆东馆、上海图书馆东馆总建筑面积均超过11万平方米,相对于老馆,两座东馆将有更多的空间设施用于观众和读者服务,包括文创空间、终生学习教室等。在两座东馆中既能观展、阅读,也能社交休闲;既能感受古老文明,也能感受城市活力。

服务特色方面,上海图书馆东馆聚焦新一代图书馆理念,为读者提供以大阅读为核心的主题阅读,首次将"图书馆、通志馆、社科馆"串接起来,在"藏借阅一体"的大空间中充分融合展陈、活动和全媒体服务;上博东馆突出中国古代艺术收藏展示和海派文化、江南文化特色,构建海内外体系最完整的中国古代艺术通史陈列;上海科技馆作为重要科普教育基地和综合性自然科学技术博物馆,围绕"自然、人、科技"主题,以科普展示为载体,从宇宙苍穹到细胞基因等科学基本原理和重大科技成果,都得到生动形象的展示,提高了市民科学文化素养;东方艺术中心被誉为"上海最新的高雅艺术发布地",在亚洲剧场中率先推出与国际接轨的跨年度演出季,"听交响·到东方"艺术特色享誉内外,近十多年来,世界著名交响乐团来沪演出大部分落户在此,东方艺术中心成为中国大陆地区唯一两次举办过维也纳爱乐乐团音乐会和柏林爱乐音乐会的剧院,已连续举办12年逾600场次,每年观众数十万人次的"东方市民音乐会"[①],是全国最大的普及音乐会。

技术应用创新方面,紧密结合上海全面推进城市数字化转型步伐,花木文化集聚区在数字化发展、智慧化建设上做足"文章"。上海图书馆东馆打造基于全球领先的开源微服务框架开发的"云瀚"智慧图书馆平台,将物理空间、虚拟空间与资源服务、信息服务紧密融合,增强了读者沉浸式阅读体验和互动环境;上海博物馆建成了国内首个博物馆数字化管理平台,涵盖博物馆收藏、研究、传播三大功能,该平台也是为上海博物馆东馆所做的先期试验,为让文物"活起来"探索新路径;上海科技馆运用包括人工智能、大数据、4K/8K+5G高清技术、物联感知、虚拟/增强现实、全息投影等科技手段,为游客提供了丰富的数字化体验。

经营模式出新方面,东方艺术中心推出"东方质造"概念,从单一的剧场经营向节目的制造延伸,展览开始多元化、年轻化、品牌化,把"剧院"升级为"平台",打造和建设中外艺术精品汇合平台和艺术家院团、政府、媒体渠道、合作方基金以及广大观众五位一体的聚合平台。

(五)典型文化设施

1. 上海图书馆东馆

上海图书馆成立于1952年,1995年与上海科学技术情报研究所合并,成为国内第一个省(市)级图书情报联合体,致力于以知识导航为核心、图情业务并重的知识服务体系发展,馆藏中外文献5600余万册(件),其中古籍善本、碑帖尺牍、名人手稿、家谱方志、西文珍本、唱片乐谱、近代报刊及专利标准尤具特色。[②]

上海图书馆东馆项目工程于2017年9月27日开工建设,2022年1月启动公测试运行。地处浦东新区花木地区,位于迎春路、合欢路、锦绣路与世纪大道围合的成片树林之中,北近浦东市民中心,南临世纪公园,占地面积3.95万平方米,总建筑面积11.49万平方米,建筑高度50米,地上7层,地下2层,建筑整体好似一块精心雕琢的玉石,建筑内部风格简约自然,错层贯通的采光中庭使用全环绕木色格栅,适于读书、休憩、赏景。

上海图书馆东馆提供面向大众的多元化、主题化、体验型的现代图情服务,

---

① 东方艺术中心官网[EB/OL]. https://www.shoac.com.cn/.
② 上海图书馆官网[EB/OL]. https://library.sh.cn/.

致力新一代阅读文化中心,探索新时代阅读生态建设,营造"连接一切,无处不在"的公共文化空间,以阅读开展文化普及、艺术普及和科学普及,用文化艺术、科学技术助力全民阅读推广,是一个激扬智慧、交流创新、共享包容的"知识交流共同体",一个市民乐享其中的"书房、客厅、工作室",一个培育提升读者市民人文涵养、艺术修养、信息素养、科学精神和创新意识的公共空间,一个集图书文献信息资源、科技创新研发资源、社科智库研究资源、上海地情研究资源为一体的知识枢纽。

作为全国单体建筑面积最大的图书馆,上海图书馆东馆近80%的空间面向读者开放,满足每年200余场讲座、上千场各类学术活动的文化需求,年读者接待量可达400万人次。以大阅读为核心的主题阅读,首次将"图书馆、通志馆、社科馆"串接起来,在"藏借阅一体"的大空间中充分融合展陈、活动和全媒体服务;基于国际最先进的开源技术和云原生架构,集合国内图书馆界前沿研究力量和技术团队自主研发下一代图书馆服务中文平台"云瀚"(FOLIO),通过开源和微服务方式来重塑图书馆服务;上海图书馆东馆在国内图书馆界首创的全预约服务系统实现了借还书、座位、活动、空间等智能化预约,根据读者偏好进行个性化推送;信息发布系统、全媒体信息系统、室内导航系统等将物理空间、虚拟空间与资源服务、信息服务紧密融合,增强了读者沉浸式阅读体验和互动环境。

2. 上海博物馆东馆

上海博物馆是国内大型的中国古代艺术博物馆,收藏、研究、展览和教育以中国古代的艺术品为重点,馆藏文物近102万件,其中珍贵文物14万余件,文物收藏包括青铜、陶瓷、书画、雕塑、甲骨、符印、货币、玉器、家具、织绣、漆器、竹木牙角、少数民族文物等31个门类,尤以青铜、陶瓷、书画最为突出。[①]

上海博物馆东馆项目工程于2017年9月开工,2020年12月实现主体钢结构封顶。位于浦东联洋社区10号地块,西临杨高南路、北临世纪大道、东临丁香路,占地面积4.6公顷(46 000平方米),总建筑面积约11.3万平方米,地上建筑6层,地下2层。建筑整体呈矩形体块,覆盖立面的大理石表皮蜿蜒包裹宛如大海波涛起伏,暗合上海这座城市"海陆交汇"的地理位置、象征了上海"勇立潮头"的海派精神。

上海博物馆东馆的定位是打造世界顶级的中国古代艺术博物馆,重点展示

---

① 上海博物馆官网[EB/OL]. https://www.shanghaimuseum.net/.

青铜、陶瓷、书画印、雕塑、玉器等优势门类，构建海内外体系最完整的中国古代艺术通史陈列，并增强海派文化、江南文化特色，以文化主题展及引进特展为主；着力打造上海地区集中国古代艺术收藏展示、古代文化教育、古代文化研究与交流及公众文化休闲娱乐的开放性公共平台，拓展业务研究、教育体验、社会服务、文化交流等功能。

上海博物馆东馆侧重开放型新型博物馆的服务特色，注重观众的参与感和参观体验，譬如开放式的文物修复展示使得博物馆的日常后台工作得以呈现在公众眼前；兼顾文物收藏保护的安全性的同时，强调了建筑空间与城市空间的交流互动，改进了常见的封闭式流线设计，在流线的不同位置设置敞开式的休闲边厅以及室外露台和花园，使得参观博物馆的观众获得更多的互动空间；发挥博物馆的教育功能，强调"展、教"结合，借鉴国外自然科技类探索馆经验，专门增设了针对青少年的体验空间，在互动体验中增加对中华文明乃至世界文明的认识，更好地发挥博物馆在现代公共文化服务体系中的作用。

第十五章

上海文化发展建议

经过多年的努力和发展，上海城市的文化软实力和国际影响力显著增强，实现了基本建成社会主义国际文化大都市的目标。展望未来，上海城市文化发展要在危机中育先机、于变局中开新局，用文化改革激发新动力，以文化创新生新动能，努力开创社会主义先进文化新局面；要积极传承优秀传统文化、彰显都市文化精彩、吸纳全球文化精粹，不断增强市民文化参与感、获得感、幸福感；要加快建设成为更加开放包容、更富创新活力、更显人文关怀、更具时代魅力、更有世界影响力的社会主义国际文化大都市，让上海城市文化特质更加凸显、更加闪耀。

一 上海文化发展环境

从全球趋势看，世界正处于百年未有之大变局，全球进入动荡变革期，逆全球化思潮不断涌现，各种不稳定性、不确定性因素明显增多，新冠疫情影响仍未消除，给全球经济造成极大冲击的同时，深刻改变影响人类社会的未来进程，全球文化发展与交流合作面临着诸多机遇和挑战，既要在展示国家形象、加强对外交往、增进合作共赢等方面发挥作用，也要注意防范逆全球化影响以及新冠疫情带来的不确定风险。

从国内发展看，"十四五"时期是我国开启全面建设社会主义现代化国家新征程、向第二个百年奋斗目标进军的第一个五年,是社会主义文化强国建设的关键时期,我国社会主要矛盾已转化为人民日益增长的美好生活需要和不平衡不充分的发展之间的矛盾,人民群众对美好生活更加向往,迫切需要加快文化供给侧结构性改革,提供更加丰富优质的精神文化产品和服务,迫切需要推动文化更高质量发展,在促进国内国际双循环的重要桥梁和纽带上发挥作用,迫切需要发挥文化培根铸魂、凝心聚力的价值引领,为全体人民奋进新时代、实现中华民族伟大复兴的中国梦提供强大精神动力。

从技术融合应用看,新一轮科技革命和产业变革加速发展,重大颠覆性技术不断涌现,科技创新的深入推进和广泛应用,驱动文化发展的时代性变革,极大地改变了文化内容样式及生产创造、传播扩散和社交互动方式,尤其是人工智能、互联网等成为影响文化展现和传播的关键变量。

从上海情况看,上海国际文化大都市建设正处于重要战略机遇期,文化发展面临许多新挑战、新要求,需要做到准确识变、科学应变、主动求变,抓住机遇、应对挑战,更好实现自身发展。对照中央关于推进社会主义文化强国建设的部署要求,对标国际一流文化大都市的发展目标,对应市民群众对更高品质美好生活的文化需求,上海仍需进一步提升整体文化能级,提高文化影响力、引领力和标识度,文化服务创新能力仍需进一步加强,重大文化设施建设管理水平和使用效益还需提高,文化与旅游等融合发展仍需提升,文化市场主体活力有待增强,文化新业态、新模式更有待培育壮大。

二 上海文化发展的主要建议

针对建设具有世界影响力的社会主义现代化国际大都市目标,上海应坚持遵循超大城市发展规律,牢牢把握人民城市的精神品格,以满足人民日益增长的美好生活需要为根本目的,推动公共文化服务高质量发展,优化公共文化服务资源配置,实现服务品种更丰富、服务内容更精准、服务主体更多元、服务效能更显著,满足多层次人民文化需求;持续优化城市文化设施和文化空间布局,打造更多城市文化地标,营造更为浓厚的城市文化集聚区;推进文化数字化建设,加快文化服务领域的数字化进程,完善数字公共文化服务供给;深入推进文化与旅游全面融合,强化文旅资源的配置和服务能力,构建上海文化旅游融合发展新优势;深化国内外文化交流合作,不断增强文化"走出去""请进来",进一步凸显上海国际文化交流中心重要地位。

（一）完善公共文化服务体系

建立以政府主导、社会参与的公共文化服务的建设和管理机制，进一步满足人民的基本文化需求和多样化的公共文化服务需求，积极实现公共文化服务标准化、均等化、多样化和个性化服务。

深化"中心城区10分钟、郊区15分钟"的公共文化服务圈建设，实施社区文化活动中心等基层公共文化设施更新与提升，拓展公共文化服务新空间，加快推出更多家门口的文化好服务好去处。推动公共文化服务资源向基层倾斜和延伸，引导优质文化资源和公共文化服务向五大新城、远郊地区倾斜，推动一批文化项目、活动、资源在五大新城等落地。

完善公共文化服务资源精准供给，优化四级公共文化配送体系，深入推进公共文化服务社会化、专业化发展，鼓励社会力量广泛参与，探索将公共文化活动项目委托给有专业资质的社会机构管理，不断增强公共文化服务发展动力，提升基本公共文化服务品质。继续开展公共文化服务标准化建设，持续实施基本公共文化服务标准和项目清单动态调整机制，不断提高基本公共文化服务的覆盖面和适用性。

（二）加强文化设施建设

深化推进文化设施建设规划，统筹全市公共文化设施布局，完善基层公共文化设施网络，让文化设施质量更优质、分布更均衡、服务更便捷。

加强"两轴一廊、双核多点"上海文化设施空间主脉络，继续打造"东西"城市文化中轴、"南北"黄浦江文化创新带，努力实现"东西延伸、南北推进"的文化设施空间格局，提升苏州河沿岸地区文化功能，强化河滨河地区重点发展公共文化服务、艺术、休闲等功能，通过完整保护与合理开发相结合，赋予苏州河、黄浦江沿岸历史建筑、工业遗产等特色文化资源新气象新风貌。强化五大新城文化空间建设，加快人文松江活动中心、嘉定孔子文化体验区、青浦上海古文化走廊、奉贤九棵树文化生态创新空间等文化设施和文化空间布局。

加快建设标志性的重大文化设施，打造最美的文化空间，加快建设文化新地标，推动重大文化设施与基层文化场所融通。推进文化设施及服务资源向五个新城、远郊覆盖，引导博物馆、美术馆、图书馆、剧场等这些地区集聚，探索配建社区级博物馆、美术馆、演出场馆等文化设施，促进基层公共文化设施功能提升。

探索公共空间实施文化微改造,在社区园区、商圈街区等嵌入文化艺术元素,打造一批公共文化新空间。

统筹完善文化集聚区建设布局,充分整合城市空间和文化资源,结合人口分布和区域发展重点,积极构建"点面结合、网络分布"文化设施布局体系,完善人民广场、浦东花木等核心地区代表性文化集聚区的同时,挖掘区域独特文化基因,着力构建多片符合人民文化生活需要、体现区域特色的文化集聚区。健全公共文化设施布局与集聚发展的功能设置、运行管理、服务规范、队伍建设、绩效评估、技术保障等标准规范,完善重大文化设施的管理运营机制。

(三)推进文化旅游融合发展

坚持以文塑旅、以旅彰文,结合上海世界著名旅游城市建设,推进文化旅游高质量融合,推动文化和旅游在空间、业态、服务上的全面融合,丰富文旅产品内容,优化文旅服务品质,促进文旅消费升级。

全面打造红色文化、海派文化、江南文化,以及演艺文化、节展赛事等特色文化旅游集群,塑造上海文化旅游融合发展新优势,建设红色旅游地标,打造"党的诞生地"红色文化旅游集群;以"建筑可阅读"为标志,打造海派文化旅游集群;以水乡古镇为核心,打造江南文化旅游集群;依托上海丰富的演艺场所、演出空间,建设演艺创意文化旅游集群;全面整合文化、体育、旅游等节展赛会和传统节庆活动资源,打造品牌性节展赛会文化旅游集群。

促进文化商业深度融合,加快发展新型文旅业态和文旅消费模式,整合上海特色商业品牌和文旅资源,深化"艺术商圈"建设,促进商业空间配置阅读、展演、艺术品等文化服务。丰富夜间经济文化内容供给,推出文化旅游夜游品牌、特色夜游活动和主题夜市,提升文化场馆、文化设施的使用效能,促进博物馆、美术馆、社区文化活动中心等公共文化设施提供夜间文化服务。

(四)加快文化数字化进程

全面推动文化数字化转型,深度构建线上线下融合互动、立体覆盖的数字文化服务体系,为市民提供更为便捷、高效、精准的数字文化服务体验和应用场景。

实施公共文化服务数字化赋能,促进公共文化服务保障更加均衡精准,推动公共文化数字资源建设,积极打造公共文化资源库群,加快数字化文化资源类型建设,丰富文化内容数字化供给。推动全市文化场馆逐步实现智慧管理、智慧服务和智慧展示,打造智慧场馆、智能服务,加快图书馆、博物馆、文化馆、美术馆等文旅场馆数字化改造,推动公共文化场馆"无接触服务"和公共文化服务"数字无障碍"。

加快上海文化大数据体系建设,打造文化内容和数据生产、交换、传播、消费等生态系统,推进文化平台间的业务协同、数据联动,加强云端数据挖掘、分析和应用,提升数字文化信息服务供给水平,强化文化大数据分析运用,促进文化供需调配和精准对接。

提高文化创意的数字化、网络化、智能化水平,积极利用5G、大数据、云计算、人工智能、物联网、区块链等在文化创意领域的集成应用和主动创新,加强文化领域共性关键技术研发,打造文化新技术应用示范场景。加快文化消费线上线下互相融合,推动线上平台开展在线文化内容观赏体验消费,联动线下文旅业态,提升文化消费服务体验。

(五) 深化文化交流合作

以国内大循环为主体、国内国际双循环相互促进的重大战略部署和长三角更高质量一体化发展为契机,发挥上海龙头带动作用,联动区域文化要素资源,提升区域文化资源配置能力,提升文化服务与国内外市场需求的适配度。

加强文化国际传播能力建设,参与全球文明对话和国际文化交流,通过重大国际赛事、会展、节庆、论坛等活动,积极传播中国精神和中国价值观,推介宣传优秀中华文化、上海文化品牌,全方位、立体化向世界讲好中国故事、演绎上海精彩。

提升上海重要文化节展国际影响力,提高活动运营水平、创新运营机制,引进培育与上海国际文化大都市相匹配的全球顶级文化活动,吸引全球优秀文化产品和服务在上海首发、首演、首映、首展。

Afterword

后　　记

　　《文化集聚区：国际经验与上海发展》一书是上图上情所"十四五"发展规划编制和上海图书馆东馆开放的系列研究成果之一。全书共三篇十五章。第一篇"国际经验"分四章，分别是"全球城市"评比概览、主要城市发展比较、城市文化政策研究以及文化集聚区发展；第二篇"城市发展"分六章，分别对美国纽约、英国伦敦、法国巴黎、日本东京、新加坡、中国香港等六个具有代表性的"全球城市"的文化发展和集聚区建设进行专项研究；第三篇"上海实践"分五章，结合国际发展经验，尝试提出上海在文化发展和集聚区建设的建议和思考。

　　全书由马春负责框架设计、项目推进和文稿统筹。马春、陈骞、曲蕴、姚馨、施雯、黄吉、王晓樱、张晓沁参与研究与著作。为呈现高质量的研究成果，研究团队成员对各自负责的内容进行了细致调研与认真撰写。各篇章完成情况如下：第一篇马春；第二篇第五章曲蕴，第六章姚馨，第七章施雯，第八章黄吉，第九章王晓樱，第十章张晓沁；第三篇陈骞。

　　本书在撰写的过程中，得到了多位领导和专家的大力支持与帮助。全书初稿于2022年6月完成，感谢上海科学技术文献出版社的大力支持。

　　受知识与现实所限，本书难免有疏漏之处，敬望业界专家与广大读者批评指正。

著　者

2022年7月